HAZTE LA VIDA FÁCIL

Christiane Northrup

HAZTE LA VIDA FÁCIL

Guía sencilla para vivir una vida

divina e inspirada

URANO

Argentina – Chile – Colombia – España
Estados Unidos – México – Perú – Uruguay – Venezuela

Título original: *Making Life Easy – A Simple Guide to a Divinely Inspired Life*
Editor original: Hay House, Inc.
Traducción: Núria Martí Pérez

1.ª edición Octubre 2017

Copyright © 2016 by Christiane Northrup. M. D.
All Rights Reserved
© 2017 de la traducción *by* Núria Martí Pérez
© 2017 *by* Ediciones Urano, S.A.U.
Aribau, 142, pral. – 09036 Barcelona
www.edicionesurano.com

ISBN: 978-84-7953-999-3
E-ISBN: 978-84-16990-77-1
Depósito legal: B-21.830-2017

Fotocomposición: Ediciones Urano, S.A.U.

Impreso por: Rodesa, S.A. – Polígono Industrial San Miguel – Parcelas E7-E8
31132 Villatuerta (Navarra)

Impreso en España – *Printed in Spain*

Para todos los que han tenido el valor de pensar por sí mismos
y de vivir la verdad que sienten en su corazón.

Índice

Introducción

Si has leído cualquiera de mis libros anteriores o seguido mis actividades, probablemente pienses que soy una ginecóloga y obstetra con una formación en medicina convencional, y una cirujana que lleva décadas ofreciéndoles a las mujeres buenas alternativas a los fármacos y a las intervenciones quirúrgicas. Pero también he ayudado a la gente a ver su salud y su cuerpo de una forma más empoderada. Lo que quizá no sepas es que desde que era una adolescente me ha fascinado el mundo de lo espiritual y lo metafísico: las fuerzas invisibles que nos influyen profundamente. Aunque las conversaciones sobre los ángeles, la reencarnación y los guías del Espíritu no sean corrientes en los hospitales y en las clínicas donde he trabajado durante décadas, he llegado a la conclusión de que vivir sin conocimientos espirituales, sobre todo cuando nos enfrentamos al dolor o a una pérdida, es durísimo. A no ser que entendamos que en este mundo existe algo superior que exige fe, acabaremos sintiéndonos como víctimas indefensas a merced de fuerzas incontrolables. Empezaremos a creer poco a poco que «la Vida es despiadada y perderemos las ganas de vivir».

Pero la vida no tiene por qué ser así. No tiene por qué ser tan dura como la mayoría hacemos que sea. Todo cuanto necesitas es cambiar tu punto de vista, verlo todo con una visión más amplia. Lo he sabido durante años —quizá durante vidas enteras—, y por fin ha llegado el momento de compartir lo que siempre he intuido, para hacerte la vida más llevadera. De esto es de lo que trata el libro.

La esencia de todo cuanto aprenderás en estas páginas se resume en lo siguiente: para hacerte la vida fácil, sintoniza con tu parte Divina. Déjate guiar por ella. Lo cual no es lo mismo que esperar a que alguna clase de fuerza divina externa te rescate de súbito de tus problemas. La cosa no funciona así. Tienes que esforzarte para cambiar tu vida. Pero, cuando te alineas con la voluntad de Dios, puedes mover montañas.

Buena parte de lo que te enseñaré en este libro no es lógico, y lo más probable es que al hemisferio izquierdo de tu cerebro, que se rige por la lógica, le cueste aceptar esta información como válida. Esta parte tuya siempre quiere una prueba científica. Pero la vida no funciona así. Hemos venido a este mundo para desarrollar la fe, la fe en lo que nuestros cinco sentidos no pueden ver, tocar, oír o sentir, y en lo que el intelecto no puede demostrar. Nos han enseñado a creer que los estudios controlados aleatorizados de doble ciego nos mantendrán sanos y salvos y nos dirán lo que debemos hacer. Pero aferrarnos a un modo de pensar lógico y lineal es lo que nos está complicando la vida. Esperar a que alguna autoridad que no sea la de nuestra conexión Divina nos diga lo que debemos hacer nos mantiene atrapados en el victimismo y el sufrimiento.

Considera este libro como un manual para traer el cielo a la tierra. Cuando aprendes a sintonizar con tu parte Divina, la vida se vuelve mucho más fácil. Accedes a una guía interior que te lleva por el buen camino. Tomas las decisiones que más te convienen. La vida empieza a fluir sin más y te sientes feliz y lleno de paz.

Mi viaje relacionado con lo Divino empezó años atrás. Cuando tenía doce años, mientras hacía de canguro para unos amigos de mi familia, abrí sin permiso una cajita que llegó de correos. En la caja, procedente de un lugar llamado Christward Ministry, figuraban las palabras *Natives of Eternity*. Llena de curiosidad —de una curiosidad incontenible—, no pude evitar abrirla. Sabía que estaba mal hecho, pero el deseo de descubrir lo que guardaba me superó.

Dentro de la caja había un libro titulado *Natives of Eternity* de Flower A. Newhouse, una mística cristiana. Trataba de ángeles. Y de espíritus de la naturaleza. Y de deidades del viento, el agua y el aire. Contenía descripciones e ilustraciones al óleo de los seres que se ocupaban de las plantas, del viento, del nacimiento, de la muerte e incluso de la música.

Algo en él me llamó la atención. Ese libro confirmaba todo lo que yo siempre había sabido. Me indicó que llevaba razón al creer que la vida era mucho más de lo que se podía ver con los ojos y oír con los oídos. Me señaló que el reino de los cielos está a nuestro alrededor, deseando ayudarnos con la vida en la tierra. Cada una de sus páginas era increíble. El libro me enganchó desde el principio.

Cuando volví a casa, le conté a mi madre lo del libro y que había estado fisgoneando en la caja. Preocupada por mi indiscreción, pero contenta por mi entusiasmo, llamó a Gretchen, que me había contratado como canguro. Lo hizo para disculparse y conocer, a la vez, más detalles sobre el libro. Al poco tiempo ya disponía de mi propio ejemplar, me lo regaló Gretchen, y ella también me hizo otro regalo. Me sugirió que fuéramos a comer para charlar de lo que yo había aprendido del libro. Gretchen había estado en el Christward Ministry de California en muchas ocasiones y conocía a la reverenda Newhouse. Así fue cómo Gretchen y yo empezamos a reunirnos para pasar unos ratos deliciosos hablando de ángeles, de espíritus de la naturaleza y de las maravillas de la vida.

Con cada reunión el reino de lo invisible me fue atrayendo más si cabe. Empecé a leer cualquier libro que cayera en mis manos sobre este tema. Descubrí la reencarnación y cómo nuestras luchas se habían estado repitiendo en otras vidas pasadas a modo de lecciones, y no como castigos por haber obrado «mal». Y que estaban concebidas para que evolucionáramos como almas, llevando la luz a la oscuridad.

También aprendí lo de la naturaleza verdadera del yo, cómo nuestra identidad está formada por el ego, el Espíritu y el alma. Somos un alma en un cuerpo, pero la conexión que mantenemos con lo Divino siempre está ahí, a nuestro alcance, dispuesta a guiarnos.

Aprendí el poder que tiene la mente para cambiar nuestro cuerpo y nuestra vida. Que los pensamientos se manifiestan en resultados físicos. Que tenemos el poder de insuflar el Espíritu a la materia.

Mis encuentros con Gretchen y mi exploración del mundo de lo invisible continuó hasta que ingresé en la facultad de Medicina. Todo lo que había aprendido en aquella época se consolidó en el profundo conocimiento interior acerca de que la vida es mucho más profunda de lo que nos han hecho creer y que el cuerpo, la mente y el Espíritu están conectados. Ninguna parte de nuestro ser se curará del todo hasta que las otras partes también lo hagan.

Sin embargo, cuando ingresé en la facultad de Medicina no podía hablar abiertamente de todo este conocimiento interior innato. Ni tampoco confiaba en él por completo. Sí, en el fondo siempre he sabido que era cierto, pero a un nivel superficial no es fácil ser fiel a estos principios cuando van en contra de todo lo que vivimos en la vida cotidiana.

La medicina occidental convencional se basa en la mentalidad obsoleta del antiguo modelo newtoniano de la causa y el efecto. Estamos expuestos a un germen, por lo que enfermamos. Es una fórmula. No contiene magia alguna. La medicina moderna se basa en las estadísticas y en las grandes poblaciones para crear este tipo de fórmulas, y nos trata según la demografía y la «mentalidad gregaria». Si estás en la cincuentena, necesitas una colonoscopia, porque es la edad en la que el colon empieza a deteriorarse. Ve el cuerpo como una máquina que no está ligada a los pensamientos, las emociones o el Espíritu de uno. Si la mantenemos en buen estado, funcionará hasta que deje de hacerlo. Porque, como somos máquinas, nos estropearemos un día. Y no hay nada que podamos hacer al respecto.

Es la idea que me inculcaron en la facultad de Medicina, durante la residencia médica y al inicio de mi carrera. Intuía que esta idea era falsa, pero no era fácil argumentarla cuando me sentía agotada y baldada por estar estudiando y trabajando sin descanso.

Pero, con el tiempo, ya no pude seguir ignorando la vocación que sentía en el fondo de mi ser. Si quería tener la conciencia tranquila, me resultaba imposible seguir enmascarando los síntomas con medicamentos o cirugías. Quería una mejor solución para mis pacientes. Tenía que recuperar lo que siempre había sabido: ninguna parte de nuestro ser se curará del todo hasta que todas las otras también lo hagan. El Espíritu, la mente y el cuerpo no se pueden separar.

Si quieres estar sano en tu cuerpo físico, tienes que ocuparte también de tu salud emocional y espiritual. Así, cada parte de tu vida empezará a fluir con agilidad y naturalidad. Este libro no trata más que de esto, de hacerte la vida más fácil.

En estas páginas descubrirás que el Espíritu, la mente y el cuerpo están conectados y que al ocuparte de una parte de tu ser te estás ocupando también de las otras. Te enseñaré, por medio de ejercicios sencillos y consejos prácticos, a estar de lo más sano físicamente, no solo llevando una dieta saludable y haciendo ejercicio con regularidad —aunque esto también es importante—, sino además escuchando la voz de tu Alma y aprovechando la guía Divina.

Tienes el poder de hacer que tu vida fluya a todos los niveles. El secreto para traer tu cielo personal a la tierra es dejar que tu Espíritu te guíe. Así, sabrás crear la vida que quieres. Pero si crees que careces de poder, que tus problemas vienen de la mala suerte, de la mala genética o de haber nacido en la familia inadecuada, a la larga la vida no te irá demasiado bien.

Aplicar el mensaje de este libro es fácil y sencillo. El único problema es que el ego quiere llevar las riendas en lugar de dejar que sea la parte Divina de tu ser la que lo haga. Pero esto es lo que el libro te enseñará. Exige un poco de disciplina y concentración. Sin embargo, cuando lo consigas no te imaginas lo maravilloso que será para ti.

1

Eres un ser divino viviendo
en un cuerpo humano por un tiempo

El cuerpo humano es la mejor imagen del alma humana.

LUDWIG WITTGENSTEIN

En la adolescencia leía cualquier libro de Edgar Cayce que cayera en mis manos. Cayce, al que ahora se consideraría un médico intuitivo, era conocido como el Profeta Durmiente por entrar de repente en trance y adivinar el nombre y la dirección del paciente, diagnosticándole la dolencia que padecía y sugiriéndole el tratamiento adecuado, y esto sucedía casi siempre después de que todas las otras alternativas hubieran fracasado. Cayce nació en una granja de Kentucky en 1877 y carecía de conocimiento alguno sobre medicina o anatomía, por lo que no era el candidato más adecuado para dar consejos médicos. Solo había hecho el bachillerato, y la Biblia era el único libro que había leído. Trabajaba de fotógrafo. Pero a los veinticuatro años perdió la voz. Intentó recuperarla con distintos especialistas, pero al ser todo en vano decidió probar la hipnosis como último recurso, que en aquella época se estaba volviendo popular. Cayce describió bajo hipnosis lo que les ocurría a sus cuerdas vocales y cómo curar su dolencia. Y, al despertar, recuperó la voz. Cayce y su familia se quedaron pasmados. La noticia de la curación se propagó como la pólvora, y al poco tiempo Cayce ya estaba ayudando con sus diagnósticos y poderes curativos a miles de pacientes a recuperar la salud.

En 1923 Cayce pasó de dar solo consejos médicos a responder preguntas de mayor calado, como: «¿Cuál es el sentido de la vida?», «¿Cuál es la verdadera naturaleza de los seres humanos?» y «¿Por qué hemos venido a este mundo?» Las respuestas se basaban en varios miles de «lecturas de vidas», es decir, la información recibida sobre las vidas pasadas de distintas personas. Cuando le pidieron que contara con más detalle de dónde obtenía toda su información, dio dos fuentes. Una era el inconsciente o el subconsciente de la persona a la que le estuviera leyendo la mente en ese momento. Y la otra, lo que Carl Jung llamaba el Inconsciente Colectivo, o los Archivos Akásicos. Las reflexiones de Cayce sobre la vida y la muerte le llevaron a extraer poderosas conclusiones sobre la salud física:

El Espíritu es Vida

La Mente es la Constructora

Lo Físico es el Resultado

La cita de Cayce me llegó al alma y esta verdad siempre me ha estado guiando, mientras estudiaba medicina, hacía la residencia médica, ejercía como doctora y, más adelante, en la vida. Entré en la facultad de Medicina sabiendo que las enfermedades no salen simplemente del armario y se abalanzan sobre nosotros. Hay en juego fuerzas mucho mayores. Fuerzas Divinas. Saberlo *condicionó* totalmente mi forma de tratar a los pacientes que venían a verme por problemas de salud y también mi forma de vivir la vida. Si no somos conscientes de estas fuerzas —fuerzas que el intelecto no llega a penetrar—, la vida en este planeta puede transformarse fácilmente en un espantoso infierno en el que estemos siempre preocupados por nuestra salud. Y también en una lucha constante para que el cuerpo «se comporte» como es debido. Un infierno en el que acabamos creyendo que no podemos confiar en el cuerpo, que somos en cualquier sentido vulnerables a todo lo que «ocurre», y que tenemos que estar haciéndonos controles médicos constantemente —y tomando medicinas— para conservar la salud. Y que la muerte siempre es un fracaso.

Esta mentalidad basada en el miedo nos lleva a tener grandes dudas y frustraciones en otros aspectos de la vida. No aceptar el poder de lo Divino hace que nos quedemos atrapados en situaciones dolorosas que van en contra de todo aquello en lo que creemos. En trabajos que detestamos. En relaciones que nos amargan la vida en lugar de hacérnosla más agradable. Nos sentimos perdidos, sin saber por dónde tirar.

Pero siempre hay otra alternativa. Una mucho mejor. Cuando somos conscientes de nuestra parte Divina —de Dios viniendo a nosotros a través nuestro—, ya es otro cantar. La vida nos funciona. Si fluimos y cocreamos con lo Divino —nuestra Alma y nuestro Espíritu—, la misma vida se convierte en la aventura fabulosa y apasionante de traer al Espíritu a lo material y revelarlo en nuestro cuerpo físico, sabiendo que no somos el cuerpo. Dejamos de ser víctimas ignorantes de nuestras circunstancias. ¡Nos convertimos en participantes poderosos en el juego de la vida! Creamos vidas plenas, felices, saludables, dichosas y radiantes. Somos conscientes de estar encarnados en un cuerpo sabiendo que en el fondo somos inmortales e ilimitados.

¿Cómo se aplica esto a nuestra vida? ¿A qué me refiero al decir que «la vida nos funciona»? Pues a que llevamos una vida consistente en todos los sentidos, en el físico, el emocional y el espiritual.

A nivel físico y emocional, cuando vivimos desde esta perspectiva sabemos que los síntomas físicos y las emociones que nos hacen sufrir son señales del Alma. Están intentando llamarnos la atención, pedirnos que miremos en nuestro interior para ver lo que está realmente ocurriendo. Son el secreto para llevar una vida más plena y significativa, y ¡no un «castigo» por haber obrado mal en el pasado!

A nivel espiritual, cuando la vida nos funciona, tomamos decisiones acertadas tanto mental como físicamente. Al estar en contacto con nuestra esencia verdadera, nos dejamos llevar por lo que nos apasiona e irradiamos amor y luz a cualquier persona y situación que surja en nuestro camino. El trabajo, las amistades, las actividades…, todo nos lleva a un nivel más elevado y nos permite vivir una vida extraordinaria.

Cuando la vida nos funciona sin más, vivimos más años. El cuerpo y la mente funcionan mejor. Estamos sanos y somos felices. Vemos lo que es importante de verdad en la vida para vivir sin tener que arrepentirnos de nada.

Del miedo a la fe: el secreto para hacerte la vida fácil

En nuestra búsqueda de la felicidad y la salud llevamos mucho tiempo ignorando la unidad del cuerpo, la mente y el Espíritu. Recurrimos a la medicina occidental para estar sanos, la cual se basa en un modelo reduccionista y obsoleto que trata los síntomas como algo negativo, enmascarándolos con medicamentos o, a veces, con cirugías. Esta actitud se aprecia en las estadísticas alarmantes sobre la prescripción de fármacos en Estados Unidos. Investigadores de la Mayo Clinic han descubierto que el 70 por ciento de estadounidenses toman por lo menos un medicamento recetado, y muchos, más de uno. Los más recetados son los antibióticos, los analgésicos opioides y los antidepresivos. El sistema de creencias según el cual «la vida mejora con los fármacos» está tan arraigado en nuestra cultura que, cuando personas como mi madre, de noventa años, o como Gladis, una doctora amiga mía de noventa y cinco, van al médico, ¡el personal no se puede creer que no tomen ningún medicamento! Están seguros de que debe de ser un error. Cuando a la mayoría de la población le recetan medicamentos, salta a la vista que hay algo que va muy mal en nuestra sociedad. Medicar los síntomas por sistema es como tapar con cinta adhesiva las luces indicadoras del salpicadero de tu coche en lugar de levantar el capó para ver qué es lo que el motor te está diciendo que necesita.

Cuando aceptamos que tanto nuestros pensamientos, creencias y circunstancias como lo que nuestra alma ha planeado para nosotros influye enormemente en nuestra salud física y mental, vemos el poder de cada pieza del rompecabezas descrita por Edgar Cayce: el Espíritu, la mente y el cuerpo. Fluir con el inmenso poder de lo Divino es como tener prácticamente las llaves de nuestro propio reino.

Entender plenamente la relación entre cuerpo, mente y Espíritu es ver que forman una unidad. Estas partes de nuestro ser se influyen unas a otras, y, cuando intentamos mejorar una, las otras están más sanas y se sienten mejor. No podemos fijarnos solo en la salud física. O en la salud mental. O en la salud espiritual. Debemos ocuparnos de todas. Para vivir plenamente, estar sanos y ser felices, debemos llevar cada parte de nuestro ser a su estado más elevado.

El Espíritu es Vida

Vamos a analizar la primera pieza de la filosofía de Cayce: *El Espíritu es Vida*. A mi entender, se refiere tanto al Alma como al Espíritu. Aunque estos dos términos se suelan usar indistintamente, son en realidad dos aspectos muy diferentes de lo Divino, pero ambos forman parte de tu esencia Divina. El cuerpo físico no es más que una pequeña parte de la inmensidad de quien eres, como una gota de agua en el océano. El Alma habita el cuerpo y está conectada con el Espíritu. El Espíritu, en cambio —o lo que algunos llaman el ser interior o el yo superior—, vive fuera del reino material. Conectar con lo Divino es conectar con nuestra parte más elevada. Todos formamos parte de Dios. Le llamemos como le llamemos: Poder Superior, Buda, Dios, Jesús, Alá, la Diosa o el Gran Espíritu. Depende de cada uno. No hay solo un nombre «correcto». Independientemente del nombre que le des, para acceder a tu parte Divina tienes que elevar tu vibración y empezar a recordarla y a comunicarte directamente con ella. Pero sin complicarlo demasiado. Sé simplemente consciente de formar parte de Dios.

El Espíritu es para mí como la parte iluminada de nuestro ser que «siempre está en la luz», la parte inmaterial que no se encuentra en el cuerpo, sino vibrando en un estado más elevado. El Espíritu lo sabe todo y lo ve todo. Es crucial conocer esta parte de nuestro ser. El Espíritu lo observa todo desde arriba sin meterse en los berenjenales de la vida; nos ofrece percepciones interiores, pero sin participar en el dolor y el sufrimiento que conlleva vivir en un cuerpo humano.

El Alma, en cambio, está encarnada en un cuerpo. Se encuentra abajo, en la tierra, y en nuestro interior. El Alma nos lleva al interior del cuerpo y nuestro cuerpo está allí donde se realiza la tarea del Alma. El Alma nos habla a través del cuerpo. Y nosotros aprendemos sus lecciones por medio de él de muchas formas, como el sufrimiento y la enfermedad. Estas vivencias no son un castigo por haber obrado mal, sino las oportunidades que nos ofrece el Alma. El Alma es la intermediaria entre el Espíritu y el ego.

El ego es responsable de nuestra voluntad personal, es la parte de nuestro ser que debemos desarrollar lo bastante como para levantarnos cada mañana y realizar las tareas que nos asignan, o para despegarnos de la silla e ir a hacer ejercicio. Sin la voluntad personal, no llegaríamos nunca a hacer nada valioso en la vida. Y, aunque es innegable que debemos desarrollar esta parte de nuestro ser, tenemos que hacerlo con cautela. El desarrollo de la voluntad personal juega un papel muy importante en por qué hemos nacido en este mundo. Sin embargo, nuestra voluntad debe fluir con la voluntad de lo Divino, los planes del Alma ya estaban decididos antes de nuestro nacimiento.

Alinear el Espíritu, el Alma y el ego es uno de los secretos para crear una vida que funciona. Si sabes trabajar adecuadamente en tu Alma y tu Espíritu en el plano terrenal, controlarás los pensamientos y las emociones que pueden llevarte a tu propio cielo o a tu infierno personal.

La mente es la constructora

«Todos los impulsos mentales tienden a manifestarse en su equivalente físico.» Esta cita procede de Napoleon Hill, que escribió *Piense y hágase rico,* un clásico en su género, publicado en 1937. Y también explica aquello a lo que Cayce se refería al decir: «La mente es la constructora». Los pensamientos que albergamos acaban, con el tiempo, afectando enormemente todos los aspectos de nuestra vida. La calidad de nuestros pensamientos crea la calidad de la vida que vivimos.

Todos entendemos que los pensamientos y las emociones pueden hacernos sentir fatal, pero hemos aprendido que también afectan la salud del cuerpo. Cada pensamiento acarrea una emoción, y cada emoción produce una distinta bioquímica en el cuerpo. Los pensamientos alentadores, amorosos y positivos nos hacen sentir bien, por lo que nos suben las defensas y bajan los niveles de hormonas del estrés que nos desgastan físicamente. Y los pensamientos de venganza, tristeza o rabia nos hacen sentir mal. Van ligados a la larga a sustancias bioquímicas que provocan inflamación celular en el cuerpo, el origen de la mayoría de las enfermedades degenerativas. Es bastante sencillo de entender.

Pero no solo afectan al funcionamiento hormonal. Un pensamiento recurrente se convierte en una creencia. Y las creencias acaban convirtiéndose en nuestra biología. Nuestras creencias tienen el poder de afectar nuestra expresión genética. Los cambios biológicos y neuroquímicos del cuerpo asociados a esas creencias determinan cuáles serán los genes que se expresarán y los que seguirán latentes. Tenemos más control sobre nuestra propia biología del que nos han hecho creer.

Muchos expertos han documentado exhaustivamente la relación entre los pensamientos, las emociones, las creencias y la biología de uno. Como el doctor Bruce Lipton en su libro *La biología de la creencia,* y como el doctor Mario Martinez en su obra *The MindBody Code,* donde también describe los efectos biológicos demoledores de la humillación, el abandono y la traición.

Lo esencial es que, en lo que atañe a los pensamientos, siempre podemos elegir el que nos haga sentir mejor. Y esto es más fácil de hacer cuando fluimos con nuestro Espíritu y nuestra alma. Cuando decides tener pensamientos que están en armonía con tu naturaleza verdadera, en lugar de estar basados en el miedo, siempre estás eligiendo la opción más empoderadora. Y, como los pensamientos, las emociones y la biología están muy unidos, es vital adquirir esta habilidad.

Lo físico es el resultado

Nuestras creencias y pensamientos crean nuestro cuerpo, al margen de si están alineados o no con el Espíritu. Pero fijarnos en nuestros pensamientos no basta para crear un cuerpo físico que nos permita hacernos la vida fácil. No basta con tener una práctica espiritual o incluso con conocer a fondo nuestra Alma y nuestro Espíritu. Para progresar de verdad debemos fijarnos también en nuestro cuerpo, cuidarlo y satisfacer sus necesidades. Por más que recemos o que meditemos, necesitamos comer de todos modos. Y para crear el mejor cuerpo que nos haga la vida fácil debemos saber cómo ejercitarlo, descansar e hidratarnos. Métodos sencillos para hacer actividad física y comer saludablemente nos ayudan a conservar los tejidos del organismo y del cerebro en buen estado.

El cuerpo, al igual que los otros aspectos que nos hacen la vida más fácil, no solo está estrechamente ligado a nuestra vitalidad, sino también a la misma fuente creadora del universo que nos sustenta.

Trabajar en el cuerpo, la mente y el Espíritu

Durante años me han fascinado las experiencias cercanas a la muerte y la información sobre el cielo procedentes de quienes las han vivido. También me han impactado las recuperaciones físicas milagrosas que siguieron a experiencias cercanas a la muerte y a enfermedades que deberían haber sido mortales. Estas recuperaciones se dan al conectar con lo Divino y acceder a la información necesaria para volver a la vida y recuperar la salud. Pero no hace falta ver la muerte de cerca para alcanzar la verdad sobre nuestra Alma y nuestra conexión con lo Divino. Es posible conseguirlo mientras estamos en este mundo.

Por esa razón he escrito este libro. Te enseñaré a trabajar en todas las partes de tu ser —cuerpo, Alma, mente y Espíritu— para que crees tu propio cielo en la tierra, disfrutes de verdad de la vida y la vivas al máximo. Es decir, te ayudaré a hacerte la vida más fácil en todos los sentidos. A partir de ahora.

2

Eres un ser eterno con un alma inmortal

Somos viajeros en un viaje cósmico, polvo de estrellas que gira y baila en los inagotables remolinos del infinito. La vida es eterna… Nos hemos detenido un momento para encontrarnos, conocernos, amarnos, compartir. Es un momento precioso, aunque transitorio. Un pequeño paréntesis en la eternidad.

DEEPAK CHOPRA

Lo primero que necesitas saber si quieres hacerte la vida fácil de verdad es que tú eres mucho más que un cuerpo. Eres, en realidad, un Alma que ha vivido muchas vidas y que vivirá muchas más. Te has estado reencarnando una y otra vez para aprender a traer al Espíritu a la materia. Tu parte Divina con una vibración elevada está aprendiendo a bailar en el lodo al haber entrado en la sustancia más densa del universo: la materia. La meta principal es convertirte en un cocreador Divino en esta tierra. Tu Alma es la que establece el camino para conseguirlo y llevarte más cerca de la Fuente. Cada vida vivida nos enseña lecciones nuevas para que aprendamos a unirnos con nuestra parte Divina, que es Dios. Todos acabamos al final alcanzando la meta de la iluminación, pero existen distintos niveles de conciencia actuando en la tierra.

Entender del todo que somos inmortales y que nuestra experiencia actual no es más que una continuación para nuestra Alma nos permite captar mejor lo que es necesario para hacernos la vida fácil. Nos ayuda a comprender por qué afrontamos ciertos retos y qué podemos hacer para superarlos. También hace que nos abramos para conectar con el camino del Alma y ver qué es lo que nos permitirá progresar en nuestro viaje a la iluminación, y a la unión con Dios. Estas dos cosas nos ayudan a estar sanos y serenos en esta vida actual.

Este no es tu primer rodeo

Empezaré con la reencarnación, porque cuando aceptamos su existencia nuestra vida mejora en todos los sentidos.

Muchas personas han cuestionado la reencarnación, pero hay tantos ejemplos extraordinarios de su existencia que cada vez es más difícil negarla. La hija mayor de una amiga mía murió en un incendio a los ocho años. Al cabo de varios años, mi amiga tuvo otra hija. Cuando la niña aprendió a hablar, le dijo: «Soy Kayla y morí en un incendio. Ahora he vuelto». Madres que sufrieron abortos han oído frases parecidas de boca de sus hijos: «Cuando vine para nacer contigo y con papá no era el momento, pero ahora sí lo es». Hay montones de historias de niños que recuerdan sus vidas pasadas.

Lo importante sobre la reencarnación, a nivel emocional, es que nos ayuda a entender, afrontar y resolver las situaciones difíciles de esta vida, como los retos que tienen que ver con la posición social, la familia, la muerte de seres queridos y la salud. Tu Alma ha elegido cada una de esas circunstancias de tu vida para ayudarte a avanzar hacia la iluminación.

Todos hemos vivido miles de vidas. Y las personas que te rodean han estado contigo en otras existencias, sobre todo los miembros de tu familia, que suelen ser los que nos plantean los mayores retos. Mi amiga, la doctora Gladys McGarey, lleva mucho tiempo dando a conocer la reencarnación y la labor de Edgar Cayce. En una ocasión en la que dos de sus hijos se estaban peleando, les dijo: «Recordad que ambos habéis elegido esta familia». A lo que uno de ellos repuso apuntando con el dedo a su hermano: «Sí, pero ¡no sabía que ÉL iba a estar aquí!»

Entender los retos y las situaciones dolorosas que estás viviendo —sobre todo aquellos que el intelecto no llega a comprender— no hará que dejes de sufrir, pero les dará un sentido, ayudándote a afrontarlos con más serenidad. Una vez oí a un maestro budista enseñar que hay una legión de Almas haciendo cola para gozar del privilegio de nacer reencarnadas en un cuerpo en la tierra. No existe otro lugar en el universo en el que se dé un escenario tan profundo para el «Espíritu entrando en la materia» donde podamos practicar el llevar la luz a la oscuridad. Imagínate una cola larguísima de Almas esperando anhelantes vivir lo que tú estás viviendo en este mundo. Por más doloroso que sea. Para hacerte la vida fácil, no olvides que vivir en un cuerpo en la tierra, aunque estés enfermo o tengas a tu cargo a alguien que ha perdido la salud, no es una especie de castigo que un Dios enjuiciador separado de ti te ha impuesto por haber obrado mal. Esta forma de verlo es un gran error.

Las situaciones desgarradoras, como la muerte de un bebé justo antes de su nacimiento, un cáncer infantil o la pérdida de un padre o una madre en la niñez, son sumamente traumáticas cuando no tienen ningún sentido. Pero, al darles un significado profundo, transformamos mucho mejor el dolor y la tristeza de las pérdidas inevitables que forman parte de la condición humana. Si no intentas encontrarles un sentido, te pasarás la vida flagelándote lleno de rabia y de reproches. Por ejemplo, hace poco, mientras visitaba el lugar donde viví de pequeña, fui a ver el cementerio donde la familia Northrup está enterrada, y oí una historia sobre un familiar mío que murió a una edad muy temprana a inicios del siglo XX. Ese niño era el único hijo de uno de mis antepasados y había muerto cuando solo tenía un año. Su padre se pasó el resto de su vida culpando a Dios de esta pérdida. Nunca la superó.

Nuestro corazón y nuestra mente no pueden darle un sentido a esta clase de pérdidas a no ser que les pidamos a nuestra Alma y a Dios que nos ayuden a ver más allá de la situación. De lo contrario, acabaremos creyendo que nuestro destino depende de la buena o la mala suerte que tengamos en la vida. Y esta actitud, francamente, hace que la vida en esta tierra sea un verdadero infierno. Si no vemos las cosas desde una perspectiva más amplia, no aprenderemos las lecciones que se supone que debíamos aprender en esta vida, y entonces tendremos que volver a reencarnarnos para aprenderlas, lo único que la próxima vez serán más duras.

Cualquier cosa que afrontes tiene una razón de ser. Tu Alma te está mostrando el trabajo emocional que necesitas realizar para traer la luz a tus aspectos oscuros. Has venido a este mundo para aprender a vivir en la tierra y elevar tu vibración. Y, si no le pides ayuda a lo Divino (a Dios), no lo conseguirás. No le encontrarás un sentido a la vida.

Encontrar consuelo

Entender que somos Almas en lugar de cuerpos le da un sentido distinto a la muerte de un ser querido. Cuando hacía mi residencia en la especialidad de Ginecología y Obstetricia en Boston, recibí una llamada telefónica que hizo que el mundo se me viniera abajo. Cindy, mi hermana pequeña, había muerto en un accidente de tráfico de vuelta a casa, después de dar una clase de educación física en Buffalo, Nueva York.

Cyndy tenía 23 años y se acababa de sacar el título de Educación Física en la Universidad de Alaska. Era un espíritu libre que había estudiado en tres universidades distintas sin preocuparle en lo más mínimo la mala impresión que esto causaría en su currículum. Después de hacer con ella el viaje por Europa con el que llevábamos soñando durante tanto tiempo, yo ingresé en la facultad de Medicina y Cindy volvió a Alaska para trabajar en la construcción del famoso oleoducto

Trans-Alaska. Vivía en la caja de embalaje de un buldócer adaptada como cabaña. Nos alegraba la vida contándonos historias de cómo se deslizaba por las tuberías recién construidas de los oleoductos echada en uno de esos carritos equipados con ruedas que los mecánicos usan para reparar la parte baja de los coches, con la música de Pink Floyd retumbando a todo volumen por los altavoces colgados a ambas bocas del conducto. Era un ser muy luminoso y divertido, su muerte nos dejó consternados a todos.

Al poco tiempo de la muerte de Cindy, mi madre se encontraba en el aparcamiento de una iglesia espiritista de la amiga de una amiga. Tal como ella lo cuenta, apenas sabe cómo acabó allí. Cuando asistió al oficio religioso, la pastora, que se comunicaba con los espíritus, dijo desde el altar: «Hay alguien aquí cuyo nombre empieza por C. Quiere decirle a su madre que está bien. Y que su abuela estuvo con ella en el coche». (La madre de mi madre —mi abuela— había fallecido de un infarto mientras sacaba con una pala la nieve de la entrada de la casa nueve meses antes de la muerte de mi hermana.)

Mi madre se sintió tan aliviada por esta afirmación que le pidió a Margarete Haney, la pastora de la iglesia, que fuera a su casa para hacer una sesión de espiritismo. En aquella época yo estaba en Boston, pero mi hermana Penny vio a la señora Haney entrando en trance con las facciones y la voz totalmente transfiguradas. Se puso a hablar con voz masculina. Se presentó como el doctor Andre y él nos habló de la muerte de mi hermana. Nos dijo que no había sufrido y que no estaba sola cuando murió. También nos comunicó que ahora estaba a salvo y feliz en el más allá. Mi familia grabó la sesión y nunca olvidaré lo que sentí al escucharla. No cabe duda de que el cuerpo de la señora Haney fue poseído por el Alma de un ser llamado doctor Andre con el fin de enseñar y curar a la gente. El doctor Andre nos ayudó a superar la pérdida de mi hermana y a ver que en realidad no había muerto, solo había abandonado su cuerpo.

Sentir la presencia del pasado

Aceptar la existencia de la reencarnación no solo nos ayuda a afrontar el dolor y las pérdidas, sino también a darle un sentido a las cosas inexplicables que nos pasan en esta vida. Por ejemplo, cuando se publicó la primera edición de mi primer libro *Cuerpo de mujer, sabiduría de mujer*, solía despertarme gritando en mitad de la noche, sin duda había alguien en mi casa que quería matarme con una pistola. Mis hijas pueden dar fe de ello. Estaban aterradas. Pero no tanto como yo. Acabé concluyendo —probablemente como muchas lectoras— que en más de una ocasión me habían quemado viva en una hoguera, acusándome de bruja. Por suerte, en esta vida no me han matado por mi enfoque holístico de la salud femenina, aunque he tenido mis escaramuzas con figuras de autoridad en mi profesión. La mayoría de las cuales fueron también mis inquisidores en el pasado.

He hablado con innumerables mujeres que habían sentido un «miedo irracional» al decir lo que pensaban ante figuras de autoridad. A veces bromeamos sobre todas las formas en las que hemos sido silenciadas. Y no es una fantasía. Después de todo, nueve millones de curanderas y comadronas —y también los hombres que las apoyaban y los que eran sanadores— fueron quemadas vivas en la hoguera en la primera década del siglo xv, después de que dos inquisidores publicaran en la Edad Media el *Malleus Maleficarum* (en latín, *El martillo de las brujas*), un texto infame que señalaba quiénes ejercían la brujería. Y, por lo que sé, se trataba de cualquier mujer (u hombre) que usara las propiedades curativas de la tierra o su propio don para curar a la gente.

¿Cómo hace irrupción el pasado en el presente? El famoso biólogo británico Rupert Sheldrake habla de un «campo mórfico» de energía e información más allá del tiempo y el espacio. En este espacio queda registrado todo cuanto ha ocurrido en el planeta. A veces esta información se manifiesta en nuestra vida como miedos, ansiedad o incluso enfermedades. Por suerte, si eres capaz de reconocer la influencia del pasado, los síntomas que estás experimentando pueden llevarte a la curación y a la limpieza del campo mórfico.

Hace muchos años mi madre sufrió un dolor abdominal intermitente. En lugar de ir al médico —intuía que de nada le serviría—, sintió que debía cruzar el país en coche para visitar a mi hermana. Necesitaba hacer ese peregrinaje, aunque no sabía por qué razón.

Mientras conducía, el dolor de estómago fue aumentando de intensidad. En un momento dado, le dolía tanto que tuvo que detenerse en la cuneta para acuclillarse. Incluso creyó haber escupido sangre. Pero descubrió que no era así. Y de súbito —retrocediendo en el tiempo— tuvo una visión tan real que parecía que le estuviera ocurriendo en ese momento. Era una vikinga empuñando una espada. Y se la clavó a una mujer embarazada en el vientre, matando al bebé y a la madre a la vez. En ese momento —del presente— se dio cuenta de estar viviendo tanto la experiencia de la perpetradora (la vikinga) como de la mujer a la que ella había matado con la espada. Se la había clavado precisamente en el lugar que ahora tanto le dolía. Lo que había hecho, cuando era una vikinga, le perturbó muchísimo.

El sentimiento de culpa y los remordimientos siguieron torturándole. Al llegar a la casa de mi hermana, hizo un ritual con un chamán del lugar. Escribió en un papel todo lo que se le ocurrió sobre el incidente. Y luego, en una noche de luna llena, lo quemó hasta reducirlo a cenizas. Después durmió muchas horas de un tirón. Cuando despertó, el dolor abdominal y la pena que sentía habían desaparecido. De algún modo había «limpiado» la energía del pasado, purificando una parte de su karma. Mi madre me dijo que sabía, sin la menor duda, que si no se hubiera permitido experimentar todo ese proceso, desde el principio hasta el final, habría acabado desarrollando una dolencia gastrointestinal mortal. Estoy segura de que tiene razón.

Curiosamente, mientras cruzaba el país de camino de vuelta a casa, se detuvo para ir a ver a un pariente. Durante la visita, él la llevó a su dormitorio y le dijo que quería darle algo. Le regaló una estatua de casi un metro de altura. Era de un vikingo. Con una espada.

Limpiando el campo mórfico del pasado

En los círculos médicos convencionales nunca se ha escrito sobre esta clase de historias. Sin embargo, con el paso de los años he aprendido que la salud, las enfermedades, los traumas y las recuperaciones son mucho más misteriosos de lo que nos han hecho creer. Si crees que lo único que nos hace enfermar son los gérmenes o las lesiones, recapacita. El campo mórfico es una atracción magnética. Es la ley de la atracción en la que lo similar atrae a lo similar. O la de «Dios los cría y ellos se juntan». Es una ley universal constante, y en nuestra vida seguirán dándose las mismas circunstancias una y otra vez hasta que las transformemos por medio del amor y la comprensión. Solo entonces el campo mórfico cambia, al igual que el punto de atracción.

Para hacerte la vida más fácil es esencial cerrar las heridas del pasado, tanto si has sido la víctima como el verdugo (porque todos hemos sido ambas cosas). Las enfermedades y las sensaciones inexplicables no se pueden tomar a la ligera. Pueden ser señales del Alma indicándonos que ha llegado el momento de curarlas. El Alma siempre está intentando sanar nuestros patrones negativos, de ahí que los saque a la luz para que los liberemos y abandonemos. Algunas veces lo hacemos tomando una decisión en un determinado momento, y otras dedicándonos a aquello que vinimos a hacer en este mundo. En una ocasión fui a ver a una mujer que ayudaba a la gente a curarse y a lidiar mejor con los problemas de la vida combinando la numerología, la astrología y un sistema místico hebreo conocido como cábala. Mientras le contaba lo maravilloso que era el cirujano pélvico que iba a extirparme un fibroma del útero —yo había mandado a muchas de mis pacientes a verle y él había hecho todo lo posible por curarles los órganos pélvicos en lugar de extirpárselos—, me dijo: «Me pregunto qué le habrá hecho él a las pelvis en una vida pasada». Se estaba refiriendo a que su sorprendente dedicación en esta vida a la salud de los órganos pélvicos femeninos era para reparar o contrarrestar lo que habría hecho en el pasado.

Considerar que los problemas de nuestra vida actual vienen de lo que hicimos en nuestras vidas pasadas es un gran paso para muchas personas, pero esta idea se está aceptando cada vez más. Durante muchos años la han estado viendo como una posibilidad, pero no han compartido la información por miedo a que les tacharan de locos. Recuerdo que hace años leí los relatos del doctor Raymond Moody sobre niños que habían vivido experiencias cercanas a la muerte. Muchos adquirieron facultades extraordinarias, como una memoria fotográfica prodigiosa o la capacidad de componer música extraordinaria. O un vínculo de por vida con un espíritu que les guiaba. Sin embargo, la mayoría de las veces, cuando compartían lo que les había ocurrido, les decían que «se lo estaban imaginando». Por lo que decidían dejar de compartir sus vivencias y guardárselas para ellos. En nuestra cultura se han perdido muchas experiencias maravillosas por creer solo en lo que se puede ver con los ojos y percibir con los cinco sentidos.

Pero, tarde o temprano —y espero que sea pronto en lugar de en un futuro lejano—, todos veremos que nuestra Alma siempre ha sido la que nos ha estado guiando divinamente. El Alma es una fuerza mayor que la del intelecto. Tanto si la llamamos una guía interior como un presentimiento o una sensación que nos pone la carne de gallina, sea cual sea el nombre que le demos, debemos *recurrir* a ella para que nos guíe y ayude. Hemos nacido con esta guía interior y siempre estará ahí, dirigiéndonos para que alcancemos lo que nuestra Alma vino a alcanzar en este mundo. La llamemos como la llamemos, hay unas formas muy concretas con las que podemos aprender a trabajar con esta voz del Alma.

LAS REGRESIONES A VIDAS PASADAS

Una de las herramientas más poderosas que he descubierto para conectar con las experiencias de vidas pasadas y sanar la vida actual es la de las regresiones. Si lo deseas, puedes hacerlas por tu cuenta con audios concebidos para este fin, como los del famoso terapeuta Brian Weiss, un psiquiatra que estudió en Harvard, experto en este tipo de regresiones. También se han publicado muchos buenos libros sobre el tema, como los del doctor Weiss. David Wells, de Portsmouth (Inglaterra), un gran astrólogo y cabalista, también ha escrito varios libros excelentes sobre cómo trabajar con las vidas pasadas. El libro extraordinario *Repetition: Past Lives, Life, and Rebirth* de Doris E. Cohen es muy útil para ir atando cabos y descubrir la historia de tu vida pasada al advertir las pautas que se repiten en tu vida actual.

Mi colega Bob Fritchie, fundador del World Service Institute y autor de *Being at One with the Divine* y de *Divine Love Self Healing: The At Oneness System*, señala que las personas que no responden al sistema curativo habitual del Amor Divino (del que hablo en el siguiente capítulo) están estancadas por lo que les ocurrió en su vida anterior. El miedo les impide a muchos mirar en el pasado, pero podemos acceder fácilmente a él sin temor alguno si sintonizamos con nuestro Espíritu y el Amor Divino. Para hacerlo, cierra los ojos y haz esta petición, que encontrarás en *Divine Love Self Healing*: «Con la ayuda del Espíritu interior y del Amor Divino, retrocederé en el tiempo hasta la vivencia o las vivencias que expliquen totalmente mi problema actual (nómbralo)». Después de hacer esta petición, respira hondo por la nariz. Retén el aire contando hasta cuatro y exhálalo luego como si lo soplaras por la nariz. Normalmente rememorarás imágenes de las situaciones que te están causando el problema. Y, como Fritchie apunta, el problema viene casi siempre de un acto cruel tuyo del pasado que te separó de lo Divino. Esa separación se convierte en la deuda del Alma que tienes en esta vida. Puedes saldar esa deuda del Alma abandonando los reproches y las críticas, y reemplazándolos por la autoaceptación y el amor.

Hacer este trabajo interior es muy positivo, pero trabajar con un terapeuta experto en regresiones a vidas pasadas también es útil. Para encontrar uno, te sugiero que preguntes a las personas de tu entorno si conocen alguno. Deja que alguien te recomiende uno. Muchas veces, en cuanto sientes que estás listo para esta clase de experiencia, alguien te presenta de pronto al terapeuta adecuado. La vida es así de fácil cuando sintonizas con tu Alma y con lo Divino.

El plan original de tu Alma

Verte como un Alma que se ha estado reencarnando a lo largo de muchas vidas como parte de un viaje más importante no solo le da un sentido a tu sufrimiento, sino que además te ayuda a ser consciente del viaje de tu propia Alma. Saber que estás intentando alcanzar algo y entender que sigues un camino te permite observarlo para recorrerlo con más destreza. Una carta astral —interpretada por un buen astrólogo— es una de las herramientas más prácticas que conozco para ello.

Tu carta astral es un mapa de lo que los cielos estaban haciendo cuando naciste, y tu Alma eligió ese preciso momento antes de que aspiraras la primera bocanada de aire. Es también el mapa del viaje de tu Alma a lo largo del tiempo. Te permite hacerte una idea muy completa de lo que has venido a ser y a hacer en este mundo.

Tu carta astral contiene las posiciones planetarias en el cielo —tanto por encima como por debajo del horizonte— en el momento de tu nacimiento. Describe tus tendencias, características, retos y potencial. También te proporciona información muy concreta sobre los retos de tus vidas pasadas y aquello que tu alma ha venido a hacer en esta vida. Esta información se encuentra en lo que se conoce como los nodos lunares: los nodos del norte y del sur. Los del sur te indican dónde has estado. Y los del norte, a dónde te diriges y a lo que has venido a especializarte en este mundo.

Cabe tener en cuenta que la astrología a la que me refiero no es la de los horóscopos de los periódicos y las revistas. Esos horóscopos representan el signo zodiacal de cada uno, que no es más que una parte interesante de la astrología. Las secciones de la prensa con la interpretación de los signos zodiacales empezaron a publicarse en el siglo xx para vender más periódicos. Pero tu signo zodiacal no es más que un aspecto de tus características astrológicas, y no te aportará demasiada información a no ser que conozcas el resto de tu carta astral.

Una carta astral completa contiene el signo lunar, el signo solar, el ascendente, una serie de planetas, los nodos lunares y, a menudo, algunos asteroides. Tu signo zodiacal (Libra, Aries, Géminis) no es más que una pequeña parte de tu horóscopo. Pero, con todo, te indica varias cosas. El astrólogo Daniel Giamario llama a nuestro signo solar el «combustible» que usamos para alcanzar nuestro objetivo en esta vida. De modo que, si eres Capricornio, lo más probable es que seas una persona práctica y realista, dependiendo de dónde se encuentren los otros planetas y de las influencias que estén recibiendo.

Hay muchas clases distintas de astrología —evolutiva, zodiacal, chamánica, védica y de la estrella venusiana—, para nombrar unas pocas, y cada una nos ayuda a conocer algo distinto sobre nuestro periplo en la tierra.

NO DEJES QUE LA ASTROLOGÍA TE INTIMIDE

Mucha gente, al consultar su carta astral o su horóscopo, pregunta: «¿Es malo?» Pero esta pregunta es innecesaria, porque la respuesta siempre es «no». La astrología no es más que una herramienta, no tiene más poder que el que le demos. Es como consultar el tiempo que hará para ver si debemos llevar el impermeable. No nos muestra nuestro destino. Este depende totalmente de cada uno. Un horóscopo sugiere la trama de la obra de teatro en la que estamos actuando. Pero no nos indica cómo representar nuestro papel, lo que llevaremos puesto, ni cómo acabará.

Lo que la astrología nos da es una hoja de ruta para el viaje de nuestra Alma. Está concebida para ayudarnos a acceder lo máximo posible al plan original del Alma. Cada carta astral contiene sus retos y sus dones. Pero no existen cartas astrales «malas».

Aunque la astrología como guía siga teniendo mala fama, este estigma ha ido disminuyendo paulatinamente a lo largo de mi vida. Hace años, la astróloga que interpretó por primera vez mi carta astral me dijo que un día ella celebraría una fiesta y que invitaría a todos los médicos

—mis colegas— que iban a verla con regularidad. Me dijo: «Te quedarías de piedra si supieras quién ha estado aquí». A partir de ese día, me enteré de que muchas personas muy famosas y exitosas usan la astrología. Lo que pasa es que no hablan del tema.

Una y otra vez, nuestra sociedad intelectualizada en exceso nos aleja de las cosas que tienen el poder de reforzar el camino de nuestra Alma y que le dan sentido a la vida. Durante muchos años, en las editoriales que publicaban mis libros me decían: «Por favor, no hables de astrología, a los lectores no les gusta». Así que no hablé de ella (sobre todo) durante los años en los que «intenté no salirme del molde». Pero esos años han quedado atrás.

Muchos de quienes hablan mal de la astrología no han investigado sobre ella. Rob Brezsny, astrólogo y autor de *La pronoia es el antídoto para la paranoia*, afirma brillantemente: «No han leído a astrólogos inteligentes como Dane Rudhyar, no saben que el influyente astrónomo Johannes Kepler era un gran astrólogo, ni que el eminente psicólogo C. G. Jung hacía horóscopos y creía que «la astrología representa el resumen de todo el conocimiento psicológico de la antigüedad». Lo único que los «escépticos» fraudulentos hacen para intentar entender el antiguo arte de la astrología es echar un vistazo a la sección del horóscopo de la prensa amarilla. Su despreocupación es como si yo pasara con el coche por delante de un centro comercial y declarara que la profesión de arquitecto es superficial y decadente».

La interpretación de la carta astral

Como he comentado al empezar a hablar de astrología, la carta astral es muy útil *cuando la interpreta un buen astrólogo*. Ojalá pudiera decir que puedes interpretarla por tu cuenta, pero entender de verdad lo que revela una carta astral exige años de estudio. Es todo un arte. Por eso, lo mejor para aprovechar la sabiduría de la astrología es ir a ver a un astrólogo que te hayan recomendado. Uno que lleve años interpretando cartas astrales. No entres simplemente a una tienda esperando vivir una gran experiencia. Guíate por las recomendaciones. Investiga.

Cuando busques un astrólogo de confianza, evita a los catastrofistas. Ese tipo de personas tiende a compartir la información de un modo que te quita la fuerza. Demasiados clientes han sido «hechizados» por astrólogos que interpretan cartas astrales como si fueran advertencias divinas. Un astrólogo le dijo a una amiga mía que no trabajara en grupo porque no tenía ninguna habilidad en este aspecto. Pero en su carta astral no había nada que indicara esta incapacidad en lo más mínimo, te lo aseguro. Parte del viaje de tu Alma consistirá en descubrir a astrólogos, videntes y otros guías que te ayuden a lo largo del camino.

LOS TRÁNSITOS: SATURNO, URANO Y QUIRÓN

Si bien es mejor que sea un buen astrólogo el que te interprete la carta astral, hay algunas verdades universales reflejadas en la astrología que te ayudarán a entender los retos que afrontas en determinados momentos de tu vida. Ciertas alineaciones planetarias nos afectan a todos por igual y suelen darse en momentos concretos de la vida. Las más poderosas que debes tener en cuenta a medida que pasan los años son las de Saturno, Urano y Quirón.

- **Saturno:** Saturno tiene que ver con respetar los límites y las fronteras y tenerlos en cuenta. El retorno de Saturno, que se refiere al momento en que el planeta Saturno vuelve al lugar donde se encontraba cuando naciste, suele ocurrir entre los 28 y los 32 años, y más tarde a los 58. El retorno de Saturno significa que es hora de crecer. Que la adolescencia ya ha quedado atrás. Es hora de ser un adulto y de averiguar cómo sobrevivir por ti mismo. El primer retorno de Saturno suele ir acompañado de alguna clase de pérdida o de trauma que nos obliga a despertar. Algunas personas no consiguen superarlo. Existe incluso el llamado Club de los 27, que se refiere a un grupo de músicos que murieron a los 27 años. Como Kurt Cobain, Jim Morrison, Janis Joplin, Brian Jones y Jimi Hendrix. El segundo retorno de Saturno es cuando nuestra Alma nos anima a entrar en modo de supervivencia para progresar en la vida.

- **Urano:** a Urano se le conoce como el gran despertador y tiene que ver con traspasar los límites. Nos da la oportunidad de elevarnos en lugar de caer en picado. De romper las reglas y salir de lo establecido. La oposición de Urano suele aparecer a los 42 años y es cuando el «influjo familiar» en el que crecimos empieza a desmoronarse y nuestra Alma nos dice: «¿Es esto todo cuanto hay?» La oposición de Urano es un gran toque de atención para que vivas tu propia vida y no la que tus padres o tu jefe han elegido para ti. En nuestra cultura se conoce como la «crisis de los cuarenta». Y muchas mujeres, simplemente, la achacan a la menopausia. Pero es mucho más profunda que esto. Es un despertar espiritual orquestado por el Alma y el universo. Urano vuelve a aparecer a los 21, los 63 y los 84 años aproximadamente. Aunque estos tránsitos nos presenten episodios concebidos para liberarnos de la situación actual, la oposición de Urano es el mayor acontecimiento relacionado con este planeta.

- **Quirón:** el retorno de Quirón —el Sanador Herido— también es muy importante. Ocurre alrededor de los 52 años y nos presenta una situación que nos pone a prueba en el aspecto de nuestra vida en el que tenemos una gran habilidad para aplicarlo a los demás, pero en el que somos unos negados a nivel personal. Ese episodio nos hace sentir como si nos estuviéramos muriendo. Y así es. Estamos muriendo a nuestra antigua forma de ser. Y, si intentamos aferrarnos a ella, lo más probable es que enfermemos. Durante el retorno de Quirón es el momento de confiar en nuestra Alma y de seguir adelante con fe.

El viaje del alma

Entender tu verdadera naturaleza inmortal, que tu Alma está realizando un viaje a lo largo de muchas vidas, es una gran herramienta para hacerte la vida fácil. Saber que hay unas fuerzas universales que nos afectan sin que las podamos controlar nos ayuda a darle sentido a la existencia. Trabajar con esas fuerzas, mediante prácticas como las regresiones a vidas pasadas y la astrología, nos permite llevar una vida que nos llena y enriquece al máximo. Nos permite aprender las lecciones que necesitamos aprender. Y esas lecciones son muy sencillas: traer el amor, el perdón y la comprensión a los aspectos de nuestra vida en los que brillan por su ausencia. Y también dejar de vivir con miedo. Lo cual incluye amarnos y perdonarnos a nosotros mismos.

Todos estamos avanzando para unirnos con lo Divino y, sin embargo, existimos en este plano mortal. El plano de lo material. El lugar más denso del universo. Cuando traemos más luz y amor a este mundo, cambiamos el universo entero, le ayudamos a evolucionar. ¡Qué servicio tan colosal hacemos a «todo cuanto existe»! Fusionar estas dos realidades y trabajar hábilmente en ellas es la labor más importante, gratificante y práctica que podamos jamás realizar.

3

Comunicándote con lo Divino

Comunicarnos con Dios es la experiencia más extraordinaria
imaginable, pero al mismo tiempo es la más natural,
porque Dios está presente en nosotros a todas horas.
Es omnisciente, omnipotente, personal...
y nos ama incondicionalmente. Estamos conectados
como Uno a través de nuestro vínculo divino con Dios.

EBEN ALEXANDER

Durante siglos nos han hecho creer que solo unos pocos elegidos podían hablar con Dios. Solo los que tenían experiencias místicas o los que conversaban con zarzas ardientes. Los simples mortales no tenían esta facultad. Y de este modo unos pocos han estado controlando a poblaciones enteras, aprovechándose la mayoría de la confianza de la gente. Como es evidente de quiénes estoy hablando, no entraré en detalles.

Pero podemos comunicarnos directamente con Dios, y nuestra relación con Él es la forma más importante de hacernos la vida fácil. Conectar directamente con Dios, el Creador, nos da el apoyo que no recibimos en ninguna otra parte. Nos ayuda a avanzar en el viaje del Alma y nos ofrece algo a lo que recurrir cuando las cosas parecen no tener solución o estar fuera de nuestro control.

Recuerdo que hace años llamé una noche a Dios con todo mi ser.

Pero primero te pondré al día para que te hagas una idea de la situación. Mis colegas y yo habíamos empezado en la década de los ochenta Women to Women, un modelo nuevo de atención médica dirigido a las mujeres. Antes de crear Women to Women, el modelo de atención médica en el que trabajábamos no se centraba en la curación como medida de éxito. Aunque todos mis colegas fueran médicos dedicados, el sistema sanitario se centraba en la cantidad de cirugías que hacíamos y en el número de pacientes que atendíamos. Descubrir la causa de un problema de salud —por ejemplo, los abusos sexuales sufridos— no era lo esencial, porque el sistema sanitario no estaba diseñado (ni aún lo está) para tratar con estos asuntos con rapidez.

Una de mis colegas se rompió la cadera mientras trabajábamos en este ambiente, y durante su convalecencia dibujó una viñeta que resumía a la perfección el dilema con el que nos enfrentábamos. En la viñeta aparecía una lápida con las palabras «Aquí descansa JCG» (no son sus iniciales reales). Debajo se enumeraban las estadísticas oficiales con las que se medía nuestro «valor» y nuestra productividad como profesionales de la salud: PMI (primeras visitas médicas): 9.326; NPO (nuevas pacientes de obstetricia): 7.390; Cesáreas: 4.500. La imagen de la viñeta era un chocante resumen del sistema de creencias que regía nuestra vida cotidiana.

Sabía que algo debía cambiar. Tuve una visión de una clase nueva de práctica médica que honraría la sabiduría del cuerpo femenino. Y también la vi realizándose en un ambiente hogareño donde las mujeres se sintieran cómodas y donde se valoraran las historias de su vida. Dos enfermeras habían empezado el Women to Women original en un lugar cercano y decidimos unir nuestras fuerzas, invertir nuestro dinero en aquello que defendíamos en lugar de protestar contra el sistema, y crear una nueva clase de atención médica. Adquirimos una casa victoriana antigua y transformamos los dormitorios en consultorios y los armarios en zonas para cambiarse de ropa. Y, cuando las mujeres venían a vernos, se sentaban en los sofás del consultorio y rompían a llorar aliviadas. Por fin se encontraban en un lugar donde se valoraba y escuchaba a su cuerpo, su mente y su Espíritu, es decir, a todas las partes de su ser.

El problema no era solo que ninguna de nosotras supiera dirigir una empresa, sino que habíamos adoptado esta visión nueva sin desprendernos de nuestras antiguas creencias. Y la mentalidad de nuestras pacientes tampoco había cambiado demasiado. Lo cual creó unas expectativas poco realistas sobre nosotras como sanadoras. ¿No había una pastilla o procedimiento que curara el dolor de los abusos sexuales, los divorcios, el miedo al cáncer o la humillación? No era de extrañar que el modelo antiguo recompensara a los médicos por hacer más cirugías. O por recetar medicamentos. Es decir, descubrimos que, a no ser que volviéramos a gran parte de lo que habíamos intentado abandonar, tendríamos problemas para pagar las facturas y, sobre todo, para ganarnos la vida.

La noche que llamé a Dios había estado trabajando sin parar y no acabé la pila de informes médicos acumulada sobre mi escritorio hasta el anochecer. Estaba harta de los rigores de la práctica médica, de las noches de guardia y de que muy pocas pacientes parecieran querer saber hasta qué punto estaban conectados la mente, el cuerpo y el alma. Solo querían que les diera una pastilla para sus males. Temía que mis colegas convencionales y el consejo de médicos desaprobaran lo que estaba haciendo. En aquella época, ni siquiera mi propio marido veía el valor de mi contribución.

Plantada en la oscura entrada de nuestro centro médico, dije en voz alta, mirando las estrellas: «¡Ayúdame a hacerlo bien esta vez! No quiero volver y tener que repetirlo». Le estaba suplicando a Dios que me ayudara a resolver el dilema, que me mostrara cómo aprender la lección que había venido a aprender y contribuir en lo que había dicho que haría antes de nacer. En aquel tiempo no sabía cómo comunicarme directamente con el Creador. Pero estaba segura de que era posible. También sabía que rezarle a Dios y pedirle que me apoyara y ayudara era el único modo de resolver el dilema. Sabía que mi Alma era sobre todo la que había elegido mi labor. Le había prometido que enseñaría lo que sabía que era cierto en esta vida. Pero no era una tarea fácil. En lo más mínimo. Mucha gente no quería oír mi verdad. Pero saber con absoluta certeza que mi fuerza y la ayuda que necesitaba yacían en mi conexión con el Creador en lugar de en mí lo cambió todo.

Al día siguiente, plantada ante la mesilla de noche de mi dormitorio, dije en voz alta una oración inspirada en Florence Scovel Shinn. Era la siguiente: «Espíritu Infinito, mándame una señal. Muéstrame el siguiente mejor uso que puedo hacer de mis dones y aptitudes». Esto tenía lugar a las 11 de la mañana de un viernes. A las 2 de la tarde del mismo día me llamó por teléfono un agente literario amigo mío. Me dijo: «Creo que deberías escribir un libro». ¡Bingo! El problema ya se estaba empezando a resolver.

Y el libro *Cuerpo de mujer, sabiduría de mujer* no solo articuló un lenguaje de la salud femenina —todo cuanto es bueno para el cuerpo de una mujer—, sino que además me permitió llegar a millones de lectoras de todo el mundo para comunicarles lo que sabía que era cierto. Y la información ayudó enormemente a muchas personas. La respuesta fue un milagro. También me llevó a un mundo de dicha y plenitud mucho más maravilloso del que hubiera podido crear sin Dios.

Conectando con Dios

Conectar con el Creador puede ser tan sencillo como exclamar: «¡Ayúdame! ¡No sé qué hacer!» cuando te encuentras ante un dilema de cualquier tipo y no sabes por dónde tirar. Pero para conectar con Dios no hace falta encontrarte ante un dilema, basta con decir «Gracias» cuando veas una puesta de sol magnífica que te hace arrodillar maravillado. Muchas veces he notado la presencia de Dios en la sala de partos cuando un recién nacido rompía a llorar por primera vez. Todos los presentes se quedaban impactados por la belleza de aquel momento mágico.

Puedes conectar con Dios rezando, diciendo algo como «Acepto el Amor Divino» o pidiéndole que te mande una señal —como yo hice— y observando lo que ocurre a continuación. También puedes conectar con el Creador participando en un oficio religioso con otras personas con una mentalidad afín a la tuya. Pocas cosas hay en la vida más sagradas que cantar alegremente cantos de alabanza a Dios a voz en cuello en compañía de otros feligreses. Sobre todo cuando los músicos son buenos. Pero tampoco hace falta conectar con Dios de esta manera. En absoluto. No dejes que nadie te diga lo contrario.

Tal vez creas que Dios no es tan importante como los otros aspectos de tu vida. Pero nada es *más* importante que Él. En su magnífico libro *Outrageous Openness: Letting the Divine Take the Lead*, Tosha Silver escribe: «¿Y si la historia *tratara* de Dios?» A decir verdad, Dios, del que todos formamos parte, *es* lo más importante de nuestra vida. Y cuando la relación que mantenemos con esta parte Divina de nuestro ser es lo primordial, todo lo demás cobra sentido. Cuando esta relación es lo principal para nosotros, gozamos de una seguridad, una guía interior y una sabiduría que siempre están ahí ocurra lo que ocurra en nuestra vida. Nada puede sustituir la relación directa que mantenemos con la Fuente que nos creó. Nada. Ni la fama, ni el dinero, ni un amante. Nada. Nuestra relación con Dios es lo único que no nos fallará. Y es lo único que seguirá haciéndonos maravillar. Y sorprender. Y sentirnos seguros y felices. Todo lo demás es pasajero.

El ego

En el capítulo uno he hablado un poco del ego. Puede ser nuestro amigo o nuestro enemigo. Es lo único que puede entrometerse en nuestra relación con Dios. Es la voz incrédula y fastidiosa de santo Tomás en nuestra cabeza, que se inventa cualquier excusa para no conectar con Dios. Sin embargo, en cuanto entendemos cómo manejarlo, nos ofrece el secreto para crear un cielo en la tierra. Se convierte en nuestro socio cocreativo en la vida.

No me cansaré de decir que el ego no es malo. Sin embargo, en los círculos espirituales está muy mal visto. Nos enseñan que debemos en cierto modo trascenderlo o zafarnos de él. Que es el responsable de todo nuestro sufrimiento. Y, aunque esto sea verdad en cierto modo, necesitamos al ego para desarrollar el Yo. ¿A qué me refiero? El Yo —en mayúscula— significa nuestra naturaleza verdadera y única. Cada aspecto tuyo, tanto el Divino como el del plano terrenal. Incluida tu personalidad. Tu ego aúna esta singular combinación del Espíritu y el Alma en una unión muy concreta concebida para crear tu experiencia vital. Para que seas tú mismo. No puedes librarte del ego; lo necesitas para vivir en tu estado reencarnado actual, como un individuo distinto del resto.

El ego empieza a formarse en la infancia con los premios que recibimos, lo que aprendemos de nuestros padres, aquello a lo que nos dedicamos, la edad que tenemos, los kilos que pesamos y otros factores parecidos. El ego piensa en términos de lo bueno y lo malo. Aunque parezca mantenernos a salvo —y así es en cierto modo—, también nos hace creer falsamente que nuestros problemas se resolverán si nos rodeamos de las personas adecuadas, ganamos más dinero, conseguimos el amante perfecto, adquirimos la casa de nuestros sueños, vamos a la última moda y gozamos de muchos otros objetos materiales. También cree que ha de poder resolverlo todo por sí mismo, y que en el caso contrario es un negado. Por eso se dice que el *ego* es el acrónimo en inglés de «Edging God Out»; es decir, de «Arrebatarle el Lugar a Dios».

El ego desempeña, pese a todo, una función muy importante en nuestra vida. Su verdadera labor es seguir el camino del Alma para crear nuestra versión personal del cielo en la tierra. Si no tenemos un ego lo bastante sano y fuerte como para asumir la tarea por la que hemos nacido en este mundo, no llegaremos demasiado lejos en el viaje del Alma. Pero, si dejamos que el ego siga las órdenes del Alma, lo más probable es que nos encontremos con situaciones mucho más satisfactorias que las que el ego podría haber creado. Es decir, si hubiera ido por su cuenta prescindiendo de Dios.

Haz que tu ego coopere

¿Qué debes hacer en tal caso? No olvides de dónde viene el ego y lo que realmente representa. La actitud más compasiva, afectuosa y práctica hacia el ego que he encontrado procede de Matt Kahn, maestro espiritual, una persona sumamente empática y autor de *Ama todo lo que surja*. Matt Kahn señala que el ego surge de una hiperestimulación del sistema nervioso.

Cuando nacemos, nuestra conciencia es puro amor y el sistema nervioso está en calma. (De ahí la frase «Duerme como un bebé».) Cuando un niño pequeño recibe un nuevo estímulo, se echa a llorar. Al igual que cuando nota el pañal mojado o cuando tiene hambre. Los movimientos, los sonidos y las lágrimas son las formas con las que el sistema nervioso asimila las situaciones estresantes de la vida. No solo les ocurre a los bebés, sino que los animales también reaccionan de este modo automáticamente. Cuando una gacela burla el ataque de un león, se echa a temblar. Después de dar a luz, una mujer se pone a temblar. Estos temblores nos calman y consumen el exceso de hormonas del estrés.

Con cada estímulo recibido, el sistema nervioso de un bebé experimenta un subidón de energía y luego su conciencia vuelve al estado natural de puro amor. Pero, con el paso del tiempo, esos subidones de energía se vuelven más frecuentes debido a las experiencias nuevas e inevitables de la vida, y el subconsciente toma una decisión. Para conservar la energía y mantener un estado más estable, al sistema nervioso le resulta más fácil vivir estimulado al máximo. Y en ese momento nace el ego, y es cuando adquirimos hábitos mentales e ideas para mantener ese estado de estimulación más elevado en respuesta a las circunstancias. Por desgracia, al entrar un bebé en ese estado más elevado de hiperestimulación, su conciencia ya no vuelve fácilmente al estado de puro amor. Con el tiempo, el subconsciente decide que ese estado de hiperestimulación sea lo «normal», un estado alterado que nos aleja de nuestro estado original de puro amor. Así es como el ego se consolida. Va formándose para protegernos y ayudarnos a superar los obstáculos de la vida.

La formación del ego depende del ambiente en el que crecemos. Todos formamos parte de una tribu, de un grupo de personas que comparten creencias y valores. Algunos le parecen útiles al Alma, pero otros son para ella totalmente erróneos. Sin embargo, debemos adaptarnos para sobrevivir. Y si no encajamos en nuestro ambiente nos arriesgamos a que nos humillen, nos abandonen o nos traicionen. Estas tres heridas son, según la investigación realizada por el neuropsicólogo Mario Martinez, las tres heridas atávicas que todas las tribus del mundo usan para castigar a los miembros que no acatan los sistemas de creencias tribales. Si una creencia tribal va en contra de lo que nuestra Alma sabe que es cierto, vivir esa mentira para encajar en la tribu estimula todavía más el sistema nervioso, fortaleciendo con ello las creencias del ego sobre el mundo. Como, por ejemplo, la de: «En nuestra familia siempre hemos sido abogados. Si quieres dedicarte a la música, no esperes que te apoyemos». El Alma de la joven música no concuerda con los dictados de la tribu. Y por eso se arriesga a dejar de ser ella misma y a no seguir las exigencias de su Alma para que su tribu la acepte. Pero, en cuanto decide fluir con lo Divino, el amor y el poder que siente en su interior la empujan a seguir su corazón y los dictados del Alma. (A la tribu esto no le gusta, pero el Alma ¡se alegra enormemente!)

También existen los dictados de una religión. Tal vez a alguien le ocurran dos cosas en su juventud: (1) sabe que es gay, y (2) le están recordando a todas horas que ser gay es un pecado contra Dios. Imagínate la hiperestimulación que le producirá esta dicotomía en el sistema nervioso. Se ve obligado a mantener su inclinación sexual en secreto. Se avergüenza de su identidad. Empieza a creer que *es* un error de la naturaleza.

Nuestro ego desarrolla estrategias para protegernos contra el dolor de la renuncia de nuestra naturaleza auténtica cuando tratamos de encajar en nuestras tribus. Con el paso del tiempo, el hábito de la hiperestimulación va limitando nuestra conciencia, como, por ejemplo, cuando el sistema nervioso elimina cualquier cosa que contradiga las creencias más arraigadas sobre lo que necesitamos para sentirnos seguros y aceptados en la tribu.

Como se puede ver, nuestra tribu no solo contribuye al fortalecimiento del ego emocionalmente, sino también en el sentido físico. La humillación, el abandono, la traición que esa persona siente en su interior van creando pequeñas cantidades de sustancias bioquímicas inflamatorias por el cuerpo. Por lo que, desde la infancia, el sistema nervioso, el sistema endocrino y el sistema inmunológico están en un estado hipervigilante. Debido a ello esa persona acaba enfermando, lo cual influye y condiciona quién cree ser en el mundo.

Según mi experiencia, la propensión a enfermar depende en gran medida del programa de nuestra Alma. Cuando no escuchamos los dictados del Alma con regularidad, esta nos hace enfermar para llamarnos la atención. Es como si nos dijera: «Si no me escuchas a la primera, recibirás un mazazo». Pero no significa que nos esté castigando por haber obrado «mal». No es más que la manera del Alma de recordarnos el papel que estamos representando en esta vida.

Todo esto tiene una finalidad divina

La buena noticia es que, a medida que la conciencia se ensancha, nos vamos desprendiendo de las antiguas creencias y se nos revela una nueva vida. Ya no necesitamos sufrir enfermedades o accidentes a modo de toques de atención. Pero, si nos llega a ocurrir, no significa que hayamos hecho algo mal y que seamos culpables de ello. Sin embargo, es lo primero que el ego quiere hacernos creer, y si nos lo tragamos nos complicamos la existencia. Tal vez durante muchas vidas.

No hay que olvidar que el desarrollo del ego, e incluso las heridas de la niñez, tienen una finalidad divina. El sistema nervioso hiperestimulado de la infancia actúa a modo de capullo psicológico que protege, como si fuéramos una mariposa en estado latente, nuestra inocencia original. Mientras tanto, el ego nos ayuda a adquirir las habilidades y la experiencia necesarias para alcanzar la misión del Alma, la aventura Divina en la que estamos participando. En cuanto vemos a nuestro sistema nervioso hiperestimulado por lo que es, dejamos de tomarnos a pecho lo que nos ocurre en la vida. Lo observamos sin más. De manera incondicional. Y nos quedamos fascinados por cómo el mundo se despliega, sin perder la calma. Como una flor, pétalo a pétalo. De forma natural, a su propio ritmo.

Matt Kahn escribe en *Ama todo lo que surja*: «Por más años que hayamos estado inmersos en un discurso espiritual, la viva realización de la verdad no se revelará por completo hasta que el sistema nervioso se relaje. Incluso a nivel místico, el grado en el que el sistema nervioso se relaja determina también quiénes ven ángeles, fantasmas, dimensiones paralelas o reciben incluso mensajes intuitivos».

En el capítulo cinco te enseñaré cómo manejar tus emociones y por qué las emociones son tan esenciales para hacer que el ego te sirva en lugar de esclavizarte. Pero te daré una pista: cuando te sientas invadido por las lágrimas, la ira o la risa, ten en cuenta que esto te indica que tu sistema nervioso se está relajando. A muchas personas les han enseñado a reprimir las emociones fuertes. Y sí, hay un momento y un lugar para expresarlas. Pero no te quepa la menor duda de que cuando algo te emociona es una señal innegable de estar yendo por el buen camino.

La base de una buena comunicación

Ahora que entiendes el obstáculo que supone el ego para ti, es hora de entrar en contacto con lo Divino. Mientras intentas comunicarte con Dios, recuerda que es una presencia afectuosa, mediada a través del Espíritu y del Alma. Todos y cada uno podemos comunicarnos directamente con Dios, como si estuviéramos tomando un café con Él. Es así de sencillo.

Como ya has aprendido, el Espíritu y el Alma son dos aspectos tuyos que son en realidad Dios en tu interior. Otra cosa que es útil saber es que gran parte de quien eres ¡no se encuentra siquiera en tu cuerpo físico! Así es, gran parte de ti es inmaterial. Cuando estableces una relación con Dios, lo que estás haciendo en realidad es hablando con tu aspecto inmaterial. Con la parte de Dios que sale de ti como tú. Con el Yo, por así decirlo. O con el Yo Supremo o el Poder Supremo. Estás estableciendo una comunicación entre el Yo, que está en la tierra en un cuerpo, y el Yo más Elevado, que te está guiando por este curso de maestría que es la vida.

Probablemente has oído la frase «Pedid y se os dará», ¿verdad? Pues así es cómo funciona la comunicación con Dios. Primero le pides con sinceridad y honestidad que te ayude. Y luego dejas de resistirte a la respuesta, porque la respuesta siempre te está esperando. La razón por la que no siempre la reconocemos es porque las respuestas suelen vibrar en un plano superior al del plano en el que nos encontramos cuando hacemos la petición. No lo olvides. Si estás en un estado de vibración baja como la ira, la tristeza y el miedo, no podrás recibir la inspiración de una fuente más elevada. Para hacernos la vida fácil tenemos que dejar de ser un obstáculo para nosotros mismos cuando intentamos conectar con el Creador. Esta es ante todo la tarea principal de vivir en un cuerpo. Por medio de la oración le pedimos algo a Dios. La intuición, o la guía interior, es la respuesta que Él nos da.

Pídele algo a Dios y luego escucha. Envía tu plegaria y confía en lo que te llegue como respuesta. No dejes que el ego bloquee la comunicación. Naciste con un canal que va directo a la Fuente, pero el ego se puede interponer. Y el ego se vuelve más fuerte con los años. Hay una historia de una madre que oye por casualidad a su hijo mayor decirle a su hermanito, que no es más que un bebé: «Cuéntame cosas de Dios, por favor. Estoy empezando a olvidarle».

Recuerda que la formación del ego viene de un sistema nervioso hiperestimulado y de una mente que crea historias sobre uno mismo y sus circunstancias. Esas creencias actúan en el nivel subconsciente. El nivel consciente no puede detectarlas fácilmente, pero, con todo, siguen gobernando nuestra vida. Por ejemplo, si mi madre fuera una alcohólica y no supiera amarse ni apreciarse a sí misma, y a mí menos todavía, yo decidiría que no me merezco que me quieran porque ella no estuvo a mi lado cuando la necesitaba. Pero esto no es cierto. Solo me lo habré inventado para encontrar un sentido lógico a las circunstancias de mi vida. La única forma de superar este dilema común y otros similares es conectar deliberadamente con nuestra Divinidad.

Libérate del ego con amor

Cuando conectas con lo Divino a través de la oración o de otros medios y le escuchas para recibir su guía o apoyo, lo más probable es que te preocupe que la voz que oigas en tu cabeza sea la del ego y no la de tu Alma. Por lo que dudarás de la información que te llegue. *¿Estoy escuchando de verdad a Dios? ¿Quién soy yo para hablar con Él?* Estas dudas son inevitables. Vienen de haber crecido en una cultura que, por lo general, nos enseña que no podemos dejarnos guiar por el Alma y que son los especialistas en este campo los que deben hacerlo.

Cuando empieces a comunicarte con Dios probablemente creas que eres tú el que se inventa las respuestas. Pero no es así. Dependiendo del ambiente en el que creciste y de tus condicionamientos, tal vez te lleve un tiempo creerlo.

Cuando te invadan las dudas, o si empiezas a machacarte, recuerda que el ego está intentando protegerte de la mejor forma que sabe, normalmente sugiriéndote que te lo estás «inventando» tú o que «no estás a la altura», o con cualquier otro condicionamiento trillado al que estés acostumbrado por ser el de tus padres o de otras figuras de autoridad. No intentes luchar contra él. Cuando te vengan pensamientos negativos a la mente, di simplemente: «Te quiero por tener este pensamiento. ¡Eres adorable!» La negatividad del ego no puede vivir en un ambiente de humor, aceptación y luz. Se desvanece como el rocío del alba bajo el sol de la tarde.

No olvides que la voz del ego está llena de miedo, dudas, autodesprecio, críticas, vergüenza y culpabilidad. La guía divina *nunca* contiene estas cualidades. Y la única forma de desmantelar al ego es por medio del amor y de la confianza en Dios. Lo cual se consigue a base de tiempo con la intención. Amando simplemente tu inocencia innata al igual que amarías a cualquier niño que estuviera sufriendo.

La guía que recibes cuando pides ayuda a través de una petición o una oración es Dios hablándote. Con el tiempo, aprenderás a confiar en ello. Yo siempre oigo su voz en mi oído izquierdo. Aprende a ser un buen secretario. Repara simplemente en las palabras alentadoras y afectuosas que Dios te transmite. Cuando te asalten las dudas, reconócelas, agradécele al ego su ayuda, tómatelo con humor y luego deja que se vayan. Menea también el cuerpo. Literalmente. Moverte físicamente te ayudará en estos casos.

Ahora hablaré de algunas formas más concretas de comunicarte con Dios. Las peticiones de Amor Divino, las oraciones de Cámbiame y hablar con los ángeles son mis prácticas favoritas para comunicarme con Él. Pero hay, como es natural, muchas otras.

Peticiones de Amor Divino

En el capítulo dos te he presentado brevemente a Bob Fritchie y sus peticiones de Amor Divino para ayudarte a observar el pasado, pero ahora profundizaré en este proceso curativo porque las peticiones de Amor Divino son la forma más universal y práctica con la que he aprendido a conectar con el Creador. Bob ha estado trabajando durante años para perfeccionar el Proceso Curativo del Amor Divino, y los testimonios que aparecen en su web sobre curaciones, desde la obesidad hasta el cáncer pancreático, ¡son sumamente inspiradores!

Bob, un ingeniero que ha realizado extensas investigaciones sobre la curación energética, puntualiza que el cuerpo es una batería, un campo electromagnético lleno de potencial. El Amor Divino se difunde por el cuerpo casi al instante a través de la matriz cristalina de los tejidos conjuntivos. Una petición de Amor Divino consiste básicamente en el proceso de pedirle al Espíritu que dirija el Amor Divino a un tema en concreto y luego en observar lo que ocurre. Cuando le haces esta petición a Dios y le pides ayuda, la recibes. El proceso se resume en el siguiente apartado.

PETICIONES DE AMOR DIVINO

Usa este método para pedir guía, curación o ayuda en cualquier aspecto que necesites. Adapta simplemente la petición al problema que quieras solucionar.

1. Siéntate cómodamente sin cruzar los brazos ni las piernas y sácate cualquier alhaja que lleves.
2. Prepárate para inspirar por la nariz justo después de decir tu petición.
3. Di lo siguiente en voz alta: «Con la ayuda de mi Espíritu y de los ángeles [nombra un ángel en concreto si lo deseas], me concentro en el Amor Divino propagándose por mi cuerpo. Le pido a mi Espíritu que identifique cualquier causa o situación que me esté separando del Creador. Y que con el Amor Divino las elimine, según la voluntad de Dios».
4. Inspira por la nariz y retén el aire contando hasta cuatro. Esto lleva tu petición al cuerpo.
5. Espira como si estuvieras limpiándote la nariz. Esto libera la petición al universo.
6. Sentado inmóvil, concéntrate en el timo —la glándula endocrina— situado justo debajo del esternón. Date en este lugar del pecho unos golpecitos con el pulgar exclamando: «¡Vaya!» El Amor Divino se propaga por el resto del cuerpo a través de esta glándula.

   ¿Qué notas? La mayoría de las personas sienten un hormigueo en el pecho, en las manos o en alguna otra parte del cuerpo. Algunas experimentan una sensación de gran paz.

   Si sientes algún tipo de dolor o empiezas a toser, vuelve a expulsar el aire como si estuvieras limpiándote la nariz. Y envía Amor Divino a la zona donde sientas la molestia.

   Ahora estás conectado con el Creador.

7. Lo siguiente, es muy sencillo. En silencio, hazle una pregunta y escucha simplemente, o pídele algo en concreto para que te ayude a encontrar la solución. «Con la ayuda del Espíritu y de los ángeles, traigo el Amor Divino a todo mi cuerpo, soy consciente de [nombra tu problema] y pido que me muestres, Dios mío, lo que necesito saber sobre este tema, según tu voluntad.»

Inspira por la nariz. Retén el aire y luego espíralo por la nariz como si te la limpiaras. Sigue sentado en silencio un minuto más o menos. Imagínate una puerta o una ventana abriéndose y mostrándote lo que necesitas saber. Confía en la imagen.

Si no recibes una respuesta, ¡pide que desaparezcan los bloqueos que te impiden obtenerla!

8. «Con la ayuda del Espíritu y de los ángeles, le pido al Amor Divino que me muestre lo que necesito saber. Y también que resuelva este problema con el Amor Divino, según la voluntad del Creador.»

Bob Fritchie sugiere que te mantengas conectado con el Amor Divino proponiéndote volver a conectar con Él cada vez que vayas al lavabo. Di: «Ahora conecto con el Amor Divino», y espira el aire por la nariz como si te la limpiaras. ¡Así conectarás de nuevo con el Amor Divino! Lo cierto es que nos encanta conectar con el Amor Divino cada vez que la fastidiosa hiperestimulación del sistema nervioso hace acto de presencia. Y cada vez que nos asustamos o enojamos. Por eso debes practicar el conectar con el Amor Divino.

Cuando hago la petición de Amor Divino, activo el temporizador del móvil para que suene a los dos minutos. Luego me siento en silencio y observo las imágenes que me vienen a la mente o las canciones que oigo. Sí, para mí las canciones son una parte muy importante de mi guía interior.

Puedes usar la petición de Amor Divino en cualquier aspecto de tu vida en el que necesites orientación o resolver un problema vinculado con la salud, los negocios, las relaciones o cualquier otra cuestión. Di simplemente en voz alta lo que pides.

Llevo más de tres décadas trabajando con mi socia Diane Grover. Fue la primera enfermera que contraté y ahora es la que dirige el negocio. Tenemos una conexión anímica muy profunda. Cuando tuve a mi hija pequeña, Diane soñó que ella daba a luz y luego fue a la consulta para cancelar las visitas de los pacientes ese día porque sabía que yo estaba de parto. Cuando mi hija pequeña tuvo su primer bebé (mi primer nieto), Diane se despertó sintiendo retortijones en el estómago, y no cesaron ¡hasta que mi hija trajo al mundo a la pequeña Penelope!

Cada día laborable, Diane y yo nos reunimos en mi consulta —situada en un edificio centenario que fue una escuela en el pasado— y practicamos el llevar el Amor Divino a nuestro negocio. Y a veces también lo hacemos pensando en los amigos y la familia.

Empezamos con un aspecto del negocio en el que necesitemos recibir orientación o que nos preocupe por algún motivo. A lo largo de los años hemos descubierto que a cada una nos vienen a la mente imágenes muy concretas y útiles que nos ayudan a tomar decisiones relacionadas con nuestro negocio. Y también limpiamos la energía del pasado con regularidad. Usamos las peticiones de Amor Divino para decidir si nos embarcaremos o no en un determinado proyecto.

Hacemos la petición más o menos del siguiente modo: «Con la ayuda de nuestro Espíritu y de los ángeles, nos concentramos en propagar el amor Divino por nuestro cuerpo. Sabemos que pronto viajaremos a Denver [por ejemplo] y pedimos que Dios guíe nuestro viaje y que el viaje de nuestra Alma se realice sin ningún problema. Con el Amor Divino, según la voluntad del Creador». Después, espiramos por la nariz como si nos la limpiáramos y nos quedamos sentadas dos minutos, y a continuación compartimos lo que hemos «visto» en nuestra mente. Y también la canción que hemos oído. A menudo oímos pasajes bíblicos importantes, ya que ambas crecimos en la tradición cristiana y estos textos nos resultan familiares.

Con el paso del tiempo, nuestra capacidad intuitiva ha ido aumentando enormemente gracias a esta práctica, y además nos permite seguir nuestra verdadera misión en este planeta sin distraernos con todos los tesoros del mundo, que en el fondo son intrascendentes. En algunas ocasiones, cuando preguntamos sobre un determinado proyecto, aparece la palabra *NO* en la pantalla de nuestra mente. Y en otras, extraemos una lección cuando un proyecto no nos sale como nos habría gustado. Por ejemplo, estuve trabajando cerca de dos años —invirtiendo una buena cantidad de dinero— para intentar llegar a un acuerdo legal con un grupo de empresarios que querían que yo fuera su portavoz para un producto que vendían. Sería la «imagen» para promover el producto. Y al principio me sentía halagada y entusiasmada con la idea. Pero, como una de mis lecciones vitales es el desarrollo del ego, este plan estaba destinado al fracaso. En su lugar, su objetivo era enseñarme a valerme por mí misma, y al final acabé montando mi propia empresa vendiendo un producto similar.

No recibir siempre las respuestas que el ego quiere oír no significa que estemos haciendo mal las cosas.

Las capas de la cebolla

Curar con el Amor Divino es como ir sacando las capas de una cebolla. Cuando se trata de la salud o de problemas emocionales peliagudos, lleva su tiempo relajar el sistema nervioso y descubrir la causa del problema. Pero el Amor Divino nos ayuda enormemente mientras lo llevamos a cabo.

Cuando Bob Fritchie enseña el Proceso Curativo del Amor Divino, muestra la foto de una cebolla inyectada con tinte azul. Al sacarle las capas a la cebolla, vemos que el tinte ha penetrado hasta las capas más profundas. Con la curación ocurre lo mismo. Va dándose por capas. Por ejemplo, el verano pasado me empezó a doler la rodilla izquierda cuando me agachaba. Pero no tenía ninguna lesión física en ella. Lo sé porque podía hacer mis ejercicios de Pilates como de costumbre. Por ser médico, sabía que si hubiera tenido un problema estructural en la rodilla no habría podido realizar este tipo de ejercicios. Sin embargo, las múltiples sesiones con estiramientos fasciales, que son excelentes para los problemas de rodilla, e incluso la acupuntura, no me sirvieron de nada. El dolor no se fue pese a mis numerosas peticiones de Amor Divino, ni siquiera cuando trabajé con Bob directamente en este problema. Un día resbalé por culpa de una fina capa de hielo y me hice daño en la pierna derecha. Esta pierna me dolía mucho por la caída. Ahora no tenía ninguna pierna sobre la que apoyarme. Sabía, literalmente, que esta situación era muy simbólica. Así que pedí dejar atrás mi antigua manera de avanzar por el mundo, añadiendo que había decidido abandonar este hábito por voluntad propia. El dolor de la pierna derecha desapareció casi en el acto. La molestia de la rodilla izquierda también disminuyó, pero no se fue del todo.

La razón de ello es que estaba aprendiendo a avanzar por la vida de una manera completamente nueva con relación a las mujeres de mi vida y a mi forma femenina de ser. (La parte izquierda representa la madre, las mujeres de nuestras vidas y, también, nuestro lado femenino.) Estaba desprendiéndome poco a poco, pero con firmeza, de los años y años de programación que había en mi cuerpo en este sentido. Capa por capa.

Si has leído cualquiera de mis otros libros, sabrás que en la perimenopausia desarrollé un fibroma de grandes dimensiones en el útero. Por mi práctica como ginecóloga y obstetra durante años, a esas alturas ya era toda una experta en salud y curación. Hasta sabía que los fibromas representaban la «creatividad que aún no había nacido». Pero lo que ignoraba era que también estaban relacionados con invertir la energía creativa en un trabajo o en una relación sin porvenir. En mi caso, mi Alma —a través del útero— me estaba dando un ejemplo muy tangible de esto precisamente. El fibroma alcanzó el tamaño de un balón de fútbol. Cuando me lo extirparon quirúrgicamente, le pedí al anestesiólogo que dijera, mientras me encontraba bajo los efectos de la anestesia: «Y cuando te despiertes, el hábito que ha creado el fibroma se habrá ido de tu cuerpo». Dos años más tarde, era una mujer soltera. Había estado quitándole las capas a esa cebolla en particular durante unos seis años antes de captar del todo el mensaje. Y las relaciones de cualquier tipo han sido mis maestros (y las capas de la cebolla) toda mi vida. Hasta que al final me entregué a la verdad que aparece en este libro. Mi relación principal tenía que ser ante todo con Dios. ¡Todo lo demás era secundario!

Oraciones de Cámbiame

Mi buena amiga y colega Tosha Silver, cuyo libro fundamental *Outrageous Openness: Letting the Divine Take the Lead* les ha cambiado la vida a muchas personas para mejor, creó las oraciones de Cámbiame y ha escrito un libro titulado *Change Me Prayers: The Hidden Power of Spiritual Surrender*. Básicamente, una oración de Cámbiame es una plegaria del ego hacia nuestro Yo Divino. Tosha dice que es la respuesta a la pregunta: «¿Cómo puedo cambiar un hábito arraigado que he intentado en balde dejar de mil y una maneras?»

Una oración de Cámbiame es más o menos así:

Dios mío, cámbiame en alguien que esté dispuesto a recibir.

Dios mío, cámbiame en alguien que esté dispuesto con toda su alma a someter su voluntad a la TUYA y que CONFÍE en que Dios tome el mando.

Dios mío, cámbiame en alguien que conozca de verdad su importancia y su valía. Soy tuyo, eres mío, somos Uno.

Las enseñanzas de Tosha sobre «dejar que Dios tome el mando» nos transforman la vida. Pero en una cultura demencial que nos inculca creer que podemos manifestar cualquier cosa que queramos si creamos la lista adecuada, emprendemos las acciones correctas y pronunciamos las afirmaciones idóneas, al ego le cuesta *una barbaridad* soltar las riendas. Yo lo llamo la enfermedad del «hacedor». Después de todo, nos han estado enseñando desde una edad temprana que el éxito, el amor, la salud y la felicidad dependen de hacer lo que nuestra cultura nos dice que hagamos. Aunque vaya en contra de los dictados de nuestro corazón.

Las oraciones de Cámbiame son enormemente útiles y prácticas para aprender a confiar en uno mismo y a burlar las trampas del ego. Lo esencial es: Dios tiene un plan para cada persona. Ese plan es tu destino. Lo elegiste antes de nacer. Dios está dentro de ti, hablándote constantemente. Tu labor es sintonizar con ese plan y dejar que te guíe. Pero son muy pocas las personas a las que les han enseñado a escuchar esta guía interior. Lo fundamental en una oración de Cámbiame es esto: «Cámbiame en alguien que confíe en la parte Divina que hay en mí».

Lo conseguirás a base de práctica. Y con el tiempo descubrirás que funciona.

Una cosa más: dejar que Dios tome el mando no significa quedarte de brazos cruzados y esperar que Él se ocupe de todo, sino estar receptivo a los mensajes y a las sugerencias interiores que recibes, y luego actuar de acuerdo con ello.

La ayuda angelical

Desde el día en que a los doce años leí entusiasmada *Natives of Eternity,* la presencia de los ángeles se ha vuelto habitual en mi vida y esto es realmente un don del cielo. Autores de peso como Doreen Virtue y Kyle Gray, que representan a los ángeles de una manera muy distinta a la que se muestra en las Escrituras, han estado fomentando la popularidad de esos guías. Estos maestros tratan el tema con una energía maravillosa y un punto de vista muy fresco. Por ejemplo, Kyle señala que los ángeles no siempre son pequeños seres angelicales. También pueden ser feroces y poderosos. Artillería pesada, por así decirlo. Los ángeles se están convirtiendo en elementos de apoyo en libros que tratan de temas mucho más amplios. Anthony William ha ayudado a curar a miles de personas escuchando una voz en su cabeza llamada Espíritu Supremo, el cual se ha definido ante Anthony como «la palabra viviente de la *compasión*». Anthony dedica un capítulo entero a la ayuda angelical en su libro *Médico Médium,* donde enumera 21 Ángeles Esenciales que están en la tierra para ayudar, y también cita que hay 144.000 ángeles desconocidos a los que, además, podemos recurrir. Anthony sugiere que llamemos a tres o cuatro ángeles a la vez para cualquier problema que tengamos.

Siempre he creído en el poder de la ayuda angelical y lo he experimentado en mi propia vida. Tenemos ángeles de la guarda que nos guían llevándonos de la mano aunque lo ignoremos. Siempre podemos contar con que nos conducirán por el buen camino si decidimos escucharlos. También podemos llamarlos para que nos ayuden, basta con que se lo pidamos. ¡Pero para conectar con la ayuda angelical debemos pedírselo en voz alta! Ya que la voz de cada uno tiene una propiedad y resonancia especial que los ángeles oirán. Bob Fritchie añadió las palabras «y con la ayuda de los ángeles» a las peticiones que creó porque vio que de ese modo se volvían mucho más poderosas.

Cuando te enfrentes a algo que no sepas cómo manejar, pide ayuda. ¡Por qué no ibas a hacerlo! Así es como te haces la vida fácil. Como creas tu propio cielo en la tierra. Y, como el difunto Peter Calhoun, un sacerdote episcopal que acabó siendo chamán, dijo una vez en un taller al que asistí: «Cuando la situación os sobrepase por lo poderosa que es, recurrid a la autoridad más elevada». ¡Y los ángeles, sin duda, lo son!

4

Aprende a interpretar los mensajes del universo

Lo que buscas te está buscando.

RUMI

La comunicación con lo Divino no es una comunicación unilateral, tú hablas y Dios te responde. Y tú no eres siempre el que inicia la parte divina de la conversación. El universo nos habla de formas maravillosas a diario. Estos mensajes tal vez aparezcan en respuesta a una petición, o quizá nos los hayan enviado para decirnos algo sobre nuestro viaje.

¿Cómo se comunica el universo con nosotros? Por medio de signos y símbolos que nos indican si vamos por el buen camino. Son como Dios animándonos, diciéndonos que hemos tomado la dirección correcta, insinuándonos lo que debemos hacer a continuación, y a veces señalándonos que hemos de detenernos y girar en redondo. Por ejemplo, ayer una amiga mía me llamó riendo. Presionada por una sensación de culpa y obligación, había aceptado dar una charla sin apetecerle lo más mínimo y se arrepintió enseguida. Me llamó mientras se dirigía en coche al lugar de la charla. El viaje suele tomar una hora, pero ella tardó tres en llegar. Se había producido una inundación. Y las señales de tráfico luminosas parpadeaban con advertencias como: «REDUZCA LA VE-

LOCIDAD. NO SE AHOGUE» y «NO SIGA CIRCULANDO POR ESTE LUGAR. TENGA CUIDADO CON LA INUNDACIÓN. PELIGRO EXTREMO». Me contó que había entendido las señales perfectamente. Sabía que nunca olvidaría ese viaje, en especial en el futuro, cuando estuviera a punto de decir sí cuando en realidad quería decir no.

Las señales aparecen por todas partes; solo tenemos que estar receptivos para verlas. Una mañana, mientras estaba trabajando en el primer manuscrito de este libro, decidí hojear el libro *Oraciones a los ángeles* de Kyle Gray para que me inspirara antes de ponerme a escribir. Me había llegado por correo el día anterior y aquella noche lo dejé sobre la mesilla del dormitorio. A la mañana siguiente, al abrirlo al azar, apareció la página sobre el arcángel Metatrón. En ella ponía: «Metatrón está muy relacionado con los cambios y las transiciones planetarias. Por el momento, nos está enseñando a dominar las energías nuevas que el universo nos ofrece. Yo lo llamo "el ángel que conecta el cielo con la Tierra"». Sonreí de oreja a oreja, complacida; había captado la magia de esa conexión. En primer lugar, *no* sabía que Metatrón se ocupaba de conectar el cielo con la tierra. Saltaba a la vista que Metatrón era la «señal» perfecta para que empezara a escribir este libro, que trata de traer el cielo a la tierra para crear nuestro propio cielo en la vida cotidiana. ¡A partir de ese día, le he estado dando las gracias a diario por inspirarme mientras escribía este libro! Unos meses más tarde, hice el ritual de las 13 Noches Sagradas que celebro cuando finaliza el año, a partir de Nochebuena hasta la noche del día 6 de enero. En Nochebuena medito, elijo una carta oracular y recibo la guía para el año siguiente. El ángel que elegí al azar (de la baraja de Ángeles de Kyle), como influencia predominante en el 2016, el año en el que se publicó este libro, fue Metatrón. ¡Por supuesto!

Otro caso del universo comunicándose conmigo me ocurrió recientemente. Grabé dos vídeos en los que aparecían unos orbes diminutos luminosos rebotando, no los vi hasta que publiqué esos vídeos en Internet. Varios seguidores míos de Instagram me contaron que esas esferitas de luz eran hadas que me visitaban. Ya sé que parece increíble, pero puedes comprobarlo por ti mismo. Muchas personas las descubren saliendo en sus fotos…, son señales inexplicables de energía Divina. Cuando era pequeña, fabricaba hadas de papel y jugaba con ellas en medio de las lilas del jardín. Esta clase de energía etérea propia de las hadas que está ahora apareciendo en mi vida es la confirmación de que mi sistema nervioso se está relajando de nuevo, por fin, al estado natural de puro amor.

Esta «casualidad» de ver el símbolo que necesitaba para inspirarme —me refiero a Metatrón y las hadas— no es más que una de las formas concretas y prácticas con las que Dios se comunica con nosotros. Dios está justo aquí para ti. Para que Dios se comunique contigo no necesitas pasarte décadas siendo un «buscador» espiritual. Dios está dentro de ti. Solo necesitas saber cómo funciona este tipo de comunicación y dejar que la venda de la incredulidad se desprenda de tus ojos.

El problema que tiene la mayoría de la gente a la hora de reconocer que el universo se comunica con nosotros es que nuestra cultura, por lo general reduccionista, y la clase de ciencia que practicamos nos hacen dudar de estas cosas. El tema del que estoy hablando en este capítulo —conocido como «pensamiento mágico»—, e incluso nuestra capacidad para comunicarnos telepáticamente con los demás —y con la inteligencia del universo—, se ha estado demostrando repetidamente. Por lo que he visto, el universo —y el Alma— se sirven de cualquier medio posible para conectar con nosotros. Las señales pueden venir de todas partes: matrículas, señales de tráfico, canciones radiofónicas o incluso señales elegidas al azar, como las de las cartas del tarot. Aquí tienes algunas de mis favoritas y cómo las puedes usar.

Sueños

El mensaje más directo, consistente y poderoso que recibirás del Alma viene directamente de los sueños. Por eso es importante para ti que les prestes atención e intentes interpretarlos. Y, como ocurre con todo, es una disciplina que vale la pena.

Los sueños contienen inspiración, advertencias y vaticinios sobre el futuro. En su libro *El secreto tolteca: prácticas ancestrales para comprender el poder de los sueños,* Sergio Magaña, cuyo linaje tiene 1.400 años de antigüedad, puntualiza que hay dos realidades distintas: la del *nagual* (de donde vienen los sueños) y la del *tonal* (la vida de vigilia). Afirma que la del nagual es cuatro veces más importante que la del tonal porque todo lo que nos ocurre en el estado de vigilia ha aparecido antes en un sueño.

Aunque esto no significa que lo que te ocurra en un sueño te vaya a pasar inevitablemente en la vigilia. Lo esencial es captar el mensaje para cambiar el resultado si es posible. Incluso puedes hacer este cambio en el nagual volviendo a entrar en el sueño y cambiando el final. (Véase el apartado de la página siguiente para aprender a realizarlo.)

Magaña dice que los que no se fijan en los sueños son como muertos vivientes. He acabado comprendiendo la sabiduría de esta afirmación.

Tanto Sigmund Freud como su discípulo Carl Jung —padres de la psicología moderna— conocían el poder de los sueños como mensajes del Alma y escribieron sobre ello. Los alumnos del Instituto Jung de Suiza aprenden a fondo a interpretar los sueños. Marion Woodman, escritora prolífica y psicoanalista, trabajó con el asombroso poder práctico y curativo de las imágenes oníricas y escribió sobre él. Sus libros son un clásico en su género.

Un colega amigo mío me contó una experiencia que le hizo reconsiderar el poder de los sueños. Tuvo un vívido sueño en el que se estaba desangrando por una hemorragia rectal. Decidió hacerse un chequeo médico y, como era de esperar, le encontraron un cáncer incipiente en el colon. Se lo extirparon y desde entonces se encuentra perfectamente. Asegura que el sueño le salvó la vida. El doctor Larry Burk, radiólogo y autor de *Let Magic Happen,* ha llevado a cabo extensas investigaciones sobre los sueños y ha publicado un estudio sobre los sueños relacionados con el cáncer de mama como una herramienta fiable de diagnóstico. Los sueños pueden ser muy útiles y exactos, ¡qué curioso que la profesión médica los ignore!

Empecé a estudiar en profundidad mis propios sueños con la psicóloga clínica Doris E. Cohen, autora de *Repetition: Past Lives, Life, and Rebirth* en el 2012, cuando mi ego se estaba desintegrando por la pérdida del hombre al que tanto amaba. Doris E. Cohen me enseñó que el subconsciente es muy eficiente y que usa cualquier cosa que esté ocurriendo en nuestra vida para transmitirnos un mensaje. Incluso se sirve de las imágenes de un programa o de una película que hayamos visto recientemente por la televisión. Aunque esto *no* significa que el programa televisivo nos haya hecho soñar lo que hemos soñado. El subconsciente usa simplemente ese personaje para comunicarnos algo. Por ejemplo, una vez soñé con Jake Ballard, el personaje de ficción de la serie *Scandal*. Lo que él representaba era la lealtad, la integridad y la destreza, las cualidades que me gustan en un hombre. No soñé con Jake Ballard en sí mismo. Creo que una de las razones por las que las celebridades son tan adoradas en nuestra sociedad es porque representan papeles sociales y nos identificamos con ellos. En este sentido, son muy útiles para nuestra psique.

Si no hubiera usado los sueños y mi aprendizaje con Doris E. Cohen a modo de salvavidas, me habría hundido en la desesperación y la amargura. Pero superé mi dolor y escribí *Las diosas nunca envejecen*, el título que Doris me sugirió mientras asistía a una de sus sesiones de interpretación de sueños. Y ese libro ha inspirado y animado a miles de mujeres de todo el mundo. Y ocurrió por haber seguido los dictados de mi Alma y por estar dispuesta a transformar mi dolor.

CÓMO USAR, RECORDAR E INTERPRETAR LOS SUEÑOS

1. Proponte recordar tus sueños. Di en voz alta o para tus adentros algo como: «Dios míos ayúdame a relajarme y a recordar mis sueños esta noche». Deja encima de la mesilla de noche un bolígrafo, una hoja de papel, una linterna o una grabadora.

2. Haz la pregunta que desearías que te respondieran en tu sueño. Pide que la imagen sea fácil de entender e interpretar. Y luego olvídate de ello y concilia el sueño.

3. Si te despiertas en medio de la noche por un sueño, probablemente te está transmitiendo un mensaje importante. Asegúrate de escribir al menos unos pocos detalles para recordarlo por la mañana. En tu estado de duermevela, cuando el sueño es muy vívido, creerás que no se te olvidarán los detalles. Pero, si no anotas algunos, se te habrán borrado de la memoria al despertar. Hazme caso. A mí me ha ocurrido docenas de veces.

4. En cuanto te despiertes, quédate en la cama un momento, recordando los detalles del sueño antes de que se te olviden. Escríbelos. Yo los grabo con mi iPhone como un mensaje de voz. Y más tarde los tecleo en un archivo de Word reservado para los sueños que tengo cada mes y lo guardo en el ordenador.

5. Ponle un título al sueño, como si fuera el titular de un periódico. Resumirá la sabiduría presente en el sueño y en el futuro hará que lo recuerdes con todo lujo de detalles.

6. Fíjate en si se dan temas recurrentes en tus sueños. Y también si aparece cualquier animal. Me encanta cuando aparecen animales en mis sueños. Siempre son muy simbólicos. Cuando me ocurre consulto lo que simbolizan al día siguiente. *Animal, Chamán: la sabiduría y los poderes mágicos y espirituales del mundo animal,* de Ted Andrews, es mi libro favorito para ello. También uso *Las cartas de la medicina* de Jamie Sams y David Carson. Puedes además buscar en Google escribiendo el nombre del animal y la palabra «significado»; por ejemplo, «significado de gorila».

7. Otros símbolos y temas habituales y comunes son la ropa y los zapatos, que representan los papeles que desempeñamos en la vida.

El cabello simboliza los pensamientos en tu cabeza, de modo que un color de pelo o un peinado nuevos indican una nueva manera de pensar. Los coches representan el Yo avanzando por la vida. Las casas simbolizan el Yo, y un sótano representa el inconsciente. Cuando descubres en los sueños habitaciones que ignorabas que estuvieran allí, significa que te estás abriendo a nuevos aspectos de tu Ser.

8. El doctor Larry Burk sugiere que te preguntes: «¿Qué quiere transmitirme este sueño?» Detente y observa el primer pensamiento que te venga a la cabeza. Escríbelo. Larry Burk te aconseja que consideres seriamente que el mundo espiritual tal vez tenga una pregunta que quiere que le respondas.

9. Comparte el sueño con alguien. A menudo, al volver a contar el sueño en voz alta a un amigo de confianza o a un terapeuta, su significado sale a la luz por el mero hecho de haberlo compartido.

Advierte la frecuencia con la que recuerdas un sueño de la noche anterior. Pero hazlo mucho después, a lo largo del día, como por ejemplo por la tarde. Intenta averiguar qué es lo que te lo ha hecho recordar a esa hora. Escríbelo. No le quites importancia. Doris, mi terapeuta de los sueños, afirma que solemos soñar con las mismas cosas cientos de veces antes de captar el mensaje. ¡El Alma es de lo más compasiva!

Si un sueño saca a la luz un tema sin resolver o molesto en cierto modo, cierra los ojos durante el estado de vigilia y procura volver a soñarlo. Cambia el final. No olvides que el universo está lleno de posibilidades. Puedes cambiar tu futuro cambiando el presente. Y, sea cual sea la imagen que aparezca en un sueño o en una meditación, todas vienen del mismo lugar.

Canciones

Como ya he mencionado, suelo oír canciones en mi cabeza cuando estoy haciendo meditaciones sobre el Amor Divino y siempre son importantes. La música es un modo de penetrar el Alma directamente, y por eso escuchar una canción en particular puede servir a modo de oráculo. Por ejemplo, en su autobiografía iconoclasta, Kevin Hancock, propietario del Hancock Lumber, en Maine, escribe lo que le ocurrió cuando salía en coche del camino de entrada de la casa de su amiga Rosie, una mujer que vive en la Reserva India de Pine Ridge, en Dakota del Sur. Después de que una interpretación evolutiva de su carta astral le ayudara a entender la razón por la que había perdido la voz debido a una enfermedad conocida como disfonía espasmódica, se ha estado sintiendo atraído inexorablemente por ese lugar. Llevando su lejano pasado al presente, Kevin escribe elocuentemente sobre su imperioso deseo de ir al Oeste. Una y otra vez. A lugares que le resultan familiares pese a no haberlos visitado antes. A lugares donde se siente como en casa. Kevin escribe: «Cuando circulaba por el serpenteante camino de grava de la entrada de la casa de Rosie, empezó de pronto a sonar «Hogar», la canción de éxito de Phillip Phillips, en la emisora de la KCNB de Chadron (Nebraska). La letra trata de estar perdido y de encontrarte a ti mismo y sentirte por fin en casa».

¡Pues sí, Dios incluso se presenta en una banda sonora!

El viaje de Kevin a Pine Ridge y a las zonas de los alrededores fue —a nivel del Alma— como volver a su hogar. Estaba volviendo a casa, a una parte más profunda de sí mismo de la que se había alejado en su vida cotidiana. Y, además, estaba volviendo a un lugar importante de su vida pasada. Las señales y los signos nos muestran simplemente el camino, a modo de balizas a lo largo del viaje de nuestra Alma. A todos.

Matrículas, señales de tráfico, relojes

Como he observado antes, las señales están por todos lados. Incluso en los lugares más insospechados. Mi amiga Tosha Silver, autora de *Change Me Prayers,* comparte notas deliciosas en los medios sociales, y en sus libros y seminarios, sobre los mensajes que Dios nos presenta con frecuencia. A menudo, a través de matrículas, señales de tráfico u objetos fortuitos tirados en la acera. Desde que soy consciente de esta clase de oráculo —y que veo las divertidísimas imágenes que Tosha publica en su Facebook— estoy fijándome mucho más en este tipo de cosas en mi propia vida. Y con frecuencia me choca la precisión del mensaje procedente del coche que va delante del mío. Por ejemplo, un día, cuando me dirigía a Portland para asistir a una clase de tango, me sentía un poco deprimida. Incluso había estado considerando cancelar la lección. De pronto, vi un coche un poco más adelante con una matrícula en la que ponía «DIVERTIDO», y me hizo recuperar al instante el buen humor que me caracteriza. Fue como si Dios me dijera, mirándome: «¡Eh, las clases de tango son divertidísimas! ¡Venga, anímate!»

Otra de mis señales favoritas me llegó el año pasado a finales de marzo al ver algo en el camino de entrada de mi casa que parecía basura. Cuando fui a cogerlo, descubrí que era un globo flotando a ras de suelo. Estaba decorado con las palabras «SÉ MI PAREJA DE SAN VALENTÍN». ¿Cómo diantres había estado flotando en el aire hasta ir a parar en medio del camino de entrada de mi casa, si el 14 de febrero había quedado atrás hacía ya varias semanas? No tengo idea, pero era la señal perfecta para el año. Le saqué una foto y se la mandé en un mensaje de texto a Tosha. Y en ese mismo instante, en la otra punta del país, en San Francisco, un chico pasó corriendo junto a ella con una camiseta que ponía «MI PAREJA FANGOSA DE SAN VALENTÍN», el lema se refiere a una carrera anual en la que los participantes han encontrado al amor de su vida. Tanto Tosha como yo habíamos estado muy interesadas en encontrar una auténtica pareja en todos los aspectos de nuestra vida, empezando por el interior. Ambas sabemos que la insistencia de nuestra cultura en encontrar la «plenitud» con el amor sentimental está plagada de peligros, hasta que encontramos esa plenitud en nuestro interior. ¡El globo de «Sé mi pareja de San Valentín» y la camiseta de «Mi pareja fangosa de San Valentín» apareciendo simultáneamente en ambas costas de Estados Unidos eran los guiños de Dios asegurándonos que íbamos por buen camino!

Una de las señales que suelo recibir de Dios es cuando, al consultar el móvil, veo que la hora es un múltiple de 11. El once representa en numerología el camino de la maestría espiritual. También significa que los ángeles se encuentran cerca. Ver que el reloj marca las 11.11, 4.44 o 3.33 al consultarlo es otro guiño de Dios. Sea lo que sea lo que esté haciendo en ese momento, es como si Dios me diera su beneplácito, y entonces sé que voy hacia la dirección correcta.

La próxima vez que consultes el móvil y descubras un múltiple de 11, sonríe y haz una captura de pantalla, sabiendo que vas por buen camino. Y observa lo que estás haciendo en ese momento. ¿Te diriges a una reunión? ¿Vas a conocer a una persona nueva? Asocia la señal del reloj a lo que está ocurriendo en tu vida en ese momento.

A mí me ocurrió un día mientras escribía este libro, exactamente a las 4.44 de la tarde. Iba a enviarle un correo electrónico a un amigo para decirle que no podría ir al lugar adonde habíamos planeado encontrarnos para hacer un viaje juntos. Temía que se llevara una decepción, pero la hora 4.44 era justo la señal que necesitaba para saber que mi decisión era correcta. ¡Le envié el correo enseguida! Se llevó un buen chasco. Varias semanas más tarde se rompió la pierna esquiando, o sea que de todos modos no podría haber hecho aquel viaje conmigo. La guía divina es un proceso que se adelanta en el tiempo, significa que te lleva al futuro sin explicarte la razón. Solo lo acabas de entender en retrospectiva, al mirar atrás.

Cartas oraculares, lecturas del tarot, videntes

Algunos de los métodos más habituales de la gente para ver señales que les muestren que van por buen camino son las cartas oraculares, las lecturas del tarot y los videntes. Estas formas de comunicación son muy conocidas. Tengo unas veinte barajas distintas de cartas oraculares guardadas cerca del comedor. Las que más uso son las cartas adivinatorias del *Mapa encantado* de Colette Baron-Reid, las cartas de *Respuestas angelicales* de Doreen Virtue, *Las cartas de la Medicina* de Jamie Sams y David Carson y las cartas oraculares de *Oraciones a los ángeles* de Kyle Gray. Elijo una carta al azar a modo de guía para un asunto en particular. O hago lecturas relacionales en las que elijo una carta para mí, otra para el tema en cuestión (o la otra persona) y una tercera para poner entre medio, y así me hago una idea de cuál es la situación.

Cuando uses las cartas oraculares a modo de guía sencilla, formula la pregunta que desees, baraja las cartas y elige una. Esta carta te ayudará a ver lo que necesitas saber sobre la situación en la que se centra tu pregunta. Para entender mejor el significado de la carta, la mayoría de barajas oraculares van acompañadas de un manual en el que se explica detalladamente el significado de las cartas.

Además de las cartas oraculares, llevo siempre en el bolso las cartas del tarot en formato mini para viaje. A lo largo de los años he descubierto que me resulta de gran ayuda consultarlas cuando tengo que tomar cualquier tipo de decisión, desde el restaurante que elegiré para pedir comida para llevar hasta si aceptaré o no una oferta laboral. Cuando se trata simplemente de obtener un «sí» o un «no» como respuesta, uso las cartas del tarot y dos trocitos de papel que llevo con ellas. En uno pone «sí» y en el otro «NO». Los llevo doblados para no saber cuál es cual. Para decantarme por un «sí» o un «no», pongo los dos trozos doblados de papel encima de la mesa, conecto con Dios y luego elijo al azar una carta del tarot para cada uno. En cuanto he elegido las cartas, desdoblo los papeles del «sí» y el «no» y observo las cartas del tarot asociadas con ellos. Conozco lo suficiente el simbolismo del tarot como para hacerme una buena idea del asunto cuando necesito tomar una decisión. Los distintos matices y sugerencias que reflejan son muy útiles.

Si el asunto no puede responderse solo con un «sí» o un «no» —si hay una serie de opciones—, uso también un método parecido. Escribo cada opción en un trocito de papel, los doblo, me conecto con Dios y luego elijo al azar una carta del tarot y la dejo boca arriba encima de cada papel. Esto me da la información sobre una elección que está más allá del alcance del ego y del intelecto. También suelo hacer una tirada de tarot en particular a modo de «previsión del tiempo» para ver mi situación. Si mi manera de pensar no es la más acertada, se refleja casi siempre en las cartas. En el recuadro de la página 77 resumo el método que uso cuando necesito ayuda para tomar una decisión.

Hay muchos tipos de barajas del tarot, desde la Rider-Waite-Smith, una de las más usadas, hasta mi preferida, la Motherpeace Round. La mayor diferencia en gran parte de las barajas son las ilustraciones. Generalmente tienen un tema, como la naturaleza. Las cartas del tarot se dividen en dos clases: los arcanos mayores y los arcanos menores. En las barajas más corrientes, los arcanos menores se componen de bastos, espadas, copas y círculos (discos o pentáculos) y están numerados o contienen imágenes de la corte, como la sota, la reina y el rey. Por lo general, hay 56 cartas de arcanos menores, aunque esto varía según la baraja que adquieras. Los arcanos mayores se componen de 22 cartas numeradas del 1 al 22 o del 0 al 21. También llevan el nombre de ideas como «La rueda de la fortuna», «La muerte», «El diablo», «El mago», «El sol», etcétera. Estas cartas representan principios cósmicos más universales.

Cada carta del tarot tiene un significado y una lectura; las cartas de los arcanos menores tienen que ver con las sutilezas y los detalles relacionados con las situaciones. Son las cartas «menores», que revelan los elementos personales de la lectura. Las cartas de los arcanos mayores indican algo de mayor envergadura, expresan ideas y arquetipos universales.

En este libro no puedo enseñarte a leer el tarot porque, al igual que ocurre con la interpretación de las cartas astrales, es todo un arte. Por suerte, la mayoría de barajas del tarot van acompañadas de un manual para aprender a leerlo en el que se incluye el significado de cada carta. Te sugiero que consigas una baraja del tarot y empieces a conocer las cartas y las tiradas. También es una gran idea ir a ver a un buen tarotista para que te eche las cartas.

CÓMO TOMAR UNA DECISIÓN CON LA AYUDA DEL TAROT

Hay muchas formas de obtener información de las cartas del tarot, y, aunque no pueda ahondar en detalles en este libro, el siguiente método es uno de mis preferidos:

1. **Entiende el problema:** cuando escribía este libro estaba intentando decidir si incluir o no apartados (como este). Los apartados tienen sus pros y sus contras: por un lado presentan una información fácil de localizar visualmente, pero por el otro interrumpen la narrativa del capítulo, por lo que la cualidad del texto cambia. Yo me decantaba por los apartados, pero no estaba segura de que fueran lo más acertado para este libro.

2. **Ve con claridad las opciones:** en mi caso, las opciones eran incluir o no los apartados. Aunque este ejemplo sea muy básico, pueden darse una serie de opciones, depende de la decisión que necesites tomar.

3. **Escribe las opciones:** escribí «con apartados» y «sin apartados» en dos trocitos de papel y los doblé para no saber cuál era cual.

4. **Formula la pregunta:** pregunté: «¿Cuál de estas opciones es la más indicada?»

5. **Echa las cartas:** elije una carta al azar para cada opción que hayas escrito y ponla encima. A mí me salió «El diablo» para la opción de «sin apartados». Un mensaje muy claro. «El diablo» no siempre es una mala carta, solo representa estar desconectado de la Divinidad. Salta a la vista que opté por los apartados.

Aunque usar las cartas del tarot de esta manera parezca complicado, ya que cada una tiene un significado distinto, he descubierto que con el paso de los años cada vez me resulta más fácil interpretarlas. A base de práctica, te volverás todo un experto en el tarot. Y, en cuanto conozcas a fondo tu baraja, las cartas te hablarán. Y recibirás mucha más información de la que representan. No olvides que las cartas del tarot proceden de las profundas pautas arquetípicas de la conciencia humana que se han estado transmitiendo a lo largo de los siglos.

Cuando uses las cartas del tarot recuerda que no tienen ningún poder en sí mismas ni por sí solas. La gente teme una lectura «negativa» del tarot, igual que les pasa con la astrología. Pero este miedo viene de un mal uso de las facultades intuitivas para sacar dinero que se suele vincular con el mundo de la videncia. Para divertirme, en ocasiones voy a ver al tipo de videntes que se anuncian con rótulos de neón que se ven de lejos desde la calle, y pocas veces me han sido de gran utilidad. Cuando te leen las cartas, o bien te dejan con los ánimos por los suelos, sin esperanza alguna, o bien te lo pintan todo de color rosa. Este proceder solo crea mala energía, y, como la mayoría solo vamos a ver a un vidente cuando nuestro ego quiere desesperadamente que se haga realidad algo (un trabajo, un amante, una decisión), necesitamos que nos lo confirmen. Las lecturas del tarot *son* muy útiles si proceden de un buen tarotista.

No olvides que el hecho de ser vidente y ver otros reinos no significa que la información que obtenga de ellos vaya a ser provechosa, exacta o incluso algo en lo que debas implicarte. Como les digo a los que saben contactar con los difuntos: «Que estén muertos no significa que estén iluminados». Solo porque alguien sea vidente o esté dotado de una intuición prodigiosa no significa que tenga poderes curativos. A veces, los videntes tienen una energía poco limpia y usan sus facultades para exprimir a los clientes. Cualquiera puede desarrollar lo que se conoce como poderes sobrenaturales si se lo propone. No te dejes embaucar por los que los usan para obtener poder. Ser una fuerza de luz y de curación no tiene nada que ver con eso. La actitud más espiritual en cualquier situación es dar a los demás el beneficio de la duda y ser bondadoso, generoso y tolerante. Incluso cuando alguien no se lo merezca.

Cuando le leo el tarot a otra persona (o a mí misma) y me sale alguna carta problemática —como «El diablo» o una del palo de espadas—, le señalo que la carta solo refleja lo que ella piensa sobre el tema en ese momento. Un poco más tarde le vuelvo a tirar las cartas para mostrarle que, al ver de otro modo el asunto, la lectura también cambia. ¡Bingo! Esa persona recupera su poder. Y las cartas vuelven a ser lo que son: ¡una herramienta para averiguar lo que uno está realmente pensando o sintiendo para cambiar su forma de pensar para mejor!

Sincronicidades orquestadas divinamente

Una de mis formas preferidas de comunicación procedente de Dios son, sin duda, las sincronicidades, las situaciones que parecen ocurrir por «casualidad», pero que están tan cargadas de significado que es imposible creer que sean obra del azar. Las sincronicidades siempre están orquestadas por una fuerza misteriosa que escapa a la comprensión del ego. Forma parte de la magia.

En el verano del 2015 viví la más sorprendente serie de episodios orquestados por una fuerza divina. Me quedé anonadada. Antes de entrar en detalles, me gustaría explicar su importancia hablando del año 2012, cuando hice realidad mi antiguo sueño de ir a Buenos Aires a bailar tango. En el viaje viví varios momentos maravillosos; sin embargo, mi sueño no fue como yo esperaba.

Al segundo día de llegar al país, cuando caminaba alegremente por una calle soleada repleta de gente con un compañero que también bailaba tango, un amigo que había visitado la ciudad muchas veces y que hablaba castellano con fluidez —me había afirmado lo seguro que era ese lugar—, de repente un tipo, arrimándose a mi espalda, me rodeó el cuello con las manos y me arrancó el collar de un tirón. Ocurrió en milésimas de segundo. Aterrada, me quedé temblando con el cuello arañado y magullado. Ese momento estableció el tono de mi aventura de tres semanas. El ladrón no solo me robó un collar antiguo, sino que, además de ser caro, era el collar de oro de una Diosa en forma de luna creciente. Un grupo de amigos íntimos me lo habían regalado colectivamente en mi cumpleaños y era, sin duda, mi joya preferida, una pieza de autor que siempre llevaba puesta.

Cuando me ocurrió, lo conté en Facebook para recibir el apoyo de mis seguidores. Tosha Silver, a la que apenas conocía en aquella época, me envió un mensaje muy significativo diciéndome que muchas veces la propia Diosa exigía un sacrificio como parte de la curación de uno. Tal vez fuera un buen augurio después de todo.

Aunque siga echando de menos el collar y le haya sugerido al universo que me gustaría que le pasaran una serie de cosas al ladrón, también sé que el robo fue sumamente simbólico.

Parte del viaje de mi vida ha consistido en aprender y aceptar que mi alma gemela auténtica no está fuera, sino dentro de mí. En mi interior. Cualquier intento de buscarla en el exterior no funcionaría a la larga. (Créeme, lo he intentado todo, incluso buscar pareja en Internet. Pues sí. Lo llegué a hacer.) Pero esto no significa que no prefiriera una relación de pareja. Lo que ocurre es que debo realizar este trabajo interior. Es el matrimonio interior para el que he nacido.

Cuando fui a Argentina todavía no había aceptado esta parte de mi viaje vital. Estaba llorando la pérdida de una relación, creía que era «la definitiva». Pensaba que él era mi media naranja. Pero lo cierto es que todos tenemos dentro la energía masculina y la femenina, y si queremos ser felices en la vida debemos equilibrarlas en nuestro interior. Ninguna fuerza exterior nos hará nunca sentirnos completos. Pero una cosa es entenderlo intelectualmente —siempre lo he sabido— y otra muy distinta ser puesta a prueba al perder al hombre que crees que es el amor de tu vida. El robo del collar me hizo ver que debía dejar de buscar el amor fuera de mí y centrarme en equilibrar la energía masculina y la femenina en mi interior.

Entre el 2012 y mi viaje en el 2015 me dediqué sin tregua a la meta de equilibrarlas. Francamente, cualquier otra cosa era demasiado dolorosa para mí. Y, como no consumo drogas ni alcohol, ni siquiera intenté evadirme de mi dolor; sabía que mi vivo deseo y mi desesperación no se esfumarían por más cosas que hiciera. Pero en la primavera del 2015 una buena amiga me invitó a un viaje especial al que solo se podía ir por medio de una invitación, donde visitaría un lugar sagrado que siempre le había fascinado. Muchos de mis colegas también iban a ir. Todo lo que tuvo que ver con aquel viaje —desde su planificación hasta las paradas que haríamos a lo largo del camino— fue como un asentimiento de Dios en el que reconocía que yo estaba haciendo bien mi labor. Iba por buen camino.

La sincronicidad del viaje comenzó a darse desde que lo planificamos. Nuestras conversaciones sobre él empezaron cuando Marte (un planeta masculino) y Venus (un planeta femenino) estaban ejecutando la danza más inusual que tiene lugar en el espacio, aproximándose tres veces, algo inaudito. El mismo viaje, que también ocurrió durante la danza de Marte y Venus, consistió en realizar un retiro en el monte Shasta, donde se dice que hay uno de los centros energéticos más poderosos del planeta. En ese punto se nota la elevada vibración telúrica y la pureza del lugar. Y la mayoría de las veces tampoco hay cobertura para el móvil.

Allí estuve en un paraje llamado Stewart Springs, donde, entre otras cosas, puedes bañarte en aguas termales ricas en minerales. Me enteré de la existencia de un manantial macho y otro hembra que brotan del mismo lugar. El manantial hembra deja un rastro rojizo por el alto contenido en hierro de sus aguas, y el macho, uno blanco procedente de la calcita. En los baños termales y en las piscinas donde la gente se sumerge después de haber ido a la sauna se usa el agua del manantial macho. Por lo visto, el agua del manantial hembra «se come» las tuberías y no se puede usar.

En el lugar donde brotan los dos manantiales de la tierra, se alza un mirador con una cúpula transparente desde donde uno puede contemplarlos. También hay un gran altar de piedra al aire libre, en el que los visitantes dejan notas, cristales, fotografías y diversos objetos sagrados como una especie de homenaje a este lugar tan especial, donde las energías de lo masculino y lo femenino manan una al lado de la otra de las entrañas de la tierra.

Me encantaba estar en el mirador y dejé una ofrenda encima del altar, junto con una oración y la intención de unir la energía masculina y la femenina en mi interior. Y de nuevo, por milésima vez, le entregué a Dios mi vivo deseo de encontrar a mi media naranja. Sentí que me hallaba en ese lugar del planeta y en ese momento en especial gracias a una orquestación divina.

Curiosamente, cuando estuve en el monte Shasta, me enteré de que solo hay otro lugar en la tierra donde un manantial masculino y un manantial femenino brotan del mismo lugar: Glastonbury, en Inglaterra. Decidí ir a visitar aquel pueblo al cabo de un mes, durante otro encuentro de Marte y Venus en el espacio. Me quedé alucinada. ¿Era posible que hubiera sido una casualidad? Para nada. La guía divina había orquestado el peregrinaje más profundo para mí a los dos únicos lugares sagrados donde la energía masculina y la femenina brotaban de las entrañas de la tierra, en el momento en que esas energías estaban danzando en lo alto del cielo.

En Glastonbury visité el Manantial Blanco masculino que discurre por el interior de una construcción gótica de piedra, complementado con piscinas de aguas medicinales y altares dedicados a la Diosa y al Dios Astado. Es decir, Venus y Marte. Cantamos una canción a la Diosa y dejé varias ofrendas para los aspectos masculino y femenino de la Divinidad. Después, visitamos el Manantial femenino del Cáliz y sus hermosas representaciones de la Vesica Piscis en la pasarela que conduce a este manantial sagrado y en la entrada del mismo. La Vesica Piscis son dos círculos entrelazados que simbolizan la unión del Espíritu y la Materia, o de lo masculino y lo femenino. Llené varias botellas con el agua del Manantial del Cáliz para llevármelas a casa, y sumergí diversos cristales en las aguas medicinales para que se impregnaran de su energía.

Los viajes al monte Shasta y a Glastonbury fueron transformadores para mí. Me hicieron ver más si cabe lo importante que era ser consciente de mi valía y de mi poder. Y me permitieron reflexionar sobre lo lejos que había llegado desde que la Diosa había reclamado *su* collar en Buenos Aires.

La buena noticia es que mis vivos deseos de encontrar mi media naranja y mi desolación forman parte del pasado. Ahora soy más feliz y me siento más llena de lo que jamás me he sentido, mi vibración ha subido una barbaridad. Me da la impresión de haber «alcanzado» por fin algo que llevaba muchas vidas persiguiendo.

La magia está por todos lados

En Glastonbury decidí también visitar la capilla de Santa Margarita, una parte de la zona enorme donde se alza la abadía de Glastonbury. Quería hacerlo porque había estudiado obstetricia en la antigua Maternidad de Santa Margarita, situada en la cima de la colina de Dorchester, en Boston. Santa Margarita de Escocia, a la que se asocia con el principio Divino Femenino, consagró su vida al prójimo, amando a todo el mundo incondicionalmente. En la Maternidad de Santa Margarita, la hermana Anna empezaba el día leyendo unas oraciones matutinas que se escuchaban por los potentes altavoces, oraciones que oíamos por todos los rincones del hospital, incluso mientras estábamos realizando una cesárea difícil o reanimando a un recién nacido. Esas oraciones siempre me reconfortaban.

En la pileta donde nos lavábamos las manos, también había una placa con una oración dedicada al Arcángel Rafael, el gran sanador, que yo siempre leía antes de practicar una cirugía. Aunque no recuerdo las palabras exactas, venía a decir que rezábamos para que el Arcángel Rafael actuara a través de nosotros mientras operábamos a las pacientes para que fuéramos una fuerza curativa. Me encantaba saber que no estaba sola en la sala de operaciones, que unas fuerzas *más grandes* que yo me estaban ayudando. Al sentarme en la capilla de Santa Margarita, en Glastonbury, encendí una vela y le hice una ofrenda a la santa. Le agradecí todo lo que había hecho en la tierra cuando vivía en un cuerpo humano, y todo lo que seguía haciendo ahora en su condición de Espíritu.

Durante mi formación como obstetra en la Maternidad de Santa Margarita tuve que aprender a ser una experta en cirugía, anatomía y nudos quirúrgicos. Para aprender un oficio o una profesión, sea cual sea, no hay atajos; exige dedicación, disciplina y tiempo. No hay otra. Pero, cuando invitamos a la Gran Magia en nuestra vida, descubrimos al cabo de poco la existencia de unas fuerzas mucho más poderosas que el intelecto a las que recurrir para que nos ayuden en cualquier aspecto de nuestra vida. Y entonces cualquier cosa, desde las matrículas de coches hasta los encuentros casuales, nos mostrarán que vamos por buen camino. No hay nada más estimulante.

5

Pensamientos y sentimientos: Los elementos básicos de tu realidad

Los pensamientos se materializan… Elige los buenos.

MIKE DOOLEY

Ahora dejaré el tema del Espíritu y analizaré el poder que tiene la mente para hacerte la vida fácil. Lo primero que debes entender del reino de la mente es que la cualidad de tu vida depende de la cualidad de los pensamientos que acostumbras a tener. Los pensamientos son en el cerebro episodios electromagnéticos poderosos que crean un torbellino de energía tanto a tu alrededor como en tu interior. Lo que piensas se refleja en lo que sientes, y lo que sientes se refleja en tu vibración. Y tu vibración determina lo que atraes en la vida. Los pensamientos positivos tienen una vibración alta, y los negativos una vibración baja. Cada pensamiento que te viene a la mente crea cambios sutiles en el sistema inmunológico, el sistema endocrino y el sistema nervioso central.

Los pensamientos positivos van acompañados de cambios positivos en la bioquímica de nuestro cuerpo. En cambio, los negativos debilitan el sistema inmune y nos bajan el ánimo. Y no hay que olvidar que ambas clases de pensamientos atraen a sus equivalentes físicos. Por eso, advertir la cualidad de nuestros pensamientos diarios —y elegirlos con más deliberación y atención— es una herramienta poderosa para hacernos la vida fácil.

Parece sencillo, ¿no? Y lo es. El problema está en que se estima que tenemos unos 60.000 pensamientos al día. Y de entre ellos, el 80 por ciento son negativos y corrientes, como por ejemplo: «Ya soy demasiado mayor para [rellena el espacio en blanco]». O «Mi padre tenía razón. Nunca conseguiré nada en la vida». Y otros parecidos. Los pensamientos, como los genes, se transmiten de familia a familia y de tribu a tribu, y se contagian con suma facilidad. Por ejemplo, si creciste en una familia que cree que los ricos son mala gente, lo más probable es que pienses lo mismo. Pensar de distinta manera a como piensa tu tribu se considera una traición. Y, como recordarás del capítulo anterior, las tribus castigan lo que consideran una traición con la humillación y el abandono. Como la humillación y el abandono son dolorosos, la mayoría de la gente no quiere arriesgarse a cambiar su forma de pensar, y menos aún a no encajar en su tribu. Estoy incidiendo en este tema para que, cuando sientas la inevitable resistencia a cambiar tu forma de pensar, sepas que ¡vas por buen camino!

Por suerte, todos podemos cambiar nuestro modo de pensar. En su magnífica charla TED, el doctor Joe Dispenza explica con todo lujo de detalles cómo los pensamientos, y los sentimientos que acarrean, cambian los patrones neuronales del cerebro. Los pensamientos y los sentimientos repetitivos de alegría o de compasión crean nuevas conexiones en el cerebro, y las antiguas —de depresión y tristeza— acaban desapareciendo. Pero solo se consigue a base de constancia y dedicación. Lo que ahora se sabe sobre el cerebro es que se vuelve un experto en aquello que más practica. Los pensamientos repetitivos crean rutas neuronales más rápidas y extensas en el cerebro, al igual que los senderos naturales de los bosques son más fáciles de recorrer y seguir cuantos más caminantes los usen. Como dice el axioma popular: «Las neuronas que se activan juntas, se conectan entre sí». La capacidad del cerebro para cambiar sus redes neuronales al pensar y actuar de distinta manera se conoce como neuroplasticidad. Y esta cualidad la conservamos toda la vida, lo que significa que nunca es demasiado tarde para cambiar de chip y para que tu vida mejore gracias a ello.

Cambiar de pensamientos exige constancia, amor propio, optimismo, paciencia y disciplina. Cuando empezamos a fijarnos con afecto en nuestros pensamientos —por más negativos que sean—, poco a poco los vamos cambiando por otros más positivos de manera natural. Nuestra vida acaba mejorando. Los pensamientos y las sustancias bioquímicas que generan afectan al cuerpo y nos benefician en lugar de ir en nuestra contra. Veamos ahora algunos métodos probados para cambiar nuestro modo de pensar.

Ama tu inocencia interior

El maestro espiritual Matt Kahn señala que lo que se conoce como «la sombra» es, en realidad, el niño que llevamos dentro y nuestra inocencia interior, ya que, como los hemos estado ignorando y censurando durante tanto tiempo, harán lo que sea por llamarnos la atención. Para recalcar este punto en una de sus charlas publicadas en YouTube, contó el momento de su vida en el que se hizo patente el poder de su niño interior. Mientras se estaba comunicando con grandes maestros y con otros guías espirituales de vibraciones elevadas, oyó una voz en su cabeza diciéndole: «¡Que te den!» Era la voz de su niño interior, cuyas necesidades había estado ignorando. Por lo visto, a nuestro niño interior le encanta soltar esta palabrota para recordárnoslo.

Cuando lo oí, lo vi con claridad. ¡Claro! Prácticamente todos, yo incluida, solemos cobijar la arraigada idea de que aquello que tenemos para decir o para aportar al mundo no es lo bastante bueno. Esta idea viene del sistema nervioso hiperestimulado —y de creencias inconscientes derivadas de él— de nuestro niño interior. Y del niño interior de nuestros padres, y del de los padres de nuestros padres, y así sucesivamente.

No conseguirás cambiar tus pensamientos, y menos aún tu conducta, hasta que no ames esa parte de ti. Ámala como si fuera un niño de cinco años sufriendo. Cuando te descubras teniendo pensamientos negativos, dile ante todo a tu niño interior, que está mostrándote cómo se siente: «Te quiero. Eres bello. Te aprecio. Te perdono. Eres valioso». Dilo en voz alta poniéndote una mano sobre el corazón. Sintiéndolo de verdad. Porque si solo dices «elegiré los pensamientos que me hagan sentir mejor» de boca para fuera, sin tener en cuenta el sufrimiento de tu niño interior, no te funcionará. Tienes que amar a tu niño interior y este no parará de pedírtelo hasta que le prestes atención. Así entenderás que esos pensamientos negativos solo vienen de un aspecto tuyo que necesita recibir amor. Ocúpate primero de esta parte de tu ser y observa luego lo fácil que te resulta cambiar de pensamientos.

Reduce tu exposición a la negatividad

Además de amar a tu niño interior, hay una serie de cosas que puedes hacer para cambiar tu forma de pensar. La primera es reducir las influencias negativas del ambiente. Como las que recibimos a diario de los medios de comunicación, la música, los videojuegos e Internet, y evitar además cualquier persona tóxica que te chupe la energía. No olvides que nuestra cultura se basa en alimentar al ego y en llenarnos de miedo. Nos están bombardeando continuamente con mensajes que nos mantienen atrapados en el miedo y en la negatividad. Elimina de tu vida, o al menos reduce al máximo, cualquier cosa que fomente el miedo, la rabia, el cansancio o una sensación de impotencia.

Pongamos, por ejemplo, las noticias del telediario. Estar al tanto de lo que ocurre en el mundo es positivo. Y, francamente, tendríamos que vivir debajo de una roca para no escuchar las noticias emitidas a todas horas, los siete días de la semana, por los medios de comunicación y por Internet. Pero sé sensato respecto a los medios de comunicación y conoce las fuentes de donde proceden. En las noticias diarias emitidas a todas horas se eligen las situaciones más extremas del planeta, y encima las acompañan de una música poderosa y evocadora, y de escenas de dolor, rabia y caos. Las noticias diarias son un negocio patrocinado por anunciantes con un punto de vista en particular. Los programas televisivos más comerciales, por ejemplo, están patrocinados por la industria alimentaria y la industria farmacéutica, y el contenido que fomentan es afín al mensaje que quieren hacernos creer. Si lo tienes en cuenta y sabes cómo funcionan los medios de comunicación, estupendo. Así no te impregnarás de la negatividad que transmiten sin darte cuenta.

Soy una persona alegre y optimista por naturaleza, pero cuando miro, por ejemplo, el telediario siempre me deprimo. Por eso no miro las noticias del día. ¿Por qué? Porque no hay ningún sistema nervioso, endocrino o inmune del cuerpo humano que esté diseñado para asimilar las noticias negativas internacionales que nos llegan al comedor de nuestra casa a diario. Francamente, la mayoría ya tenemos bastante con las frustraciones del trabajo, el vecindario y la familia como para añadirles las del planeta entero.

Evitar la negatividad es tan importante, entre otras razones, porque esta nos desconecta de nuestro poder para hacer cambios positivos en el mundo y en nuestra vida. Produce precisamente el efecto contrario. Nos insensibiliza y desempodera. ¿Cómo íbamos a hacer una diferencia en el mundo ante tamaño sufrimiento y destrucción? Vivir en ese estado vibracional tan bajo es paralizador. Debemos intentar a toda costa que nuestra vibración alcance la frecuencia más elevada posible, la propia del optimismo, la esperanza y la alegría

Cuando conectas con tu parte Divina, fluyes con el poder de la pura energía positiva. Y esta pura energía positiva genera un campo magnético que atrae más pura energía positiva. Es la clase de energía que crea inspiración y levanta los ánimos de los demás. Es una energía constructiva en lugar de destructiva. Es justo lo opuesto de la energía que produce vandalismo y brotes de violencia. Fluir con la pura energía positiva te inspira a pasear en plena naturaleza, sonreír a los desconocidos y ser una fuerza benefactora. Y esa energía pura y positiva es lo que mejora y cura al planeta. De manera poderosa. Es un hecho científico.

El poder de las afirmaciones

Lo más probable es que hayas oído que las afirmaciones positivas son útiles para cambiar los hábitos mentales negativos arraigados. Pero ¿qué son exactamente las afirmaciones y cómo se usan?

Afirmar significa asegurar algo —con energía y públicamente— y/o sentirlo emocionalmente. Una afirmación es declarar con contundencia, de viva voz o por escrito, un hecho que nos apoya emocionalmente para materializar y recalcar algo que deseamos en la vida. Un ejemplo de una afirmación es: «Soy libre, feliz y estoy sano. La felicidad es mi derecho natural. He nacido para estar alegre».

Para usar afirmaciones, solo hay que pronunciarlas. Mirándote al espejo, dilas en voz alta. De este modo estarás creando, literalmente, nuevas redes neuronales en el cerebro. No ocurre de la noche a la mañana, pero recuerda lo que he mencionado al principio del capítulo: tu cerebro se vuelve un experto en aquello que practica a menudo. Tómate el tiempo que haga falta y asegúrate, además, de que afirmar algo te resulte agradable de por sí. Las afirmaciones pronunciadas por obligación y despreocupadamente no harán que las cosas cambien demasiado en tu vida.

¿EN QUÉ CONSISTEN LAS AFIRMACIONES?

Las afirmaciones son declaraciones contundentes, realizadas en presente, que expresan algún resultado deseado en tu vida. Por ejemplo: «La vida me apoya de todas las formas». O «Estoy sano y totalmente libre de dolor». Es muy sencillo, ¿no?

Sin embargo, en las afirmaciones puedes caer en un par de errores. Es importante no sabotearte con una afirmación que te quede demasiado grande. Como, por ejemplo: «Gano felizmente un millón de dólares netos al año». Si estás cargado de deudas y ganas un sueldo relativamente bajo, esta próspera y nueva realidad es un salto demasiado grande para tu cerebro. Y lo más probable es que tu cuerpo y tu mente se rebelen.

Hay que tener en cuenta además que las afirmaciones tampoco deben ser demasiado detalladas o concretas, como: «El amor de mi vida, que tiene un gran trabajo, gana mucho dinero, se lleva de maravilla con su familia y es compasivo con todos los seres, ya está aquí». Tosha Silver lo denomina «Dar a Dios una lista de la compra», una expresión que le va como anillo al dedo. Es mucho más eficaz hacer una afirmación amplia y general sobre cómo quieres sentirte. Un buen ejemplo sería: «El amor de mi vida, que me hace sentir viva y feliz, ya está aquí». Cuando le damos a Dios una «lista de la compra» de lo que queremos en concreto, limita lo que puede hacer a través de nosotros. Y, créeme, es preferible que nuestra parte Divina lleve las riendas, porque Dios sabe lo que necesitamos mejor de lo que nuestro intelecto limitado lo podría saber.

No olvides que las afirmaciones, en realidad, no hacen que las cosas ocurran, sino que elevan tu vibración para que estés más receptivo al resultado deseado.

Siempre me ha interesado la conexión entre nuestros pensamientos, la salud y las circunstancias. Durante los primeros años que ejercí como obstetra, siempre tenía guardado en el cajón del escritorio de la consulta *Sana tu cuerpo*, el librito azul —un clásico en su género— de Louise Hay sobre las causas mentales de las enfermedades físicas. Lo consultaba a menudo para saber relacionar lo que mis pacientes experimentaban en su cuerpo con sus hábitos mentales. Vi que los hábitos mentales y las manifestaciones físicas de esos pensamientos estaban muy vinculados.

Si bien siempre he entendido cómo actúan los pensamientos respecto a la salud, mi auténtica prueba de fuego sobre el poder de los pensamientos para cambiar la realidad tuvo que ver con el tema del dinero. Cuando me estaba divorciando me aterraba perder la casa y no ser capaz de ofrecerles a mis hijas una buena educación universitaria. Como tantas otras mujeres, había dejado la economía en manos de mi marido, segura de que él manejaría este tedioso tema mucho mejor que yo. Pero ahora estaba atravesando una crisis. Si quería una estabilidad económica para mí y mis hijas, no me quedaba otra. Lo primero que hice fue leer *Piense y hágase rico* de Napoleon Hill, todo un clásico, publicado en 1937, sobre la relación entre nuestros pensamientos y nuestros ingresos. Leí el libro e hice cada ejercicio como si mi vida dependiera de ello. Al mismo tiempo, leí *Las leyes dinámicas de la prosperidad* de Catherine Ponder. Otro clásico.

Quería adquirir la clase de mentalidad que atrae la abundancia. Y debía hacerlo lo antes posible. Además de leer los libros, creé algunas afirmaciones para atraerla. No tenían que ver solo con el dinero, aunque algunas sí que se centraban en él, sino con la prosperidad en todos los ámbitos de mi vida. Con cómo deseaba sentirme. Con cómo quería vivir. Con cómo deseaba interactuar con el mundo. Algunas de mis favoritas eran las siguientes:

- Ahora estoy gozando de una salud perfecta, una prosperidad abundante y una felicidad completa e inmensa. Es cierto, porque el mundo está lleno de gente encantadora que me está ayudando afectuosamente en cualquier sentido.
- Ahora estoy rodeada de la compañía de innumerables ángeles.
- Ahora estoy llevando una vida maravillosa, interesante y satisfactoria, sumamente provechosa en todos los sentidos.
- Gracias a la mayor riqueza, salud y felicidad de la que gozo, ahora puedo ayudar a los demás a llevar una vida maravillosa, interesante y satisfactoria, sumamente provechosa en todos los sentidos. Mi bienestar —nuestro bienestar— es universal.
- Hoy he renacido espiritualmente. Dejo atrás mi antigua forma de pensar y traigo Amor Divino, luz, salud, alegría, riqueza, éxito, placer, prosperidad y abundancia a mi vida de maneras concretas y claras.
- Me elevo por encima de los problemas y los obstáculos mientras avanzo triunfalmente para reclamar mi derecho Divino natural a

gozar de una riqueza, una salud, un amor, una prosperidad y una abundancia ilimitados.

- Acepto solo la armonía, la paz mental, una salud radiante, el amor personal y una abundancia económica desbordante como mi estado natural en la vida cotidiana.
- Hay un gran poder en mi alegría, mi placer y mi visión de una vida maravillosa.

Pronunciaba estas afirmaciones en voz alta, cada día, una y otra vez, mientras andaba con brío en la cinta. Lo hacía con mucho entusiasmo para elevar mi vibración al máximo, quería que mi cuerpo se impregnara de esas palabras. Las afirmaciones me ayudaron a ser un receptáculo mucho más sólido del que había sido antes. Poco a poco, día a día, me dieron la energía y la inspiración que necesitaba para conocer lo esencial sobre la prosperidad y ser toda una experta en finanzas.

El poder de las afirmaciones en mi propia vida es incuestionable. Te sugiero que crees algunas para que cambies lo que necesites cambiar. Y que añadas otras afirmaciones nuevas con regularidad. Empieza cada mañana diciendo algunas. Y pégalas en un pósit al espejo del cuarto de baño. Si lo deseas, puedes inscribirte en mi web (www. drnorthrup.com) para recibir a diario afirmaciones en tu correo electrónico.

Escritura propioceptiva: escribe lo que te venga a la cabeza

La escritura propioceptiva es otra manera poderosa de cambiar de pensamientos. Nunca olvidaré el día en que la conocí por primera vez, hace años. Me encontraba en la sala de partos y vi en el hospital un anuncio de un taller de algo llamado escritura propioceptiva. Conocía la propiocepción muscular, que nos permite saber —incluso con los ojos cerrados— dónde se encuentran nuestros brazos y piernas en el espacio. Pero no tenía idea de cómo esto se podía aplicar a la escritura.

En aquella época tenía un problema con la redacción de textos; por eso, probablemente, el anuncio me llamó la atención. Me costaba una barbaridad escribir cualquier texto científico. En mi cabeza siempre había un jefe de lo más despiadado diciéndome que no tenía idea de lo que estaba haciendo. Que era una negada. Y que no valía para nada. Mis años de estudios universitarios y de formación en la facultad de Medicina habían aumentado la voz de la inseguridad en lugar de mitigarla.

Decidí ponerme en contacto con Linda Trichter Metcalf, la persona que dirigía el taller, y le pregunté si el curso me ayudaría. Linda, que por aquel entonces también enseñaba lengua inglesa en el Instituto Pratt de Brooklyn (Nueva York), me aseguró que su método era indicado para cualquier persona que deseara expresarse mejor por escrito, incluso en la redacción de informes médicos. Estando embarazada de mi segunda hija, me apunté al taller de fin de semana. Y me cambió la vida. Me ayudó a limpiar el manglar de mis pensamientos y creencias condicionados de una forma tan asombrosa que acabé descubriendo mi singular voz como escritora. Me encontré a mí misma. Me ayudó a distinguir la voz de mis padres, mi profesión, mis hermanos y mi marido de lo que yo realmente pensaba y creía. También me permitió escribir el primer libro y —francamente— todos los que le siguieron.

La escritura propioceptiva, que nos ayuda a explorar a fondo nuestras creencias básicas, fue un salvavidas que me conectó a mi Yo. A mi Alma. Este método funciona porque te ayuda a identificar lo que de verdad crees sobre un tema al escribir los pensamientos y las reflexiones que te provocan con empatía y compasión. Puedes hacerlo sobre cualquier tema. Por ejemplo, si escribes sobre la palabra *madre*, la escritura propioceptiva te ayuda a ver lo que tu mente piensa de esta palabra. Descubrirás que te vienen a la cabeza todo tipo de remembranzas sobre tu madre que no sabías que recordabas. Mientras escribes, ves con claridad lo que de verdad piensas en lugar de lo que te han condicionado a pensar y lo que se supone que debes pensar. Y cuando reconoces tus creencias auténticas, sin juzgarlas, puedes empezar a cambiarlas. Como Linda dice en su página web:

La escritura propioceptiva es un elemento importante en las artes curativas. Nos enseña a expresar lo que pensamos sin juzgarnos, a reflexionar sobre nuestros sentimientos sin culparnos ni avergonzarnos y a vivir las emociones sin dejarnos agobiar por ellas, el primer paso para la salud emocional.

La escritura propioceptiva combina simultáneamente el intelecto, la imaginación y la intuición. Y lo lleva a cabo como un ritual. Se suele hacer escuchando música barroca (Mozart, Bach, Vivaldi y otros compositores barrocos), porque se ha demostrado que esta música favorece enormemente la creatividad. También se pueden escuchar ragas indias, aunque estas provocan una experiencia distinta.

A medida que practiques este tipo de escritura, descubrirás que tus pensamientos son valiosos. Que siguen un orden. Y que se dirigen hacia la resolución y la curación. Lo cual es sumamente tranquilizador para aquellos de nosotros a los que nos han formado sin tener en cuenta nuestra propia genialidad singular. Como Linda afirma: «Los que se sienten atraídos por la escritura propioceptiva son los que desean ser ellos mismos, llevar una vida que no parezca la de otra persona».

CÓMO PONERLA EN PRÁCTICA

El proceso de la escritura propioceptiva es muy sencillo. Simplemente, eliges un tema y escribes sobre él prestando atención a tus sentimientos, sin juzgar lo que te viene a la cabeza. Aquí tienes un resumen, paso a paso, de cómo hacerlo, para que te resulte lo más sencillo posible.

1. Reúne el siguiente material: un bolígrafo, una vela, cerillas, hojas DIN-A4 y una serie de música barroca que dure cerca de 20 minutos. Este tipo de música tiene una vibración determinada que favorece la función cerebral, se conoce como el efecto Mozart. También puedes probar con otras clases de música si lo deseas.

2. Coge unas veinte hojas y escribe la fecha en la primera página, en la parte superior derecha. Numera cada página a medida que escribes, pero solo por un lado, porque solamente usarás una cara.
   - En cuanto dispongas del papel, pon la música y enciende la vela.
   - Respira hondo y empieza a escribir.
   - A los veinte minutos, termina de escribir sobre el último pensamiento que hayas tenido.
   - Hazte luego las siguientes preguntas: «¿Cómo me siento?» y «¿Qué historia estoy contando?»
   - Escribe las respuestas. Tómate todo el tiempo que necesites. Normalmente, solo te hará falta de una a tres líneas para expresarlo.
   - Lee ahora lo que has escrito en voz alta.

Recuerda: cuando escribas, escucha la voz en tu cabeza, la del yo observador. Anota lo que oigas. A modo de secretario. Eso es todo. Escribe todo cuanto te venga a la mente, aunque parezca no tener sentido. Cada pensamiento tiene su significado y su importancia.

Fíjate también en si escuchas cualquier palabra «cargada» de significado, y cuando te ocurra (como *valioso* o *decepcionado*), analízala a fondo haciéndote la pregunta propioceptiva de: «¿A qué me refiero con [rellena el espacio en blanco]?» Escribe lo que hayas oído. Recuerda que estás actuando a guisa de secretario, anotando los pensamientos que te vienen a la mente.

La escritura propioceptiva es poderosa cuando la haces por ti mismo, pero hay una forma de aumentar sus efectos todavía más. A mi entender, no hay nada más significativo, sagrado o curativo que hacer la escritura propioceptiva en grupo. O, al menos, con otra persona en la que confíes.

Después del proceso de escribir, lee en voz alta lo que has anotado. Los demás pueden responder escribiendo lo que les ha conmovido o impresionado del escrito. De esta manera te oyes reflejado a través de los demás. Este método es sumamente fortalecedor a medida que aprendes a confiar en tus pensamientos y los cambias para que reflejen más positivamente tu parte Divina. Yo lo he hecho muchas veces con los amigos y la familia y siempre nos ha unido más. Y también refleja cómo somos de verdad a los demás. La mayoría de personas se quedan alucinadas de lo que ocurre cuando dejan su mente libre y se desprenden del jefe interior que les dice continuamente que lo están haciendo todo mal.

Meditación

Se ha demostrado que las distintas clases de meditaciones favorecen la salud física, bajan la tensión arterial, eliminan la depresión, reducen los actos de violencia y fomentan un mayor bienestar y felicidad. Al aquietar los pensamientos por medio de la meditación, recuperamos de manera natural la vibración más elevada que teníamos de bebés, antes de que el ego se formara debido a la tensión crónica del sistema nervioso. El doctor Herbert Benson, que estudió en Harvard, fue un pionero en el estudio de la meditación y acuñó el término *respuesta de relajación* para describir lo que ocurre en el cuerpo a nivel físico, emocional y mental durante la meditación. Esta respuesta es la causante de los numerosos beneficios que experimentan los meditadores.

Una de las ventajas de la meditación es que hay un gran abanico para elegir. Meditar andando consiste, sencillamente, en avanzar con lentitud prestando atención a las sensaciones producidas por los movimientos. Meditar sentado se basa en concentrarnos en un mantra o en la respiración. El mindfulness es otro tipo de meditación en el que nos centramos en el momento presente en cualquier situación, sin juzgar nada, aceptando cualquier pensamiento y sensación que surja. Son algunas de las distintas clases de meditación, y al disponer de tantas opciones seguro que encuentras una que te atraiga.

Hace muchos años aprendí meditación trascendental e incluso estudié con el difunto yogui Maharishi Mahesh, el fundador de esta técnica. Practiqué esta meditación religiosamente durante muchos años y me convertí en toda una experta en calmar el cuerpo y la mente, pero para beneficiarte de la meditación no es necesario ir a ningún centro para aprender a meditar. Solo tienes que cerrar los ojos y seguir la respiración.

MEDITACIONES SENCILLAS

Meditación respiratoria: meditar utilizando la respiración es una de las clases de meditación más sencillas. Para realizarla, siéntate cómodamente. Activa el temporizador para que suene a los 15 minutos. Cierra los ojos. Inspira contando hasta cuatro. Retén la respiración. Y, luego, espira contando hasta cuatro.

Hazlo hasta que suene el temporizador. Si no quieres usar un temporizador, sigue simplemente la respiración durante un rato. Descubrirás que te sientes más tranquilo. Y que tu vibración sube.

Proceso de realización: recientemente he trabajado con un tipo de meditación llamado «proceso de realización». Este proceso, creado por Judith Blackstone, se basa en observar los tejidos del propio cuerpo, empezando por los pies. Prueba lo siguiente: cierra los ojos. Inspira contando hasta dos y luego espira contando también hasta dos hasta que tu respiración se vuelva relajada y fluida. A continuación, lleva la atención a los pies. Relaja el arco de los pies. Siente cómo es estar en los pies. Totalmente. Ve subiendo ahora poco a poco por el cuerpo, permaneciendo en los pies, pero incluyendo a la vez las piernas. Y luego, las rodillas. Las caderas. La pelvis. El torso. El pecho. El cuello. Y, por último, el centro de la cabeza. Dedica un rato a llevar la atención a cada área. Permanece simplemente en ellas.

Como puedes ver, hay muchas clases de meditación. No importa la que decidas practicar, todas se centran en llevarte al presente, ayudándote a percibir y aceptar tus pensamientos. Aquietando la mente. Y aportándote una sensación de paz y calma. A medida que practicas la meditación, los patrones negativos de tu mente y tu cuerpo van desapareciendo con el tiempo.

Curación personal, curación global

Al sanar nuestros pensamientos, no solo estamos enderezando nuestra vida, sino yendo mucho más allá. Matt Kahn, maestro espiritual y sanador, observa que, cada vez que afrontamos nuestra ira, decepción o tristeza con amor, cambiamos el mundo. Hay más de sesenta estudios publicados en revistas científicas validados por especialistas, como el *Journal of Conflict Resolution*, que demuestran que, cuando solo un uno por ciento de la población cambia la cualidad de sus pensamientos habituales con prácticas como la meditación trascendental, se da un descenso visible en los crímenes violentos, los robos y el malestar de todo tipo.

El Instituto HeartMath está realizando también una investigación colaboradora a través de la Iniciativa de Coherencia Global, que consiste en aplicar sensores en distintos lugares del planeta para medir el campo electromagnético sutil de la tierra. Aunque parezca increíble, se ha descubierto, mediante los registros de los sensores, que las emociones y los pensamientos colectivos humanos afectan el campo magnético terrestre. Cuando una gran cantidad de personas crea en su corazón estados de bondad amorosa y de compasión, los campos electromagnéticos alrededor de la tierra que benefician a todo el mundo —a plantas, a animales y al mismo planeta— se vuelven más coherentes. La razón es el círculo de retroalimentación que se da entre los seres humanos y los sistemas energéticos/magnéticos de la tierra.

Cada persona influye en este campo global porque todos estamos interconectados con los campos magnéticos generados por el sol y la tierra y recibimos su influencia. Y cada célula de nuestro cuerpo está impregnada tanto en el ambiente interno como en el ambiente externo de las fuerzas magnéticas invisibles fluctuantes.

Las investigaciones sobre la meditación y el proyecto de la Iniciativa de Coherencia Global son ejemplos perfectos de lo que Albert Einstein dijo en 1946 después del lanzamiento de la primera bomba atómica en Japón, y ante la posibilidad de la destrucción del planeta: «Si la humanidad quiere sobrevivir y avanzar hacia un nivel superior, necesita un nuevo modo de pensar». ¡Ser conscientes de que la cualidad de nuestros pensamientos y emociones es muy importante —para todos— es realmente una nueva forma de pensar!

Ama todo lo que surja

En *Ama todo lo que surja*, Matt Kahn sugiere que cuando aparezca un pensamiento o una situación dolorosa en nuestra vida digamos simplemente «Gracias», lo cual es un acto de fe en sí mismo porque el ego tiende a juzgarlo todo como bueno o malo. Al decir gracias, estamos aceptando que se está dando una mayor sabiduría que el ego no puede identificar. Kahn también sugiere que nos digamos a nosotros mismos «Te quiero». De todo corazón. Porque los pensamientos poco sanos y la negatividad que conllevan vienen de la falta de amor y de la desconexión con nuestra Fuente. Es más, esos pensamientos y emociones desagradables no solo están creando negatividad en *nuestra* vida, sino también en la de los demás. A medida que reparamos en ellos los vamos eliminando. Para todos. De modo que, cuando tengas esos pensamientos negativos, no olvides que necesitas irradiar más y no menos amor. Tu poder yace en advertir que estás sintiendo ira, tristeza o frustración y en ver que esas emociones representan oportunidades para darte las gracias y quererte en lugar de juzgarte. Tienes el poder de decir: «Te quiero, en ese instante. En medio de la agitación interior». La parte enfurecida y desconectada de tu ser desparece entonces, porque has escuchado su mensaje. Le has prestado atención y le has dado el amor que necesitaba.

Cuando dejamos de luchar contra nosotros mismos, cuando dejamos de maltratarnos al decidir no vernos como poco valiosos o imperfectos, cuando fluimos con lo Divino y nos queremos a nosotros mismos, estamos fomentando vibraciones superiores en todos. Y, como los pensamientos, las emociones y el propio planeta están conectados, podrías perfectamente estar contribuyendo con esta actitud a que llueva en lugares asolados por la sequía. O ayudando a una mujer a concebir al hijo que tanto desea. O propiciando que las abejas encuentren flores para polinizarlas. Sí, nuestros pensamientos y emociones —cuando están conectados con lo Divino— son capaces de hacer todo esto y mucho más.

6

El poder de dar y recibir

Hasta que no lo recibamos todo con el corazón abierto,
no estaremos dando nada de verdad de todo corazón.
Cuando juzgamos la ayuda que recibimos, juzgamos
la ayuda que ofrecemos sabiéndolo o sin darnos cuenta.

BRENÉ BROWN

Estoy segura de que has oído el viejo refrán acerca de que es más gratificante dar que recibir, ¿verdad? Y, aunque dar nos haga sentir bien, no hay alegría alguna en dar a no ser que el que lo reciba sea generoso. Tanto dar como recibir, si se hace con amor, alegría y sinceridad, es un bálsamo para el alma agotada. Si quieres que tu vida fluya y sea fácil de verdad, lo mejor es aprender a dar y recibir con generosidad y alegría.

A la mayoría de la gente le han cortado las alas a una edad temprana, sobre todo a las mujeres. Y nos han condicionado para excedernos en lo que se refiere a dar. Tenemos que equilibrar esta tendencia femenina, porque de lo contrario estaremos siempre estresadas y agotadas.

Las fiestas navideñas lo ilustran a la perfección. Los regalos de Navidad se han convertido en una carga tan grande que asociamos estas fiestas con el estrés. Y esto es ridículo. El espacio de tiempo a partir del día de Acción de Gracias hasta el Año Nuevo tiene que caracterizarse por ser una época para reflexionar sobre el año anterior y disfrutar del verdadero significado de las fiestas. Pero en su lugar se ha convertido en: «¿Estás preparado para el frenesí navideño?» Cuando trabajaba en el hospital, tenía pesadillas recurrentes en las que soñaba que me levantaba de la cama para ir a comprarle a mi hija los regalos de Navidad a una tienda que está abierta las veinticuatro horas, porque me sentía culpable por pasar demasiado tiempo en el trabajo. No puede decirse que en aquella época de mi vida mantuviera un buen equilibrio entre dar y recibir.

Ahora que todos somos adultos, hemos reducido los regalos navideños obligatorios para no estresarnos. Y nos hemos quitado un gran peso de encima. Ahora nos dedicamos a reunirnos, a preparar comidas, a disfrutar de nuestra compañía y a elegir un regalo para el juego del amigo invisible. Siempre es divertido. Lo esencial es dar de una forma que no nos estrese y recibir el amor de los demás.

Te harás la vida más fácil y crearás tu propio cielo en la tierra, en ese mismo instante, si aprendes a equilibrar el dar y el recibir. Puedes dar y recibir de una manera totalmente nueva que honra y valora al Yo y te protege de los que toman mucho más de lo que dan.

El poder de dar

He decidido hablar del poder de dar porque pocas cosas hay en la vida más gratificantes que ser capaces de dar de todo corazón sin esperar nada a cambio. Este tipo de dar trae realmente el cielo a la tierra a todos cuantos te rodean. Y no solo me estoy refiriendo a objetos materiales. Ofrecer el regalo de tu tiempo y tu atención es un regalo inestimable para los hijos, las mascotas y cualquier otra persona. Cuando mi hija tuvo a su primer hijo el año pasado, la generosidad de sus amigos la dejó sin palabras al descubrir que se habían organizado para cocinar para ella y su marido. Ambos disfrutaron a diario de los platos caseros que les estuvieron dejando ante la puerta de su casa durante varios meses. Y a aquellos de nosotros que preparamos las comidas nos encantó hacerlo.

Ofrecer tu tiempo y atención a los que lo necesitan —o darlo, sin más— te produce una sensación fantástica cuando te sale de dentro.

A mí me encanta organizar una buena fiesta para celebrar un gran logro o un nacimiento. Y se me da muy bien crear un ambiente cálido entre la gente. Es lo que Alexandra Stoddard, autora de *Living a Beautiful Life,* llama «un espacio libre», refiriéndose a una especie de habilidad o don natural que surge de manera espontánea. Cuando damos desde nuestros «espacios libres», no nos cuesta nada. Nos revitaliza. Estamos dando desde una taza llena.

En cambio, cuando ofrecemos los regalos de nuestro tiempo y atención por obligación, nos sentimos agotados. A menudo nos sentimos culpables cuando no tenemos el tiempo o la energía para colaborar como voluntarios o dedicarnos a una «buena» causa. Pero la generosidad empieza por uno mismo. Tenemos que ofrecernos los medios para sentirnos llenos y renovados. De lo contrario, el manantial se acabará secando. Y, al final, acabaremos sintiéndonos resentidos. Y quizá más amargados que antes.

Para dar de corazón, tienes que entrar en contacto contigo mismo. Solemos aceptar una petición a la que deberíamos habernos negado por no querer afrontar las consecuencias de nuestra negativa. Nos preocupa que, al negarnos, decepcionemos a alguien al que queremos complacer. O quizá no valoramos lo suficiente nuestro tiempo y energía, y anteponemos las necesidades de los demás a las nuestras. O nos preocupa que nos tachen de egoístas si no aceptamos lo que nos piden. O tal vez olvidamos que nuestras necesidades son tan importantes como las de otra persona.

Pero a veces tenemos que decir que no para no perder la salud. Fijar límites saludables en cuanto a nuestra generosidad y no seguir dando cuando notemos que estamos a punto de traspasar esos límites. Podemos responder con delicadeza diciendo: «Gracias por proponérmelo, pero esta vez me temo que no podré». No hace falta que des muchas explicaciones. Di solo: «Me resulta imposible». Como el doctor Mario Martinez explica: «Unos límites saludables son el punto medio entre el resentimiento (por haber sido demasiado generosos) y el sentimiento de culpa (por no haber colaborado lo suficiente). Este punto medio por excelencia nos permite cuidar de nosotros mismos sin ignorar las necesidades de los demás. Es un acto que tiene que ver con lo que en el budismo tibetano se conoce como «compasión inclusiva: tú también te incluyes en el acto compasivo». ¡Qué solución más estupenda!

EL PROCESO SALUDABLE DE DAR

Cuando te pidan que des algo —ya sea un regalo material, dinero, un servicio o tu tiempo—, asegúrate antes de estar dando desde un estado saludable.

Ante todo, observa tu primera reacción cuando te lo piden. Si sientes en las entrañas la reacción de: «*¡claro que sí!*», adelante, hazlo sin más. Pero si lo que sientes es un inequívoco «¡qué lata!», olvídate del asunto. Si no captas una reacción clara en tus entrañas, hazte algunas preguntas más. En ese caso, responde simplemente: «Ya te lo diré. Deja que me lo piense».

Si no estás seguro de si te apetece, hazte las siguientes preguntas: «¿Cómo me hace sentir si decido hacerlo? ¿Me resulta gratificante de algún modo? ¿O lo hago por obligación? ¿Por qué he estado a punto de aceptarlo? ¿Por qué he estado a punto de negarme? ¿Me siento cansado y exprimido cuando pienso en prestarme a ello?»

Lo esencial de estas preguntas es ver cómo el dar afectará tu acto de generosidad. ¿Te produce más desagrado que placer? Piensa a largo plazo. No tiene que ver solo con este caso. Anteponer siempre las necesidades de los demás a las tuyas repercutirá en tu salud y, al final, será peor para todos. Francamente, a no ser que cuando te piden el favor sientas en tus entrañas la reacción de: «¡claro que sí», lo más probable es que debas negarte. La mayoría de las veces es así, aunque no siempre. Sabes en tus entrañas lo que necesitas, y las dudas que sientes al respecto suelen venir del intelecto entrometiéndose antes de darte tiempo a notar lo que deseas de verdad.

El lado oscuro de dar

Dar es una experiencia maravillosa, pero también tiene su lado oscuro. En la cultura occidental, dar equivale a poderío. Dar nos hace sentir especiales, y, cuando somos generosos con regularidad, podemos llegar a creer que estamos por encima de los que se benefician de nuestra magnanimidad. Esto se ve en familias muy acaudaladas.

El patriarca o la matriarca tienen todo el poder en sus manos, y sus hijos, y a menudo los hijos de sus hijos, están a su merced. Los hijos renuncian a su poder esperando un día heredar los bienes de sus padres. Hay muchas historias de adultos que han vivido en el limbo toda su vida sin desarrollar sus facultades ni talentos con la esperanza de heredar en el futuro los bienes de su familia. Pero sus padres han seguido conservando su posición de poder incluso hasta la muerte al dejar escrito en el testamento quién se quedará con una buena tajada y quién no.

Cuando planificaba hace varios años la economía de mi hogar, leí el libro *Beyond the Grave* de Gerald y Jeffrey Condon. Las historias de lo que les sucede a las familias con las herencias son reveladoras y sumamente trágicas. Familias unidas y cultas se rompen cuando un hermano recibe más que otro, tanto si tiene que ver con la tutela del perro de la familia como con el anillo de compromiso de la madre. Conozco a una mujer que se quedó desolada porque su hermana había heredado más joyas de su difunta madre que ella, ¡pese a heredar ambas una fortuna!

Ten en cuenta que el que da suele estar en una posición de poder. Si eres el que recibe, conserva sobre todo tu poder. No renuncies a él para recibir algo. Y, si eres siempre el que da, no olvides ser generoso de corazón para difundir alegría y prosperidad en lugar de hacerlo con la intención de controlar a los demás.

Has nacido para recibir

Es evidente que dar te llena de energía mientras este acto te salga de dentro. Al igual que ocurre con recibir. Por desgracia, muchas personas no saben recibir en la vida, aunque hayan dependido totalmente de ello mientras se desarrollaban en el vientre materno, alimentándose a través del cordón umbilical de los nutrientes transportados por la sangre de la placenta. Este cordón umbilical siguió dándoles oxígeno cuando experimentaron al nacer los grandes cambios para que los pulmones y el corazón trabajaran por sí solos. Después de todo, estuvimos recibiendo alimento y calor del cuerpo de nuestra madre, que actuó a modo de una placenta exterior. Recibir nos permitió vivir. Pero muchas personas han perdido la capacidad de recibir. En la adultez no debemos olvidarnos de saber recibir con plenitud y alegría.

Saber recibir con alegría funciona en cualquier aspecto de nuestra vida, energéticamente hablando. Veamos un ejemplo físico de ello. Aprieta la mano izquierda en un puño tan fuerte como te sea posible. Hasta que los nudillos se te pongan blancos por la falta de circulación. Mantenlo apretado contando hasta 10. Con la mayor fuerza posible. Abre ahora la mano —con la palma hacia arriba— y siente la sangre volviendo a circular. ¡Qué sensación más agradable!, ¿verdad? Tu mano está ahora en modo de recibir. Está recibiendo oxígeno, glucosa, células inmunológicas, electrolitos y todos los otros elementos que transporta la sangre. Tal es el poder de recibir.

Aunque sea un ejemplo físico, cualquier otro tipo de dar produce la misma sensación agradable.

¿Recuerdas cuando de niño estabas tan excitado por la llegada de los Reyes Magos o de tu cumpleaños que apenas podías conciliar el sueño? La alegría de recibir es así de intensa. Esas experiencias de la infancia eran muy puras. Todavía no te habían enseñado a dejar de sentir esa alegría con tanta pasión. Lo más probable es que fueras tan pequeño que tu alegría aún no había menguado al llevarte un gran chasco en la vida por no conseguir lo que anhelabas. Aún no habías aprendido que para recibir algo tenías que ganártelo. Muchas vivencias distintas pueden arruinar nuestra capacidad de recibir sin más.

A lo largo de los años nos han enseñado a no tener «grandes expectativas» para que no nos llevemos una gran decepción en la vida. Nos dieron esos consejos tan desacertados con la intención de que no sufriéramos, pero en realidad son un reflejo del dolor irresuelto de quienes nos los ofrecieron. Y los hábitos mentales también se heredan de una generación a otra, por lo que acabamos viviendo con la mentalidad de «no te alegres ni entristezcas demasiado». Es una actitud templada, sin grandes tristezas ni decepciones, pero también sin grandes alegrías. Aprendemos a no esperar demasiado de la vida, y esto se convierte en nuestra realidad cotidiana. Y con el paso de los años concluimos que no nos merecemos recibir nada y, por lo tanto, no lo recibimos. Como Amanda Owen escribe en su libro *The Power of Receiving*, «quienes tienen problemas para dar atraen a quienes tienen problemas para recibir. Los que no saben recibir se sienten atraídos por los que no saben dar. Es decir, el problema no es sentirse atraído por los que no saben dar, sino no saber recibir».

Y lo peor aún es que a muchas personas les han enseñado que no se merecen recibir nada si no dan algo a cambio. Como ilustra el refrán: «Al que quiere celeste, que le cueste». Esta actitud nos está diciendo que intrínsecamente no valemos nada, lo cual es totalmente falso. A lo largo de mis años de profesión médica, he visto incontables ejemplos en los que una mujer solo recibía el apoyo, la atención y el cariño de su marido y de sus hijos cuando enfermaba. Es fácil adivinar lo que ocurría en esa coyuntura. Ella enfermaba (aunque lo hiciera inconscientemente) para recibir la atención y el cariño que tendría que haber recibido, de todos modos, estando sana y no solo cuando caía enferma. También he conocido a muchas pacientes que de niñas tenían que enfermar para que su madre les prestara atención. ¡No es de extrañar que nos cueste tanto recibir en la vida! Nos han inculcado que debemos ganárnoslo a pulso. Realizando tareas que acrecientan nuestra valía. O sufriendo problemas de salud o accidentes. Sí, así es. Los estudios científicos demuestran que incluso los accidentes suelen estar precedidos de ira o de tristeza, emociones que traslucen la presencia de necesidades insatisfechas. ¿Cómo podemos aprender a recibir, si nos han metido en la cabeza esas ideas tan arraigadas sin darnos cuenta?

Lo básico de recibir

Por suerte, podemos aprender a recibir y vale la pena hacerlo. Ser capaces de recibir nos permite llevar una vida mucho más plena, maravillosa y dichosa de lo que jamás nos podríamos imaginar.

Empezar a ponerlo en práctica es muy sencillo. Lo único que has de hacer es aceptar los halagos. Cuando alguien te diga: «¡Oh, me encanta tu vestido!», responde simplemente: «Gracias». Y nada más. Agradéceselo ¡y punto! No añadas: «Me costó muy barato en las rebajas». Esta explicación le quitaría importancia al cumplido y subvaloraría el regalo que acabas de recibir. Resístete también al impulso de devolver el cumplido diciendo algo como: «¡Oh, el tuyo también es muy bonito!» Cuando alguien te hace un cumplido no tienes por qué devolvérselo con otro. Al limitarte a darle las gracias, lo estás recibiendo alegremente. Estás avanzando con paso lento, pero seguro, hacia el objetivo de sentirte cómodo recibiendo.

Cuando empieces a aceptar los cumplidos te ocurrirá algo muy curioso. Al principio, tal vez te sientas incómodo y vulnerable por falta de práctica. Cuando notes que te sientes incómodo, dite: «Te quiero». Esa parte de ti que se siente incómoda necesita que la quieras más, y no menos.

En cuanto te sientas más a gusto recibiendo cumplidos —o incluso mientras trabajas en ello—, puedes pasar a prácticas más avanzadas de recibir. Por ejemplo, en su libro *Change Me Prayers,* Tosha Silver apunta que podemos decir una oración de Cámbiame para modificar las rutas neuronales del cerebro y aprender así a recibir. Puedes decir: «Dios mío, cámbiame en alguien que esté dispuesta a recibir. En alguien que sepa lo que vale. En alguien que reciba agradecida todo cuanto tienes para ofrecerme. Cámbiame en alguien que dé a los demás dichosa por lo que he recibido de Ti».

En el apartado siguiente encontrarás una de mis prácticas favoritas de recibir. Y estoy segura de que tú también puedes crear las tuyas. No olvides que, cuanto más lo pongas en práctica, mejor se te dará. Y recuerda que, si tienes problemas para recibir, es porque tu niño o tu niña interior sigue creyendo que no se lo merece. Dedica un tiempo a amar esta parte de ti. Porque es todo cuanto desea.

CUMPLIDOS DEL MUNDO NATURAL

Hice este ejercicio hace años mientras contemplaba desde la habitación del hotel donde me alojaba el monte Rainier, cerca de Seattle, en el estado de Washington. Intentaba prepararme para bajar a reunirme con un grupo de desconocidos en un encuentro médico. Pero para realizar el ejercicio no hace falta tener una montaña imponente cerca. Piensa simplemente en un paraje natural que te encante. En las montañas, en los árboles y en los espacios naturales hay grandes presencias angelicales relacionadas con el mundo de la naturaleza.

Imagínate aquel árbol, montaña o flor hablándote. Te está diciendo lo maravilloso que eres. Escúchale simplemente mientras te lo dice.

Eres bello.

Eres inteligente.

Eres delicioso y encantador.

Vales mucho.

Y eres irresistible.

Estás sano.

Cuando digas estas afirmaciones, inspira. Recíbelas en tu corazón. En tu esencia. Y, cuando te sientas lleno, prepárate para el día que te espera. Pero repara en lo que ocurre.

Al salir de la habitación del hotel para encaminarme al encuentro médico, descubrí que la gente me trataba de distinta manera. Mejor. Y que recibía una atención más positiva de la que había recibido antes.

No sé con certeza si la situación en la que me encontraba cambió demasiado, pero creo que, como mis músculos de recibir se relajaron (en la priva-
cidad de la habitación del hotel), pude recibir de verdad lo que me estaba
aguardando. El cambio me dejó estupefacta.

Nunca olvidaré la primera vez que recibí una calurosa ovación del público tras dar una charla. Me sentí como si fuera a caerme entre bambalinas. Estuve a punto de echarme a llorar. No sabía qué hacer con toda aquella energía que recibía de la gente. Al volver a casa me metí en la bañera y tomé un largo baño. En aquella época apenas sabía recibir. Y mi formación médica —en la que se fomentaba rendir sin descanso sin apenas alimentarme como es debido— todavía empeoró más las cosas. Desde entonces, he procurado mantenerme firme y recibir algo por completo. Aceptarlo de verdad. Abrir mi corazón. Sé con certeza que, cuando una persona del público o un amigo se emocionan con mis palabras, es porque se identifican con ellas. Muchas veces, cuando hablo en público, estoy expresando lo que los demás siempre han estado creyendo y sintiendo, aunque no lo hayan sabido articular. Mi capacidad para recibir sus elogios nos beneficia a todos. Al recibirlos, animo y honro a quienes me los hacen. Y el círculo se cierra. Todas nuestras vibraciones se elevan juntas y el mundo se convierte en un lugar más luminoso.

Recibiendo de la naturaleza

Cuando pienso en la relación entre dar y recibir alegremente sin esperar nada a cambio, me fijo en la naturaleza. La generosidad de la Madre Naturaleza es infinita e ilimitada, y todos nos beneficiamos de sus regalos. Esta mañana al levantarme he descubierto que hacía un día cálido, algo inusual en otoño, y he salido con el albornoz puesto a caminar descalza por el jardín para recibir los iones negativos de la tierra. Sé que permanecer veinte minutos descalza en contacto con la tierra reduce la inflamación celular del cuerpo. La Madre Naturaleza nos da este regalo sin esperar nada a cambio. Y yo lo he tomado. Agradecida. Y luego he contemplado el paisaje al otro lado del río y he recibido el esplendor de la naturaleza, sabiendo que los cálidos días otoñales se acabarían pronto para dar paso a la nieve y el hielo.

Antes de volver a entrar en casa, me he detenido para dar las gracias a una begonia rosa alzándose junto a la puerta. Esta planta me ha estado ofreciendo su belleza todo el verano. Y, por alguna razón, no ha dejado de florecer durante semanas, pese a haber dejado atrás hace mucho las devastadoras heladas. El rincón en el que está la ha estado protegiendo. Le he dado las gracias por ofrecerme tanto color y alegría durante muchos meses. He recibido el amor que me estaba dando.

Antes de ponerme a escribir, me he quitado las lentillas y he ido a pasear por el bosque para que la luz otoñal me entrara directamente al cerebro a través de la retina. Mientras caminaba, me he detenido para recibir los rayos del sol. Incluso he dicho una oración de agradecimiento al Ángel del Sol. «Gracias, querido Ángel del Sol, por bañarme con tu luz. Ayúdame a recibir la luz magnífica y revitalizante del sol en cada célula de mi cuerpo.» He contemplado, con la vista relajada, las hojas doradas de los árboles y he dejado que los bastoncillos y los conos de la retina, responsables de la visión, recibieran las vibraciones de sus colores. He gozado de la suave brisa en mi piel, así como de las travesuras graciosísimas de dos ardillas luchando y jugueteando por el camino. Mi paseo se ha basado en recibir todo lo que la Madre Naturaleza tenía para darme ese día. He advertido que los manzanos han dado su generosa producción de frutas a la tierra para regenerar el suelo y alimentar a ciervos y ardillas. La Madre Naturaleza, cubierta bellamente de manzanas, rebosaba de munificencia.

La Madre Naturaleza nos está dando sin cesar. Podemos aprender a ser como ella si sintonizamos con sus regalos y los recibimos con alegría. Una puesta de sol, la salida de la luna, una flor, una bandada de pájaros, una vista magnífica… Solo hace falta estar receptivos para recibirlos.

RECIBE CONSCIENTEMENTE LOS REGALOS DE LA NATURALEZA

El difunto Peter Calhoun, el sacerdote episcopal que dejó los hábitos para convertirse en chamán del que he hablado en un capítulo anterior, enseña-ba cómo pasear en plena naturaleza para recibir sus regalos. Tuve la suerte de asistir a uno de sus talleres varios meses antes de su muerte. Nos enseñó lo siguiente: mantén los ojos relajados. Muévelos muy despacio. Cuando te cruces con un árbol que te llame la atención, detente. Y quédate plantado ahí. Decía que los espíritus salen parsimoniosamente del árbol. Y que no están acostumbrados a que los humanos les presten atención. Pero la aten-ción humana acelera su evolución. Plantado junto al árbol, ámalo. Y deja que él te ame a su vez. Recibe lo que el árbol tiene para ofrecerte. Plena-mente. Sin reservas. Si lo deseas, regálale varios cristales o monedas. Peter observó que a los espíritus de la naturaleza les encantan este tipo de rega-los. Puedes hacer lo mismo con las piedras, las rocas y la vegetación. Y tam-bién con el agua. Cuando elevas tu vibración en plena naturaleza, toda la Creación canta contigo.

El sacerdote Matthew Fox escribió un libro titulado *La bendición original* (en contraste con la doctrina del pecado original). En él habla de cómo los niños —por más maltratados o solos que se sientan— sue-len ir a un lugar en especial de la naturaleza para recibir su energía cu-rativa: un pedrusco enorme, un árbol especial, un barranco… Todavía sienten el poder curativo que la tierra les ofrece. Y saben cómo recibirlo, ocurra lo que ocurra en su vida.

A medida que tomas conciencia de tu valía y tu capacidad para recibir, empieza aceptando las maravillas de la Madre Naturaleza. Ella nunca te defraudará.

El regalo de la gratitud

Antes he señalado que para recibir algo no hace falta ganártelo, y es cierto. Cuando te hacen un cumplido, no tienes por qué corresponder con otro. Sin embargo, recibir plenamente y con alegría te permite recibir otro regalo más: el regalo de la gratitud. Cuando le das las gracias a la persona que te ha hecho un regalo, vuestras vibraciones se elevan. Además, fomentas saludablemente el ciclo de dar y recibir. Al agradecérselo y decírselo de corazón, llevas luz y calma a lo que a veces es un tema difícil.

Una de las formas más rápidas de perderte lo bueno que te ofrece la vida es no saber apreciarlo. En cambio, agradecer lo que ya tienes es una manera infalible de recibir más cosas. La gratitud es un modo de ser. Eleva tu vibración de manera natural y te permite atraer la prosperidad en tu vida, porque al apreciar la abundancia de la que disfrutas te conviertes en un imán para atraer más de lo mismo. Empieza agradeciendo lo que das por sentado: un cuerpo sano, comida en la nevera y un móvil que funciona siempre que haces una llamada. Cuando adquieres el hábito de la gratitud, empiezas a prestar atención y a ver los regalos y las cosas buenas de tu alrededor.

En el día de Año Nuevo me sentí inspirada por un mensaje que leí en el Facebook del doctor Joe Dispenza. Lo escribió una mujer que había empezado a llevar un diario de agradecimiento, decidida a sacar cada día, durante un año entero, una foto de algo que agradecía. Al terminar el año, había transformado la relación con su marido y con su vida, descubriendo hasta qué punto su actitud del «vaso medio vacío» había estado condicionando su vida de antemano. Su *hashtag* fue #365grateful. Mucha gente siguió su ejemplo. Fue tan inspirador que decidí que sería divertido publicar un vídeo corto en Instagram a diario sobre algo que yo agradeciera en mi vida. Como el 2016 fue un año bisiesto, mi *hashtag* de Instagram ha sido #366gratitude. Esta práctica me ha encantado. Y he descubierto lo fácil que es encontrar cosas en mi vida para grabar mientras explico en un vídeo de corta duración por qué las agradezco. Un paseo por el bosque, una puesta de sol, mi gato, mi armario ordenado, mi nieto y su familia, la leña…, la lista no se acaba nunca. Y no hay nada tan gratificante como documentarlo y compartirlo con los demás para elevar nuestra vibración colectiva. Así fue cómo descubrí, en esos videos que cito en el capítulo cuatro, lo de las hadas visitándome bajo la forma de orbes danzarines de luz. Muchas otras personas también lo están haciendo en las redes sociales. La gratitud es contagiosa. Y es ideal para disipar la negatividad crónica. Pruébalo. Lleva un diario, saca una foto cada día o escribe una nota para agradecer las cosas buenas de la vida. Tú también empezarás a descubrir lo celestial que puede ser la vida en la tierra.

7

Una fe inquebrantable

La fe es creer en lo que no vemos y la recompensa
a esta fe es ver lo que creemos.

SAN AGUSTÍN

De todas las cualidades que nos hacen la vida fácil, la fe es la más importante, y reconozco que además es la más difícil de adquirir. Como ya he mencionado, nuestra vida actual procede de un campo mórfico de energía e información creado en el pasado que atrae las circunstancias de nuestras experiencias actuales. En esta vida retomamos las lecciones del Alma allí donde las dejamos en la anterior. Y la fe es lo que nos da la fuerza para seguir avanzando en nuestro viaje. Es algo que aprendemos y ganamos a lo largo de la vida.

Hace muchos años, cuando empecé a ejercer la medicina, tuve lo que a mí me pareció un gran acto de fe al intentar crear el nuevo modelo de atención médica del que antes he hablado. Quería empoderar a la gente en el cuidado de su propia salud, pero para lograrlo tuve que desprenderme de todo lo que conocía y emprender una manera de trabajar totalmente nueva.

La decisión de llevarlo a cabo me vino de un taller sobre el empoderamiento dirigido por David Gershon y Gail Straub, los autores de *Empowerment*. David y Gail se han pasado la vida empoderando a personas de todo el planeta y ayudándolas —en cualquier circunstancia— a aprovechar la fuerza interior para crear la vida de sus sueños. En ese taller fue cuando oí hablar por primera vez de las leyes universales del universo, sobre todo de la ley de la atracción, la cual se ha estado divulgando ampliamente desde entonces a través de libros como *El Secreto*.

Gail y David nos pidieron que creáramos afirmaciones sobre cada aspecto de nuestra vida, como el de la salud física, la profesión, las relaciones, la familia y otros. Las leyes de la manifestación y la atracción tenían mucho sentido para mí. Me identifiqué con ellas, como cuando descubrí el libro de Edgar Cayce y la realidad de los ángeles. Estaba convencida de que creamos nuestra propia realidad a través de los pensamientos que tenemos y de los sentimientos que acarrean.

Era una doctora que acababa de terminar su internado provista de las herramientas para crear mi propia realidad. ¡Qué sencillo!, ¿no? Si decía la afirmación adecuada, se manifestaría la vida que deseaba. Era pan comido. Pero no fue tan sencillo como parecía. Dije las afirmaciones. Actué como si todo fuera como debería ir. Y, sin embargo, el centro médico que habíamos fundado no progresaba como esperábamos. Ni por asomo.

Fue entonces cuando aprendí el poder de la fe. Había hecho un acto de fe con un resultado en mente. Pero al poco tiempo vi que la fe auténtica consistía en soltar las riendas. Debía confiar en la parte de mi ser que estaba orquestando las circunstancias de mi vida desde una perspectiva superior. Esta parte de mí no era la misma que la del yo pequeño que estaba en la tierra manejando los problemas del día a día, lidiando con hijos que lloraban, permaneciendo toda la noche en vela cuidando de pacientes enfermos e intentando dormir las horas suficientes. Con todo, vivir teniendo presente la verdad de la ley de la atracción y cómo los fenómenos se manifiestan —aunque fuera ingenuamente— me dio el valor para dejar la práctica médica convencional y cocrear una forma nueva de practicar la medicina.

Pídele a Dios que te ayude

Hay básicamente dos formas de vivir. Una es con fe. Y la otra, con miedo. La sociedad nos enseña a tener miedo a todo. Miedo a envejecer, a engordar, a la soledad, a contraer un virus, a no llevar la ropa adecuada, a la pobreza, a la enfermedad y, por último —el verdadero monstruo agazapado debajo de la cama—, ¡a morir!

Como ya he mencionado, hace mucho que me fascinan las personas que han vivido experiencias cercanas a la muerte. El último relato que me llegó al alma aparece en el libro *Health Revelations from Heaven and Earth*. Se trata del de Tommy Rosa, un antiguo lampista del Bronx que «murió» a los cuarenta años arrollado por un conductor que se dio a la fuga. Tommy pasó un tiempo maravilloso en el cielo con un maestro muy sabio que resultó ser Jesús, como más tarde él mismo le revelaría.

Durante su estancia en el cielo, Tommy fue llevado a un mar espectacular de aguas de un azul purísimo. Dijo que todo era muy vivo y luminoso y que su Alma se sintió como en casa. Pero, mientras flotaba en posición vertical en el agua con su Maestro, vio de pronto varias sombras enormes y oscuras dirigiéndose hacia él. Eran unos tiburones blancos descomunales con las fauces abiertas de par en par mostrando unos dientes gigantescos. Su Maestro desapareció de repente y Tommy sintió un pánico espantoso mientras los tiburones empezaron a rodearle. Sabía que aquellos monstruos lo despedazarían vivo. Y, en el momento en que creyó que iba a morir inexorablemente, oyó una voz fuerte, clara y serena en su cabeza diciéndole: «No temas».

Tommy repuso en su fuero interno: «Es fácil decirlo. Pero me has dejado aquí para que muera».

Oyó de nuevo la voz en su cabeza, aunque esta vez con más fuerza: «No temas».

Tommy cerró los ojos e intentó recuperar la paz y la calma.

Unos momentos más tarde, abrió los ojos y, para su gran alivio, los tiburones habían desaparecido. Sin más.

Suspiró aliviado, y en ese preciso instante su Maestro se materializó a su lado y se dispuso a enseñarle el impacto de la energía negativa generada por el miedo.

En resumidas cuentas, lo esencial de esta lección es que atraeremos aquello que más miedo nos da en la vida. Si nos da miedo enfermar, lo atraeremos. Si nos da miedo la soledad, la atraeremos hasta que lo superemos. Si nos da miedo morir, nunca viviremos con plenitud y alegría.

A un nivel puramente físico, el miedo baja nuestra vibración y hace que seamos más vulnerables a los virus y las bacterias. El estado bioquímico creado por el miedo nos baja las defensas y aumenta nuestra propensión a contraer los virus y las bacterias patógenos del entorno. Por ejemplo, la mayoría de personas tienen en el sistema respiratorio la bacteria responsable de la pulmonía. Pero esta no se activa hasta que nuestra vibración baja de algún modo. Lo mismo ocurre con todas las otras bacterias o virus a los que nos han enseñado a temer.

A nivel emocional, el miedo nos impide intentar alcanzar la vida con la que soñamos. Un ejemplo sería una mujer que, como no quiere volver a enamorarse por haber sufrido un desengaño amoroso, se queda encerrada en casa lamentando lo ocurrido y sin el valor para arriesgarse a cambiar.

El miedo —sea de la clase que sea— viene de una falta de fe, no hay vuelta de hoja. Cuando te dejas arrastrar por el miedo, no estás confiando en Dios. La única forma de desarrollar el músculo de la fe es recuperando la calma y confiando en Dios. De ahí la frase: «Déjalo todo en manos de Dios».

Transformar el miedo en fe exige paciencia y compromiso. De nada sirve decirle a alguien que deje de tener miedo y haga gala de una fe inquebrantable en cuanto a llevar la vida con la que sueña, sobre todo si su sistema nervioso está condicionado por un trauma de la infancia.

Solemos heredar los miedos de nuestros padres y el de los padres de sus padres —impregnándonos de ellos con la leche materna—, incluso cuando aún no podemos precisar la razón de nuestros temores. Se ha documentado a fondo que los bebés ya empiezan a contagiarse del miedo dc su madre estando en el útero.

La ansiedad, como la depresión, su prima cercana, es hereditaria. Al igual que todos los miedos que la mantienen. Tengo un buen amigo que estaba sintiendo recientemente mucha ansiedad y miedo por su carrera, y hace poco descubrió que sus padres se medicaban para la ansiedad. Le dije que la ansiedad no era genética, sino un hábito mental que le habían inculcado en la infancia. Pero lo esencial es que le señalé que tenía el poder de dejarlo atrás. Y así lo ha hecho, al reemplazar constantemente su miedo por la fe.

Si quieres de verdad fluir con la vida, haz simplemente lo que haga falta para activar nuevas pautas cerebrales basadas en la fe.

Cómo la fe remodela el cerebro

La misma remodelación cerebral que se da al elegir los pensamientos que nos hacen sentir mejor ocurre también cuando empezamos a vivir movidos por la fe y no por el miedo. Se trata del principio de que «las neuronas que se activan juntas, se conectan entre sí». Los pensamientos basados en la fe en los que nos sentimos sanos y salvos nos moldean el cerebro y el cuerpo, por lo que estamos más tranquilos y serenos. Y, cuanto más tengamos y repitamos estas clases de pensamientos, más desaparecerán las antiguas conexiones neurales de miedo y terror. Solo hay una cierta cantidad de sustancias químicas, conocidas como factor de crecimiento neuronal, que les permite a las neuronas conectarse en redes neuronales. Cuando empezamos a crear conexiones neuronales que tienen que ver con pensamientos positivos («*Me siento sano y salvo, conectado con el poder curativo del Amor Divino*»), los hábitos mentales negativos («*Me aterra enfermar de cáncer como mi madre*»), comienzan a debilitarse y a desaparecer. Es más, empezamos a atraer las circunstancias que reflejan estas nuevas creencias. El bienestar se empieza a hacer palpable en nuestra vida.

En una cultura y una profesión médica impulsadas por el miedo a que cualquier cosa salga mal, y en la que tantos acontecimientos giran en torno a «buscar un remedio», no es poca cosa seguir activando nuestras conexiones cerebrales positivamente. Pero el resultado de afrontar el miedo con fortaleza habrá valido la pena por más esfuerzo que exija. Vivir con fe es infinitamente más placentero y productivo que lo contrario.

Miedo: la táctica del ego para protegerte

Para entender el miedo, necesitamos entender ante todo el papel del ego. Recuerda que en el capítulo uno he mencionado que el ego es la parte de tu ser resultante de las situaciones estresantes en la niñez y de las creencias subconscientes que adquiriste en esa etapa de la vida. Tu ego no es tu Yo auténtico, la parte que está conectada directamente con lo Divino. El ego surgió para protegerte, y también para darte las habilidades y el criterio necesarios para hacer lo que has venido a hacer en este mundo. Tu ego actúa como actúa para protegerte del dolor, las pérdidas, el miedo y la aflicción. Y el miedo es su principal manera de actuar. No se puede luchar contra el ego; de lo contrario, las situaciones que tememos siempre se acabarán presentando. El primer paso para vivir con fe es no luchar contra el miedo cuando aparezca en nuestra vida. Ni sentirnos mal por haberlo sentido.

En su excelente libro *Libera tu magia: una vida creativa más allá del miedo*, Elizabeth Gilbert habla de que el miedo no se separará de nosotros hagamos lo que hagamos, en especial si queremos llevar la vida que el Alma quiere que llevemos, en lugar de la que los padres o la sociedad eligen para nosotros. Debemos acostumbrarnos a convivir con él. Gilbert sugiere verlo como un miembro de la familia en un viaje por carretera. Tiene que viajar en el asiento trasero. (Puedes decidir si le obligas a abrocharse o no el cinturón.) Y deberá mantener la boca cerrada. Y no podrá elegir la ruta que seguiréis. Ni cambiar la emisora de la radio. No le dejes tampoco beber demasiada agua, de lo contrario tendrás que estar haciendo paradas constantemente para que vaya al lavabo. ¡Estoy bromeando!

La falta de fe nos hace creer que no valemos nada. Que no somos merecedores de amor, aceptación, atención o comprensión. Tommy, el lampista del que he hablado antes, pasó un tiempo sorprendente y lleno de detalles en el cielo con su Maestro. Lo que aprendió fue inestimable, sagrado y profundo. A decir verdad, le cambió la vida. Y, sin embargo, ocho años después de haber vuelto a la vida, engordó más de cincuenta kilos y desarrolló una insuficiencia cardíaca. Al parecer, le vino de no quererse. Dijo que su ego no aceptaba que se mereciera la clase de amor y compasión que le habían demostrado en el cielo. También tenía miedo de que se burlaran de él si compartía lo que había aprendido. Más tarde, se dio cuenta de que el ego era el que le hacía pensar así. Cuando le entrevisté en mi programa de radio, me confesó que, al principio, al compartir con el párroco su experiencia cercana a la muerte, este le dijo a su madre que él necesitaba ayuda psiquiátrica. Nuestros miedos vienen de vivencias reales, pero debemos transformarlos.

La mayoría de la gente piensa que el ego es lo que nos hace ser engreídos y prepotentes. Pero, tanto si se nos suben los humos a la cabeza como si tenemos la autoestima por los suelos, es el ego avivado por el miedo el que nos hace sentir así. Y la única forma de superarlo es tener más fe en Dios y en lo Divino que en nuestro ego. Este dilema tiene mucho que ver con lo que hemos venido a aprender en la tierra. Y superamos la prueba solo cuando la fe vence al miedo.

Controla el miedo antes de que se embale

Hay una serie de métodos para reprogramar las redes neuronales del miedo, y dentro de poco hablaré de ellas, pero todos necesitamos aprender a controlar el miedo antes de que nos supere. O frenarlo a tiempo cuando notamos que empieza a surgir. Lo último que necesitamos es dejar que el miedo nos quite las riendas de las manos. Al igual que un coche que empieza a descender una bajada, tienes que frenarlo a tiempo antes de que descienda a toda velocidad.

Esto es lo que hago cuando advierto que estoy sintiendo miedo. Ante todo, lo reconozco. Luego, detecto en qué parte de mi cuerpo lo siento. Por lo general, es en el plexo solar. A continuación, le digo a mi miedo: «Te quiero. Eres valioso. Sé que estás asustado. Me ocuparé de ti». Esto rompe al instante el influjo del miedo.

Después respiro hondo, inspiro lentamente por la nariz, retengo el aire un par de segundos y espiro poco a poco por las fosas nasales, dejando que la espiración sea más larga que la inspiración. Lo repito tres veces, y entonces descubro que he desactivado la respuesta del cuerpo de «lucha o huye». He entrado en el modo de «descansa y nutre» del sistema nervioso parasimpático.

Es un método muy sencillo.

Aprender a ser resiliente al miedo

Dejar de vivir con miedo para vivir con fe exige mucha concentración. Sí, ahora puedes dejar de tener miedo de golpe cuando este te tome por sorpresa, pero esta habilidad por sí sola no cambiará las redes neuronales de tu cerebro. Es un gran comienzo, pero no basta para cambiar tu modo de pensar.

El maestro espiritual Abraham responde por conducto de Esther Hicks a un gran número de preguntas de personas que piden ayuda solo cuando están en plena crisis. Abraham los compara a alguien que, al saltar de un avión y descubrir que el paracaídas no se abre, pregunta desconcertado: «¿Qué hago?» La respuesta más corriente es: «No te preocupes. Pronto todo habrá terminado». Es mucho más fácil prevenir una crisis que manejarla cuando estás metido hasta el cuello en ella. El secreto es percatarte de tu miedo cuando lo empieces a sentir y ocuparte de él.

Hay muchas formas de impedir que el miedo se apodere de ti. He descubierto que las tres formas que mejor me han ido son practicar el coraje, la oración y el tapping.

Practica el coraje

Cuando estés aprendiendo a vivir con fe, no te sabotees a ti mismo intentando manejar el peor miedo de tu vida. Por ejemplo: «Tengo 39 años y aún no he conocido al hombre de mis sueños. Quiero tener un hijo. Pero temo que, por mi edad, se me está haciendo tarde». No empieces apuntando tan alto. Pongamos que te da miedo el rechazo o pedir ayuda. En este caso, imagínate mentalmente una escena que te produzca esta clase de miedo para trabajar con las emociones ligadas a él.

Pongamos, por ejemplo, el miedo al rechazo. Imagínate entrando en una cafetería. Ves a un hombre o una mujer deslumbrante ante la barra a punto de pedir su consumición. Parece una persona abordable. Imagínate que te acercas y la saludas. Solo tienes que decir «Hola». Eso es todo. Imagínate esta escena y visualízala varias veces en tu cabeza. Imagínate distintas clases de personas ante ti.

¿En qué has reparado sobre el ejercicio? ¿Te han empezado a sudar las palmas de las manos? ¿Se te ha agitado la respiración? ¿Tienes la boca pastosa? ¿Te han rechazado? ¿O te has llevado una grata sorpresa?

Repite el ejercicio a diario durante siete días. Solo te llevará quince segundos. Confía en mí, tienes tiempo de sobra para realizarlo. Una semana después de haber estado «practicándolo» en tu cabeza, hazlo en la vida real. Entra en una cafetería. O en una tienda, o dondequiera que suelas ir. Y dile «hola» a un desconocido. A ver qué ocurre.

Si tienes miedo de pedir ayuda, puedes hacer lo mismo. Imagínate a alguien a quien podrías llamar por teléfono para pedirle que te eche una mano. ¿Cuál es la primera persona que te viene a la cabeza? ¿Hay alguna otra? Anota sus nombres.

Escribe ahora una lista de las actividades en las que te gustaría que alguien te echara una mano si el mundo fuera un lugar perfecto y no temieras el rechazo. Puede ser cualquier cosa: limpiar el sótano, ir al supermercado, hacer la colada, ir de compras, asistir a un concierto, hacer un viaje en coche contigo, escuchar un poema que has escrito, ir a comer a un restaurante o cualquier otra actividad.

Elige ahora una. Después, coge el móvil y finge que llamas a alguien para pedirle ayuda. Intenta que la escena sea lo más real posible. Escribe lo que le dirás. Por ejemplo: «Hola, Joe. Me gustaría que me echaras una mano, pero me da mucho corte pedírtelo». Y luego explícale de qué se trata. «¿Podrías ayudarme a llevar varios objetos pesados de mi casa a un punto verde? Sé que sueles ir a las instalaciones municipales de reciclaje. ¿Podrías pasarte por mi casa para recogerlos?

Ahora que lo has practicado, intenta pedírselo a alguien de verdad. Te sorprenderá lo dispuesta que está la gente a colaborar cuando se lo pides. No siempre es así, pero la mayoría de las veces lo harán.

Estos pequeños triunfos que te demuestran que puedes confiar en los demás o en Dios te permiten desarrollar el músculo de la fe.

El poder de la plegaria

El doctor Larry Dossey, internista y autor de *Palabras que curan: el poder de la plegaria y la práctica de la medicina,* ha documentado lo eficaz que es la oración para ayudarnos a mejorar el estado de nuestra vida cotidiana e incluso la salud. Se ha demostrado que la oración, entre otras muchas cosas, aumenta la tasa de embarazos en parejas infértiles y reduce la estancia de los pacientes infartados en la unidad de cuidados intensivos. Incluso ayuda a las plantas a crecer mejor. En general, no hay nada que la oración no mejore.

Existen más de trescientos estudios validados por expertos sobre el poder curativo de la plegaria y, por lo visto, la oración es eficaz independientemente del sistema de creencias o de la religión de uno. Cualquier oración es válida. Lo esencial es el deseo sincero de conectar con lo Divino.

Hace un tiempo leí uno de los libros de Anne Lamott. Recuerdo que decía que las dos mejores plegarias que conocía eran: «Ayúdame, ayúdame, ayúdame» y «Gracias, gracias, gracias».

En su magnífico libro *Oraciones a los ángeles*, Kyle Gray observa que siempre empieza sus oraciones diciendo: «Gracias, [ángel], por ayudarme en [este asunto]». Pongamos que quieres pedirle ayuda al Arcángel Rafael, conocido por su poder curativo. La oración sería: «Gracias, Arcángel Rafael, por enviarme tu energía curativa y por ayudarme a tener fe en mi capacidad para salir adelante en la vida».

Las oraciones de Cámbiame de Tosha Silver también van de maravilla para librarnos de las nefastas garras del miedo y tener más fe en la ayuda Divina. Sobre todo en lo que se refiere a los grandes temores que nos mantienen en vela por la noche. Los que parecen insuperables, por más que intentemos vencerlos.

Las oraciones de Cámbiame para reducir el miedo y acrecentar la fe pueden ser muy sencillas. Por ejemplo: «Cámbiame, Dios mío, en alguien que confíe en que mis necesidades serán satisfechas». O: «Cámbiame, Dios mío, en alguien con una fe inquebrantable. Para que mis miedos se desvanezcan como el rocío bajo los rayos del sol. Fortalece mi fe en Ti y en el hecho de que todo se resolverá bien en mi vida. Siempre».

Supera el miedo con el tapping

Superar el miedo con el tapping, dando suaves golpecitos con las yemas de los dedos en los puntos de acupuntura, es otro método sumamente eficaz también conocido como Técnica de Liberación Emocional o TLE. Dado que el miedo genera un campo electromagnético que atrae aquello que tememos, debemos cambiar de algún modo este campo. Así es como el tapping actúa. Nos ayuda a relajar la tensión neuromuscular de una determinada zona del cuerpo creada por el miedo, tanto de manera consciente como inconsciente. Como el tapping nos ayuda a liberar el miedo del cuerpo, las hormonas del estrés se reducen.

Para hacer la TLE, ponle primero un nombre a tu problema y ve diciendo luego una afirmación positiva mientras das suaves golpecitos con las yemas de los dedos en los puntos de acupuntura basados en los doce meridianos energéticos principales del cuerpo. Son los mismos puntos que la acupuntura tradicional ha estado usando durante más de 5.000 años.

Cuando la energía vital está bloqueada y no circula bien por los meridianos, también se bloquea en el cuerpo físico. Al dar golpecitos suaves con las yemas de los dedos en los puntos de acupuntura relacionados con un órgano o un sistema en concreto del cuerpo, la energía vuelve a circular por ese meridiano. La amígdala, la parte primitiva del cerebro que tiene que ver con la respuesta de lucha o huida, también se calma. La formulación de una afirmación positiva, como «Tengo todo cuanto necesito dentro de mí para sentirme sana y salva, y amada», desbloquea los meridianos y elimina cualquier estancamiento emocional del sistema bioenergético del cuerpo, lo cual nos permite recuperar el equilibrio.

El tapping no es solo indicado para vencer el miedo (aunque suele ser la causa de nuestras aflicciones), sino para más cosas. Sea cual sea el problema —tanto si se trata de enfermedades, pena, dolor, miedo, dificultades económicas o sobrepeso, como de si solo quieres fijar y alcanzar mejor tus metas—, el tapping te ayudará en ello. Consiste simplemente en reconocer el problema y luego en trabajar sobre las situaciones o las emociones ligadas a él.

Para practicar la TLE, sigue los siguientes pasos:

1. **Sácate las gafas y las alhajas.** Si es posible, sácate las gafas y las alhajas para hacer tapping sin trabas. Sobre todo ciertas gemas, ya que interfieren electromagnéticamente en tu intento de equilibrar la energía del cuerpo.

2. **Averigua qué problema tienes.** Antes de empezar el tapping, averigua qué estás intentando resolver en tu vida. Por ejemplo, estás hecho un manojo de nervios por un futuro viaje en avión. O te da miedo pedirle ayuda a alguien. O tal vez sufres un dolor tan fuerte que te impide llevar una vida normal.

3. **Evalúa tu grado de malestar físico o emocional.** Cuando hayas identificado el problema, califica en una escala del 1 al 10 su grado de intensidad, es decir, el 1 significa que apenas te afecta y el 10 que te está creando muchos problemas. Asegúrate de evaluar tu grado *actual* y no el pasado. No te preocupes demasiado sobre la cifra. Observa simplemente la que te venga a la cabeza. Esta evaluación la harás antes y después del tapping para saber si estás progresando.

4. **Di la afirmación.** Empieza siempre la sesión de tapping diciendo una afirmación positiva para disipar cualquier pensamiento negativo subconsciente. Usa la siguiente frase: «A pesar de [nombra tu problema o situación], me quiero y acepto totalmente». Si temes, por ejemplo, no poder devolver un préstamo universitario, di: «Aunque tema no poder devolver el préstamo, me quiero y acepto totalmente». Si no te sientes a gusto diciendo que te quieres, concluye la afirmación con: «Me siento bien». Sé lo más concreto posible. Intenta nombrar la causa de la emoción o de la situación que te está haciendo sufrir.

5. **Elige una palabra o frase que resuma tu problema.** Mientras haces tapping, no uses la afirmación entera. Elige solo una palabra o frase que la resuma. La versión corta del problema que deseas resolver hará que tu mente se mantenga atenta y centrada. Por ejemplo, para el problema de pagar la deuda universitaria, elige una frase como: «este préstamo» o «este miedo».

6. **Usa las yemas de los dedos.** Por la punta de los dedos pasan una serie de meridianos energéticos. El tapping se suele hacer con el índice y el dedo del corazón.

   Empieza a hacer tapping en el canto de la mano, la parte que los karatecas usan para romper tablas. Repite mientras tanto la afirmación que has elegido varias veces.

   Usando ahora una sola mano o ambas, da con firmeza golpecitos suaves, de cinco a nueve veces, en cada punto del cuerpo, en el siguiente orden, mientras repites la palabra o frase que sintetiza tu problema. Haz dos rondas de la siguiente secuencia básica:

   - Entrecejo: en el espacio entre las cejas, situado encima de la nariz.
   - Rabillo del ojo: la parte externa del rabillo del ojo, antes de la sien.
   - Debajo del ojo, encima del hueso de la cavidad orbitaria.
   - Debajo de la nariz: justo por encima del labio superior.
   - Barbilla: en la hendidura entre la boca y el mentón.
   - Clavícula: debajo de la clavícula, en medio de uno de los lados.
   - Debajo del brazo: en la línea media, donde estaría un tirante del sujetador
   - En la coronilla: en el centro

7. **Evalúa de nuevo tu grado de malestar.** Después de dos rondas de tapping, consulta el grado de molestia que sentías al principio. Fíjate en si la ansiedad, el dolor o cualquier otra molestia ha disminuido. Normalmente, ocurre enseguida. Si ha bajado mucho, significa que el tapping ha funcionado. Pero, si solo se ha mitigado un poco, haz varias rondas más. Si desde que empezaste sientes alguna otra nueva molestia, haz tapping en esa parte del cuerpo. Por ejemplo, tal vez al principio tenías miedo,

pero después del tapping te sientes muy triste. En este caso, tendrías que ocuparte de la tristeza con el tapping. Si sientes la molestia en la zona donde has hecho tapping, di la frase: «A pesar de que todavía [nombra tu problema], me quiero totalmente a mí mismo».

8. **Escucha y advierte.** Cuando hayas terminado la sesión de tapping, respira hondo, siéntate en quietud y escucha. Seguramente notarás alguna clase de guía interior que no oías cuando estabas sumido en la ciénaga del miedo. Un ejemplo podría ser algo como lo siguiente: «Aunque me aterraba no poder devolverle el préstamo al banco, ahora recuerdo que puedo recurrir a una fuente extra de dinero. Me siento más aliviado. Y me alegro». Muchas veces, la respuesta o la solución afloran de pronto del fondo de nuestro ser. Ocurre al cabo de un par de minutos de haber hecho tapping. Fíjate en cómo ahora ya no te sientes atrapado ni desvalido. El tapping te saca de la «cabeza» para que escuches tu corazón y tu propia sabiduría.

Si estás haciendo tapping por tu cuenta, puedes acceder a todo tipo de recursos para conocer mejor esta técnica. Busca en Google «tapping» o «TLE»; encontrarás más información de la que probablemente desees, como videos gratuitos de tutoriales y toda clase de series de tapping que puedes poner en práctica. Sé que mucha gente ve videos de tapping en YouTube antes de practicarlo, para hacerse una idea del proceso.

Si estás interesado en recurrir a un profesional de TLE (o de EFT, las siglas en inglés), busca en Internet un terapeuta titulado. Lo más probable es que diseñe para ti una serie de tapping pensada para tu problema en particular.

Lo esencial es recordar que la curación por medio del tapping no sigue unas reglas estrictas. No te preocupes por que se te ocurra la afirmación *idónea*. Asegúrate solo de no estar negando lo que necesitas para resolver tu problema. Y, aunque no haya una sola técnica o procedimiento que le funcione siempre a todo el mundo, los estudios han revelado que las personas que tratan problemas específicos con el tapping mejoran notablemente. Y sus niveles de cortisol también caen en picado. Eso, por sí solo, ya hace que el tapping haya valido la pena, porque el cortisol se asocia con la inflamación celular, y la inflamación celular es la causa principal de prácticamente todas las enfermedades degenerativas crónicas, como la artritis, la diabetes, las cardiopatías y el cáncer.

Si decides usar el tapping para superar miedos que tienen que ver con el dinero, la salud, las relaciones o cualquier otro aspecto de tu vida, recuerda que los problemas vienen casi siempre de creer que no valemos nada o que no somos dignos de amor. A mí me ocurrió en todos los aspectos de mi vida, desde el del dinero hasta el de las relaciones. Por eso he cambiado mis creencias. Y tú también puedes hacerlo. No lo conseguí de la noche a la mañana. Pero, a medida que mis miedos afloraban con el paso de los años, poco a poco los he ido dejando atrás a base de confiar en mí misma y quererme. Y esta transformación me ha traído un mundo nuevo de amigos, diversión y conocimientos financieros. Y ahora tengo más fe que nunca.

La entrega y el desprendimiento

Es relativamente fácil vivir teniendo fe cuando no nos ha pasado nada demasiado terrible en la vida. Pero tarde o temprano todos acabamos lidiando con una situación que pone a prueba nuestra fe. Descubrimos que nuestra pareja nos es infiel, que nuestra casa ha ardido hasta los cimientos y lo hemos perdido todo o que nos han diagnosticado una enfermedad terminal a nosotros o a un ser querido. La lista no se acaba nunca.

Esta clase de incidentes son los que diferencian a las personas con una fe inquebrantable de las temerosas.

Estas situaciones tan dolorosas las ha orquestado muchas veces el Alma para que tengamos fe en lugar de miedo en la vida. Es sumamente enriquecedor ver que, a algún nivel, todo lo que nos ha sucedido está concebido para que evolucionemos espiritualmente. Pese a las dificultades y la oposición con las que me he topado a lo largo del camino, el objetivo de cambiar cómo las mujeres ven su cuerpo y su salud ha valido la pena. Pero ha exigido esfuerzo. Y compromiso. Al fin y al cabo, hacernos la vida fácil o complicárnosla depende sobre todo de cómo gestionamos las pérdidas, el fracaso, los accidentes, la humillación, los conflictos y las enfermedades.

¿Vas a permitir que una pérdida o un accidente te anulen emocionalmente el resto de tu vida? ¿O los usarás para desarrollar una fe inquebrantable? Todas las emociones dolorosas tienen alguna ventaja. La pena nos libera de una carga. Nos hace sentir más livianos si nos permitimos llorar a lágrima viva. ¿Es molesto? ¡Claro que lo es! ¿Vale la pena? Sí. De ti depende si decides recibir el regalo de lo molesto y lo desagradable. Y tu decisión te ayudará a crear un cielo en la tierra o lo contrario…, te hará descender a la baja vibración de la desesperación y la impotencia de vivir un infierno.

Confiar en que todo sucede por una razón es la única manera de seguir adelante. Yo he perdido a dos hermanas. La primera la perdí en la infancia, a los cinco años. Y la segunda, cuando hacía la residencia médica. Al enterarme de que había muerto en un accidente de tráfico de camino a casa, tras dar una clase de educación física, me quedé totalmente desolada. Me sentí como si un rayo me hubiera partido la vida por la mitad. Ya nunca volvería a ser la misma. Pero también sabía que era el momento de practicar lo que siempre había predicado. Debía entregarme a un plan superior y recordar que el Alma es inmortal, que no morimos. Sabía que volvería a ver a mi hermana un día. Y esto me hacía sentir mejor y le daba un sentido a la pérdida. Pero seguí llorando a lágrima viva a mi hermana durante meses hasta quedar exhausta. Mi madre tardó mucho más en aceptar la pérdida, aunque dijo en una ocasión: «No creo que nunca la supere del todo. Y no pasa nada».

Cuando luchas contra el miedo cerval o la pérdida atroz que te atenazan, te aseguro que sientes emociones muy intensas: rabia, pena, tristeza, miedo. Y, como dijo mi madre, no pasa nada. No pasa nada, es la única forma para el Alma de hacer lo que vino a hacer en este mundo. Pero no debemos quedarnos anclados para siempre en la amargura, la ira o la pena crónicas. Mientras estamos en esta tierra, tenemos que llevar la vida que hemos venido a llevar, ocurra lo que ocurra. Es lo que estipula el contrato.

La labor de Tosha Silver en esta vida consiste en enseñar a los demás a ofrecérselo todo a Dios. Todo. Significa que le dices a Dios: «Vale, soy tuya. Y la relación amorosa que me está volviendo loca también es tuya. Te lo ofrezco todo, incluido mi cuerpo, mi salud y la pareja que me acaba de dejar». La forma de no apegarte a nada es ver que nada te pertenece. Le pertenece a la parte Divina de tu ser. Tosha cuenta la historia de una mujer que tuvo que dejar su hogar por un incendio forestal que se extendió por la zona. Estaba muy apegada a su casa y a todo lo que contenía. No creía llegar a soportar perderla. Pero durante los días siguientes, mientras los bomberos intentaban apagar el incendio y ella se alojaba en casa de una amiga, no cesó de repetir: «Mi casa es *tuya*, Dios mío. No me pertenece. Te la doy a *Ti*. Ayúdame a desprenderme de ella». Estuvo varios días repitiéndolo sin cesar, hasta superar su apego a la casa. Más tarde, descubrió que el fuego se había detenido justo delante de su hogar. Había estado dispuesta a ofrecérselo a Dios y a aceptar el resultado del incendio, pero entonces ya no fue necesario hacerlo.

¿Acaso no nos ha pasado muchas veces en la vida? Acabamos aceptando que tenemos que desprendernos de algo y de pronto descubrimos que, al estar dispuestos a hacerlo, el problema se esfuma como por arte de magia. Lo que ocurre es que, al tener fe y dejar de sentir miedo, nuestra vibración ha cambiado. Nos hemos despojado de nuestro apego. Se lo hemos ofrecido todo a Dios. Las últimas palabras de Jesús en la cruz fueron: «Padre, en tus manos encomiendo mi espíritu». Todos podemos hacerlo. Es un proceso y no un episodio. No es algo intelectual. Y exige amor y paciencia.

En la filosofía yóguica hay el concepto de los *samskaras,* o apegos, de los que debemos liberarnos. Hay muchos métodos que nos ayudan a hacerlo. El proceso de abandonar antiguos apegos —como el que sentimos hacia la pareja que nos ha dejado— es increíblemente doloroso. Nos sentimos como si nos estuviéramos quemando vivos. Pero lo que ocurre es que son los apegos que nos impedían progresar los que se están consumiendo.

Cuando te entregas de verdad y se lo ofreces todo a Dios —una y otra vez—, acabas descubriendo una gran espaciosidad y paz tanto fuera como dentro de ti. Has transformado tu miedo en fe.

8

Los reproches, la culpabilidad
y la vulnerabilidad

¿Qué ocurre cuando abrimos nuestro corazón?…
Que nos sentimos mejor.

HARUKI MURAKAMI

Uno de los factores emocionales más fuertes de nuestra vida que nos impide traer el cielo a la tierra es aquello a lo que yo me refiero como el nudo de reproche/culpabilidad. Estas dos emociones vienen de algo que forma parte de nuestra sociedad: el avergonzamiento.

En nuestra cultura, el avergonzamiento se transmite de una generación a otra. El avergonzamiento que nos produce nuestra posición social, la talla corporal, la edad, el vestuario, el sueldo, el acento y nuestros orígenes son muy comunes. No hay forma de pasar de los 12 años sin que alguien nos haya hecho sentirnos avergonzados por algo. Esta táctica se suele usar para controlar la conducta de alguien y mantenerlo en vereda. Frases como: «Los hombres no lloran» y «¿Eres maricón?» pueden hacer que nos acabemos odiando y maltratando a nosotros mismos. Los chicos que han sufrido esta clase de comentarios tienden a volverse fanfarrones y las chicas tienden a encerrarse en sí mismas, por lo que acaban sufriendo depresiones o trastornos alimentarios o pecando de perfeccionistas.

El avergonzamiento que sentimos suelen provocarlo personas que supuestamente quieren protegernos. La mayoría crecimos en tribus que solo nos recompensaban si seguíamos ciertas normas de conducta: «Todos los Gómez son médicos. Esperamos que tú también lo seas». O: «¿Pero quién te crees que eres, doña Perfecta? En esta familia nadie ha ido a la universidad. ¿Te crees mejor que nosotros?»

Tu tribu te mantiene a salvo mientras creas lo que sus miembros creen y te comportes como ellos se comportan. En la antigüedad, las tribus vivían en reductos, y sus miembros estaban protegidos mientras no salieran de aquel espacio. Pero, en cuanto algún miembro «salía de los confines», la tribu dejaba de protegerlo. Como el doctor Mario Martinez ha documentado tan excelentemente en su libro *The Mind-Body Code,* cuando tenemos el valor de «salir de los confines» de nuestra tribu, sus miembros nos hieren con el abandono, la traición o la humillación para protegernos y seguir teniéndonos, a la vez, bajo su control. Por desgracia, las normas de la tribu no suelen coincidir con los dictados de nuestra Alma, y acatarlas puede destruirnos la autoestima. Si nuestra tribu y nuestra Alma están en desacuerdo, todos podemos salir perdiendo.

Recientemente he estado trabajando con una artista que descubrió su afición por la peluquería a los 12 años. Se le daba tan bien que sus amigas la visitaban a menudo para que les hiciera un nuevo corte de pelo. Pero su padre, un católico estricto, pensó que dedicarse al acicalamiento personal —o incluso a la creación artística— era una pérdida pecaminosa de tiempo. De modo que ella decidió ocultarle su talento artístico. Si su padre la pillaba cortándole el pelo a una amiga en el jardín (no se atrevía a hacerlo en casa), la humillaba por perder el tiempo. Y la reprendía por desobedecer sus deseos. La desaprobación de su padre en cuanto a sus dotes y talentos le hizo creer que no valía nada. Por suerte, al final escuchó los dictados de su Alma y se fue de casa. Ahora se ha convertido en una artista de éxito y es consciente de su propia valía.

Muchas familias imponen tácitamente esta clase de normas y regulaciones. Y los hijos solo las descubren cuando traspasan la línea, una línea de la que nunca han oído hablar antes. El estudiado sistema de las familias alcohólicas es un gran ejemplo de ello. Este sistema impone unas reglas tácitas que se supone que los hijos deben intuir sin que nadie se las explique. La hija, por ejemplo, nota un ambiente enrarecido por el secretismo de la familia. La madre se emborracha a diario y la hija sabe que algo va mal. Pero, como los adultos no hablan del tema, la hija se culpabiliza y acaba sacando su frustración destructivamente —consumiendo más tarde drogas o alcohol en la vida—, o pecando de perfeccionista.

Cuando de niños nos hacen sentirnos avergonzados, interiorizamos ese sentimiento. Acabamos pensando que somos imperfectos y que no nos merecemos la conexión que estamos buscando desesperadamente. Como nos sentimos tan a menudo avergonzados y poco valiosos, experimentamos la necesidad insaciable de que los demás aprueben lo que hacemos, necesitamos sentirnos integrados. Y es muy fácil vincularnos con los demás no desde nuestras virtudes y nuestro esplendor, sino desde las partes de nuestro ser que nos han hecho sentir como víctimas: nuestras heridas, nuestras enfermedades, nuestras debilidades.

Esta sensación de avergonzamiento nos empuja a vivir en un mundo plagado de reproches, ira y culpabilidad, y vivir en ese ambiente nos desconecta de nosotros mismos y nos hace sentir que no valemos nada.

El narcisismo y los trastornos de personalidad

Las relaciones —ya sean de pareja o de amistad— tienden a avivar el ciclo de la humillación, la ira y la culpabilidad. Hay una clase de relación que crea —mucho más que cualquier otra— un mar de humillación y culpabilidad: las relaciones con personas con trastornos de personalidad.

Los narcisistas, los que tienen un trastorno límite de personalidad o los antisociales les hacen mucho daño a las personas con las que se relacionan. Aunque cada uno de estos trastornos de personalidad se defina de distinta manera, tienen el narcisismo como punto en común. Hasta la persona más brillante se puede sentir como una inepta y demente si su progenitor, pareja, familiar, jefe o hermano es un narcisista. Curiosamente, las personas más brillantes —y las más empáticas— son las que tienden a atraer a esos vampiros humanos. La investigación de Sandra Brown, autora de *Women Who Love Psychopaths: Inside the Relationships of Inevitable Harm with Psychopaths, Sociopaths & Narcissists,* ha descubierto que esto se da, especialmente, en las mujeres con «grandes cualidades» de empatía y profesionalidad. Estas mujeres, que suelen ser abogadas, doctoras o ejecutivas de compañías de altos vuelos, se sienten atraídas por individuos narcisistas porque creen que conseguirán cambiarlos. ¿Y por qué no? Son un fenómeno en todo lo demás. Pero se llevan una gran decepción. Los sujetos con trastornos de personalidad no cambian. Nunca. Bueno, tal vez alguien lo haya hecho en alguna parte, pero en el único lugar donde se ve sistemáticamente es en las películas. En la vida real, los narcisistas no hacen más que buscar a su siguiente víctima para «recibir su ración de narcisismo». Sandra Brown se centra en las mujeres, pero he conocido a muchos hombres que mantienen relaciones con mujeres narcisistas o con un trastorno límite de personalidad. Por más que lo intenten, a esos hombres les es imposible contentar a sus parejas, que los exprimen económicamente hasta dejarlos secos y luego los sustituyen por otros.

Los abusos narcisistas son muy comunes en nuestra sociedad. A decir verdad, Sandra Brown los cataloga como el principal problema de salud pública no reconocido en nuestra época. Y, para ser sinceros, los profesionales de la salud mental tienden a pasarlo por alto, probablemente por no haber ningún tratamiento fiable ni efectivo para el narcisismo. Pero es necesario sacar a la luz este problema, porque refuerza el nudo de reproche/culpabilidad en los que lo viven en carne propia.

El blanco de los narcisistas son las personas que más se sienten atraídas por la espiritualidad. Son unos camaleones encantadores y seductores que aprovechan las heridas de sus víctimas y les dicen, exactamente, lo que las víctimas están deseando oír. «¿Dónde has estado toda mi vida? Eres la mujer más guapa [el hombre más atractivo, fuerte] que he conocido.» Usan sus encantos y su labia para dar la impresión de ser la pareja «perfecta». Pero, al cabo de un tiempo, la personalidad falsa que han creado desaparece, el ego no puede mantener esta máscara más de un par de años. Y entonces sale a la luz su carácter real y no hay forma de contentarlos. Las personas empáticas cometen el error de creer que los narcisistas tienen la misma empatía y remordimientos que ellas. Piensan que, con amor y cariño, su pareja acabará cambiando. Pero no es así.

Las personas maltratadas por los narcisistas suelen echarse la culpa de los problemas de la relación y siguen «autoanalizándose» para intentar que la relación funcione o que su pareja cambie. Creen que si él (o ella) lee este libro, va a esa conferencia o lee aquel artículo, lo «entenderá» y cambiará. Pero esta mentalidad solo deja a la persona empática sin una gota de energía, mientras su pareja narcisista se la absorbe dándole justo lo suficiente para que siga con él. La persona empática piensa: ¡Oh, ahora «lo ha entendido»! Está mejorando. Pero lo único que ha «entendido» su pareja es que debe fingir que lo ha «hecho» para que la relación no se vaya a pique.

Los narcisistas destruyen a su pareja, sumiéndola en el sufrimiento, la humillación y la culpabilidad. Dejan secas a sus víctimas, las traicionan y hacen que empiecen a dudar de su propia valía. Los narcisistas son fáciles de identificar en una relación. Lucen un aspecto físico envidiable; en cambio, su pareja empática (la víctima de la que se alimentan) se ve desmejorada y agobiada. Si tu relación de pareja es de este tipo, cuanto antes lo reconozcas, mejor. Para hacerte la vida fácil, aprende a reconocer a un narcisista y deja de centrarte en por qué tu pareja tiene esos rasgos. Deja de intentar ayudarle, porque le estás «dando tu sangre» en lugar de vivir tu propia vida. Los narcisistas tienen su propio Poder Superior. Pero tú no estás incluido en él.

Dicho esto, hay que tener en cuenta que una parte de ti —tu Alma— atrajo a esos individuos a tu vida para ayudarte a descubrir y defender tu propia valía y tu poder personal. En cuanto reconozcas a un narcisista y te recuperes de sus maltratos psicológicos, descubrirás que la vida es mucho más fácil y divertida de lo que jamás creíste. Pero es un proceso y no un acontecimiento. Y la sociedad lleva siglos protegiendo a los narcisistas, muchos de los cuales son sujetos sumamente brillantes en su profesión. De ahí que se les excuse de cómo tratan a los demás.

Cuando tomes conciencia de los maltratos de un narcisista, tal vez esta realidad te impacte y no quieras aceptarla. Pero tienes que asumirla y hacer lo que haga falta para no seguir en manos de ese narcisista y vivir tu propia vida. De lo contrario, seguirás atrapado en el nudo de reproche/culpabilidad que te impide hacerte la vida fácil. En la sección de recursos encontrarás una lista de medios excelentes para ayudarte.

En busca de sentido

Cuando hemos llevado una vida en la que nos han estado humillando, nos cerramos en banda y desconectamos de nuestra parte Divina. El ego que creamos para protegernos del dolor de esta desconexión y del alejamiento de nuestro estado innato de unicidad toma el mando. Intenta darle un sentido a la humillación sufrida, y una forma de hacerlo es identificándose con uno de los tres papeles arquetípicos predeterminados: víctima, verdugo o salvador. Las víctimas no se responsabilizan de sus actos y achacan lo que les pasa en la vida a los demás o a las circunstancias: «Yo no tengo la culpa de mi sobrepeso, es por la genética». Los verdugos asumen la responsabilidad de sus actos, aunque con crudeza: «Tengo sobrepeso por mi culpa. No debería comer tantos pasteles. Soy una bola de sebo». Y los salvadores se evaden de la situación volcándose en ayudar a los demás en sus problemas: «¿Estoy gordo? Olvídate de ello, tengo que centrarme en este proyecto para construir un colegio en África».

Ninguno de estos roles afronta los problemas de manera sana, cada uno busca una excusa para no resolverlos. Sin embargo, nos ofrecen un lugar en la vida. Un propósito. Un sentido.

En diversos momentos de la vida, todos hemos desempeñado uno de esos papeles. Forma parte del ser humano. Pero para traer el cielo a la tierra tienes que abandonarlos y verlo todo desde un punto de vista más amplio. La mayoría de personas se identifican a la menor ocasión con el papel de víctimas o de salvadores. Pero son muy pocas las que están dispuestas a no hacerlo y a admitir que a veces han sido los verdugos. No conozco a ningún padre o a ninguna madre, yo incluida, que no se hayan desfogado verbalmente con sus hijos y les hayan herido de algún modo. Recuerdo como si fuera ayer que en una ocasión, sintiéndome al límite después de una larga jornada laboral, no conseguía hacer que mi hija mayor (tenía en aquella época seis meses de edad) dejara de llorar. Llorando yo también, le grité, zarandeando la sillita en la que la llevaba en el coche: «¿Qué quieres de mí?» Pues sí. Ya le pedí perdón.

Decantarnos por el papel de víctima o de salvador y evitar sistemáticamente el de verdugo, y negar haber herido alguna vez a alguien o a nosotros mismos, no nos hace ningún bien. Todos alguna vez hemos sido duros con alguien y le hemos «echado» de nuestra vida, dejando de contactar con él, excluyéndole de una fiesta o decepcionándole de algún modo. Y, por más que intentemos explicar nuestra postura, nos seguirán viendo como «el malo de la película». No hay vuelta de hoja.

Mientras adoptes crónicamente una de estas tres posturas, no tendrás ningún poder para cambiar nada en tu vida. En la década de 1980, Caroline Myss, una famosa practicante de la medicina alternativa, me hizo una lectura. Me dijo: «Eres adicta a ser una salvadora, ¿me oyes? Tu ritmo cardíaco ha cambiado desde el año pasado. Tienes que dejar de comportarte así». Yo sabía, en el fondo de mi corazón, que tenía razón. Había adoptado el papel de salvadora, olvidando a menudo que todos tenemos un Poder Superior, un Yo Divino que nos permite acceder directamente a nuestra singular guía interior. A veces olvidaba, por mi formación médica, que yo no era el Poder Superior de mis pacientes. Porque, indudablemente, ser una salvadora mañosa que siempre tiene la solución para los problemas de los demás es creerte el centro del universo. Es una actitud tan poco sana como la de ser siempre una víctima o un verdugo.

Las manifestaciones físicas del avergonzamiento, los reproches y la culpabilidad

Dejar el papel de víctima, verdugo o salvador no es solo bueno para ti emocionalmente, sino necesario para tu buena salud física. Sentirte avergonzado por algo y no poder hablar del tema ni explayarte a gusto produce una sustancia química inflamatoria en el cuerpo conocida como interleucina-6 (IL6). La inflamación celular procedente de esta sustancia química proinflamatoria, y de otras similares, favorece todo tipo de enfermedades degenerativas, como el cáncer, las cardiopatías y la artritis. Y, como ya has visto en mi propia situación, desempeñar el papel de salvadora todo el tiempo me estaba afectando negativamente la salud. Mi impulso de salvar a pacientes de histerectomías, cesáreas y de todo tipo de otros procedimientos médicos innecesarios me estaba literalmente dañando el corazón.

A lo largo de mis numerosos años de práctica clínica he descubierto un modo de ayudar a los pacientes a conectar con su poder interior para curarse, lo cual implica hacer que participen todas las partes de su ser: cuerpo, mente y Espíritu. El primer paso es liberarse de la sensación de avergonzamiento. De lo contrario, no aceptarán que tienen el poder para crear una realidad más sana. El ego tomará el mando y volverán a caer en sus papeles. Se convertirán en víctimas exclamando que no han tenido nada que ver con sus enfermedades o con sus circunstancias, lo cual significa también que no pueden cambiarlas. O se convertirán en verdugos, aceptando que son responsables de su propia vida, regodeándose en su supuesta incapacidad para cambiar. O adoptarán el papel de salvadores y se evadirán de la situación.

Cuando el ego es el que lleva las riendas, se irritará siempre que alguien nos sugiera que tenemos el poder para crear nuestra propia realidad. Sobre todo en lo que se refiere a nuestra salud, sobre la que nos han estado diciendo que no tenemos ningún control. Y es comprensible. El ego intenta protegernos. El problema es que también nos impide acceder a nuestro poder para progresar de verdad.

La parte de nuestro ser que está creando la enfermedad o el desequilibro no es la parte que tiene que afrontarlo en una vibración más baja aquí en la tierra. Es una combinación del sufrimiento irresuelto de la infancia y de las lecciones del Alma que hemos venido a aprender.

Para resolver cualquier problema de salud que tengas o cualquier negatividad que sientas, debes estar dispuesto a observar a fondo las creencias y conductas que te han llevado a tu situación actual. Debes ver la situación desde una cima a 3.000 metros de altura que te ofrezca una visión panorámica.

Tu poder para cambiar se encuentra siempre en el momento presente. Cuando sabes que tienes el poder para cambiar tus pensamientos, emociones y conductas y, por lo tanto, para cambiar tus circunstancias —e incluso tu salud—, te empoderas. Todos tenemos el poder enorme de mejorar nuestra vida si estamos dispuestos a abandonar la actitud de impotencia del papel del ego.

A vista de pájaro

Observar la situación desde un punto ventajoso a 3.000 metros de altura nos permite descubrir la mayor verdad en cualquier situación, y comprender que todas las situaciones son una oportunidad para crecer espiritualmente. Recuerda que esas circunstancias de tu vida las estableció tu parte Divina antes de que nacieras. Por ejemplo, una de las situaciones más aleccionadoras —y liberadoras— de mi carrera médica tuvo que ver con un cirujano general que llevó mi caso a la Junta de Vigilancia de la Profesión Médica por no gustarle que yo disintiera de su opinión de que su paciente necesitaba una operación de cáncer de colon. Había estado ocupándose de Helen, una paciente suya que había empezado a padecer dolores abdominales y un estrechamiento de las heces. El cirujano estaba seguro de que su paciente sufría un cáncer de colon porque apenas había podido insertarle el sigmoidoscopio a través del recto, y le aconsejó que se operara lo antes posible. Helen vino a verme para una segunda opinión, porque después de haber empezado una dieta macrobiótica sus síntomas habían desaparecido. Hacía años que no se sentía tan bien. Le dije que conocía un caso muy documentado de un cáncer de colon en fase 4 que se había curado con una dieta macrobiótica, pero que no podía asegurarle que no tuviera cáncer. Aceptó seguir con la dieta macrobiótica y volver a hacerse una nueva serie de pruebas médicas en un par de meses en otra institución. Le escribí a su cirujano, explicándole lo que habíamos acordado. Furioso, escribió una carta a la Junta de Vigilancia del hospital donde yo trabajaba en la que preguntaba: «¿Acaso en Maine la práctica médica habitual es tratar el cáncer de colon con una dieta macrobiótica?»

Está de más decir que me sentí aterrada. Aunque mi paciente escribiera a la Junta de Vigilancia asegurándole que estaba totalmente de acuerdo con el método en cuestión, yo no estaba tan segura de que mis colegas aprobaran el derecho de Helen a elegir esta opción. Durante semanas tuve un nudo en la boca del estómago. Y recé, sabiendo que, si resolvía esta situación en mi interior, lo más probable era que se resolviera en el exterior. (Recuerda la sección «La entrega y el desprendimiento» del capítulo siete.) En aquella época, la Junta de Vigilancia se reunía cada tres meses para ocuparse de las quejas. Yo sabía que el «veredicto» que emitirían sobre mí llevaría un tiempo.

Durante semanas viví con el miedo en el cuerpo, temiendo que me inhabilitaran como médico. Después de todo, en aquel tiempo cualquier médico que sugiriera siquiera que la nutrición estaba relacionada con la salud era considerado un matasanos. Pero me mantuve firme en mi convicción de que tenía que ejercer una medicina que apoyara el derecho de los pacientes a ser dueños de su propio cuerpo. Y, además, había visto muchas curaciones milagrosas causadas por un cambio en la dieta y en el estilo de vida en pacientes que habían dejado de recurrir a la profesión médica por no tener esta ya nada más para ofrecerles.

Un día en el que estaba haciendo escritura propioceptiva (véase el capítulo cinco) para afrontar este tema con más claridad, serenidad y lucidez, me puse a escribirle sin más una carta al cirujano que me había denunciado. Sentí una oleada de compasión y comprensión. Y le perdoné. Le dije que entendía que lo hubiera hecho por el bien de Helen, por considerarlo lo más correcto y adecuado. Y, al terminar de escribir la carta, la sensación de pavor que sentía en el plexo solar desapareció. Algo había cambiado en mí. Ya no era una víctima. Al día siguiente, cuando fui al hospital me encontré con un colega en la cafetería. Era miembro de la Junta de Vigilancia de la Profesión Médica. Y me anunció: «¿Te has enterado de la noticia? La junta ha decidido cerrar el caso. El cirujano se excedió. Tu paciente tenía todo el derecho a elegir el tratamiento que prefiriera». Huelga decir que sentí un gran alivio. También me alegré al enterarme de que los resultados de las nuevas pruebas que Helen se había hecho eran normales. No se apreciaba la menor evidencia de un cáncer de colon.

Responsabilízate de tu vida

Como he mencionado antes, el primer paso para deshacer el nudo de reproche/culpabilidad es dejar de sentirnos avergonzados. De lo contrario, volveremos a desempeñar los papeles arquetípicos de víctima, verdugo o salvador que nos quitan el poder de ser dueños de nuestra propia vida.

Supongo que recordarás la historia del capítulo siete de Tommy Rosa, el lampista que tuvo una experiencia cercana a la muerte de lo más hermosa y tranquilizadora. Tal vez creas que después de ir al cielo, saber que en realidad no morimos y de que Jesucristo, uno de los maestros más importantes de todos los tiempos, le llevara a dar una vuelta por los alrededores, Tommy regresó a la tierra y desde entonces había llevado una vida maravillosa, ¿verdad?

Pues lo cierto es que Tommy todavía cargaba con el programa mental del avergonzamiento sufrido en la niñez. ¿Quién era él para haber vivido una experiencia tan increíble? ¿Cómo iba a valer lo bastante como para que un Maestro tan excelso y bondadoso como Jesús le transmitiera una información tan increíble sobre la salud y la curación? La experiencia cercana a la muerte no le había curado la sensación de avergonzamiento que acarreaba de la infancia. Tenía que volver a la tierra y transformarla él mismo.

John, otro buen amigo mío, «murió» de una sobredosis de un medicamento que le habían recetado para calmar el dolor de una lesión en el hombro. John, que tenía un largo historial de drogodependencia y alcoholismo, estuvo sobrio durante un año, pero ese medicamento le hizo volver al acto a las andadas. Y, cuando se presentó en el hospital sabiendo que necesitaba ayuda, su corazón se paró. Dos veces. Y tuvieron que reanimarlo. Le vi al poco tiempo y estaba realmente iluminado por dentro. Era otra persona. Era como si su Espíritu despidiera luz, literalmente.

Y me dijo: «El Arcángel Miguel me ha salvado la vida». En aquella época él apenas conocía al Arcángel, pero estaba seguro de que le había salvado.

Pese a haber sido salvado literalmente a las puertas de la muerte por el Arcángel Miguel, y de haber estado sintiendo después su poderosa presencia durante meses, a John le costaba lo indecible aceptar el merecer que le salvaran. *¿Por qué yo? ¿Por qué este poderoso ser me ha salvado?* Haber crecido en un ambiente católico irlandés y la falta de cariño de sus padres en la niñez había contribuido a que John se sintiera avergonzado y menospreciado.

La vergüenza prospera en la oscuridad, en el secretismo. Es una vibración baja y lenta que nos mantiene atrapados en la creencia de no valer lo bastante. De no pertenecer a ningún lugar. De ser seres llenos de imperfecciones. Es como la protagonista de la novela *El color púrpura* de Alice Walker, que ha sufrido violaciones y maltratos físicos durante años. Gracias al amor de otra mujer, empieza a sentirse valiosa y se da cuenta de que no se merece que la maltraten y de que nunca se lo mereció. Al verlo, el hechizo se rompe y encuentra el valor para liberarse de los maltratos. Lo único que ha cambiado es ella. Nada más. Solo ella. Lo mismo le ocurrió a Tina Turner cuando decidió por fin dejar a

Ike, su marido maltratador, pese a contar solo con 10 céntimos en su cuenta bancaria.

El poder que tenemos en nuestro interior para cambiar es mucho más grande del que nos han hecho creer. Y todo empieza cuando nos hacemos responsables de nuestra vida. Como Brené Brown escribe: «Responsabilizarnos de nuestra propia vida a veces cuesta lo suyo, pero no es ni por asomo tan difícil como pasarnos la vida evitando hacerlo». Para deshacer el nudo de reproche/culpabilidad y traer el cielo a la tierra debemos estar dispuestos a hacernos responsables de nuestros actos y de nuestras circunstancias. Y, si ahora somos conscientes de algo que antes no sabíamos, tenemos que aplicarlo y resolver que lo hay que resolver si es posible.

Uno de mis ejemplos favoritos procede de mi niñez. Crecí en una población pequeña. Un día, un tendero del vecindario llamó a mi padre por teléfono para decirle que mi hermana le había robado varias golosinas de un centavo. Como la había pillado con las manos en la masa, mi hermana tuvo que pasar el bochorno de devolverlas, pero también aprendió lo que está bien y lo que está mal en la vida. Aprendió que había actuado mal, pero que ese acto no tenía nada que ver con su valía como ser humano. También aprendió que a veces debemos responsabilizarnos de nuestras obras para enderezar las cosas.

Mis padres manejaron la situación de un modo positivo, centrándose en el acto en sí y no en la valía intrínseca de mi hermana, pero mucha gente no reacciona de la misma forma. Si creciste en el seno de una familia poco afectuosa que hacía que te avergonzaras sistemáticamente por tu conducta, lo más probable es que te hicieran sentir que no valías nada en lugar de centrarse en el acto en sí.

LIBÉRATE DE LA VERGÜENZA

Piensa en algo de lo que te avergüences. En algo que no le hayas contado a nadie. En algo, según tú, tan horrible que no lo puedes compartir. Tal vez robaste algo en la infancia y nunca se lo confesaste a nadie. O te descubriste sintiendo placer cuando te acosaban sexualmente. O fuiste adicto a la pornografía. O en el colegio formaste parte de un grupo de bravuconas que le hacíais la vida imposible a otras compañeras. O quizá te avergüenzas de una parte de tu cuerpo. O de tu familia. Tal vez te avergüenzas de tus padres. Sea lo que sea, sé consciente de que, cuanto más te lo guardes para ti, más daño te hará.

Es muy fácil llevar más amor allí donde sentimos vergüenza. Di simplemente en voz alta aquello de lo que te avergüenzas. Hazlo ahora. Di simplemente: «Me avergüenzo enormemente de mí mismo por [rellena el espacio en blanco]». Mirándote ahora al espejo, di en voz alta: «Te quiero tal como eres». Esto lleva el Amor Infinito de tu Yo Divino a la oscuridad y el aislamiento de la vergüenza que sientes. Y la ilumina transformándola en Amor.

Para que este ejercicio funcione incluso mejor, repítelo con un amigo de confianza. Cuéntale aquello de lo que te avergüenzas. Y pídele que te diga: «Te quiero tal como eres». La sensación de vergüenza se desvanecerá como el rocío bajo los rayos del sol. Y además el niño asustado de tu interior que no se atrevía a decir nunca la verdad habrá «crecido».

Responsabilizarte de tu historia te permite dejar de avergonzarte y sentirte a la vez más valioso. Dar un paso adelante y decir que obraste mal cuando fue así es mucho más edificante que ponerte a la defensiva y dejar que al ego se le suban los humos a la cabeza. Hace un tiempo, por ejemplo, el doctor Bernie Siegel, autor de *Amor, medicina milagrosa,* y yo éramos copresidentes de la Asociación Médica Holística Americana. Se suponía que sería presidenta cuando finalizara el plazo que le correspondía a Bernie serlo, pero él estaba mucho tiempo fuera viajando, y un día me ocupé de las tareas diarias de la Asociación. Bernie recorría todo el país para animar e inspirar a miles de personas con sus poderosos mensajes creativos, y me dije que aquello era lo mínimo que yo podía hacer. Como supuse que estaba ocupado y que no le interesaría llevarlo a cabo, me tomé la libertad de corregir un artículo que Bernie había escrito para el boletín informativo. Y no se le comuniqué. La cuestión es que no le gustaron mis cambios. Pero yo sabía lo que debía hacer. Le llamé por teléfono y le dije: «Soy la única responsable de las correcciones. Nadie más lo es». Y, al oírlo, me dijo que ahora confiaba en mí más que nunca. Porque no había intentado parapetarme detrás de nadie ni fingir que no era responsable de lo ocurrido.

Con el paso de los años, he descubierto que la misma honradez me ha servido una y otra vez en la vida. Y cada vez me resulta más fácil ser sincera. Como afirma mi hermano John: «Siempre digo la verdad. Así no necesito recordar lo que ha salido de mi boca».

Aprende a afrontar la vergüenza con resiliencia

Además de dejar de sentirte avergonzado y de responsabilizarte de tu vida, intenta afrontar el avergonzamiento en cuanto lo sientas. Lo esencial es abordarlo con resiliencia, para no sufrir más de la cuenta y acabar con la autoestima por los suelos.

Como vivimos en una sociedad que nos hace sentir avergonzados, debemos ser conscientes de la sensación de avergonzamiento y disiparla con amor siempre que la advirtamos, tanto en nuestra vida como en la vida de los que nos rodean. El otro día colgué en Internet una fotografía en la que aparecíamos mi buen amigo Noah Levy y yo firmando libros. Frente a nosotros había tres botellas grandes de una marca de agua mineral muy conocida. Alguien publicó inmediatamente en Internet: «¡No me puedo creer que bebáis eso! Es veneno». Era evidente que había un par de activistas a favor del agua entre el público. Me sugirieron que viera *Tapped*, un documental sobre el agua embotellada, para que me diera cuenta de todo lo que estaba haciendo mal. Mi primera reacción fue ponerme a la defensiva. Yo no había comprado el agua. Los organizadores del evento la habían dejado allí. Yo no tenía nada que ver. Pero me contuve. La cuestión es que solo quería publicar un mensaje de agradecimiento para quienes habían asistido a la firma de libros, en lugar de enzarzarme en una perorata sobre el agua embotellada.

Suelo manejar esta clase de situaciones, sobre todo en las redes sociales, aprovechando la oportunidad para educar a la gente sobre la importancia de no hacer sentirse avergonzados a los demás. Respondo algo como: «En este lugar no hay cabida para hacer que nadie se sienta avergonzado. Puedes compartir tu opinión, pero, cuando te metes conmigo para insultarme, me estás haciendo sentirme avergonzada. Y, lo creas o no, esto también es malo para ti. Pero, cuando yo me defiendo, mis defensas también suben. (Este dato se basa en la labor científica del doctor Mario Martínez.) Te pido que no me critiques ni me hagas sentirme avergonzada a mí ni a ninguna otra persona en esta página». Después, fijo unos límites. Si la persona persiste, le doy a «bloquear contacto» y la elimino de mi página. La cuestión es que meterse con la conducta de otro nunca funciona. Y, además, tampoco resuelve la situación en ningún sentido.

Más tarde, aprendí otro método de mi maestro espiritual Matt Kahn que te hace sentir mucho mejor. Matt dice que, simplemente, marques con un «me gusta» todos los comentarios del muro de su Facebook, pongan lo que pongan. Y luego envía Amor Divino a cualquiera que critique y victimice a otras personas. Lo hace porque dice que esas personas tratan a los demás como las han tratado a ellas. Cuando reconoces que esa persona está sufriendo y que por eso actúa como actúa, ayudas a romper el patrón de víctima/opresor. Y la otra persona lo percibe a algún nivel. También puedes hacerle un cumplido o desearle mentalmente lo mejor. Esto hará que el ego deje de manejarla a su antojo.

Pero no me malinterpretes. No estoy sugiriendo que sigas manteniendo una relación abusiva con alguien (ni siquiera en las redes sociales) que te critica y se mete contigo sistemáticamente. Cuando alguien se muestra extremadamente desagradable conmigo, sigo dándole a «bloquear contacto».

Pero reconocer el sufrimiento de otro y enviarle amor (en persona o en las redes sociales) evita que su crueldad te afecte. También impide que tu vibración baje a la misma frecuencia que la de la suya. Eso es lo que las personas emocionalmente sensibles (como tú y como yo) hacemos cuando nos topamos con el ego dominante y seguro de otra persona. Eleva simplemente en tu vibración sintiendo amor, con confianza, sabiendo que la luz siempre vence a las tinieblas. No hay nada que anule más deprisa al ego que amar lo que surja en la vida, sin hacer sentirse avergozado a nadie ni criticarlo y sin creer ser superior moralmente.

La próxima vez que alguien intente hacerte sentirte avergonzado, haz algo radical. Di simplemente: «Gracias». Y no solo eso, ve más allá aún, halágale o deséale mentalmente lo mejor. De todo corazón. Y luego ocúpate de la parte de ti a la que ha avergonzado. Di lo siguiente en voz alta ante el espejo, mirándote afectuosamente a los ojos: «Eres mi niño querido, estoy encantado contigo».

QUÉ HACER CUANDO TE CULPAN
O TE HACEN SENTIRTE AVERGONZADO

Cuando te culpan de algo, tanto si es con razón o sin ella, te sientes avergonzado o enfurecido. Lo primero que debes hacer es detenerte. No te defiendas. Céntrate simplemente tu cuerpo. ¿Dónde te sientes avergonzado? Respira hondo desde ese lugar. Percibe la sensación de avergonzamiento, culpabilización o enfado, y ama la parte de ti que la está sintiendo. Ten en cuenta que esta parte de tu ser es la que necesita recibir más amor. Esto por sí solo obra maravillas. El niño herido e incomprendido de tu interior está recibiendo tu amor y atención. ¡Estupendo! Y, después, toma cartas en el asunto.

Pongamos que te reprochan haberte olvidado de comprar leche en el supermercado de camino de vuelta a casa. En este ejemplo, pregúntate si el reproche es justo. ¿Dijiste que comprarías la leche y no lo has hecho?

- Si la acusación es justa, asume tu acto. Acepta que dijiste que la comprarías, admite que te has olvidado y ve a comprarla.

• Si la acusación no es justa, intenta averiguar la lección que puedes extraer. Por ejemplo, si tu mujer solo te mencionó que apenas quedaba leche y no te pidió que fueras a comprar más, no puede esperar de ti que lo hayas hecho. Solemos repetir los hábitos de la infancia para darnos cuenta de cuáles son nuestras necesidades y para cerrar las heridas de la niñez y aprender las lecciones del Alma. Si tu padre esperaba cosas de ti sin expresártelas y te metiste en problemas por no estar a la altura de sus expectativas, lo más probable es que te hayas casado con alguien que actúa de la misma forma. En cuanto detectes este hábito tuyo y ames esa parte de ti que se siente acusada, tu autoestima empezará a subir. Tu niño interior empezará a sentirse valioso. Y, al cabo de un tiempo, ya no aceptarás que te culpen por un rasgo del carácter de tu pareja que tú no puedes cambiar. También tienes la oportunidad de hablar con ella sobre la necesidad de que te exprese las cosas con claridad. No la consideres un caso perdido. Dale el beneficio de la duda.

De supervivientes a recuperar la buena salud

El poder de dejar de sentirte avergonzado y de no caer en la sensación de impotencia del ego se aprecia en aquello a lo que mucha gente se refiere como un milagro: la curación de muchas distintas clases de cánceres terminales. Cuando la doctora Kelly Turner era una estudiante de posgrado, empezó a interesarse por este fenómeno. Se dio cuenta de que había más de mil casos ampliamente documentados de este tipo enumerados en PubMed, una base de datos de Internet de estudios médicos validados por especialistas. Cuando comenzó a leer los casos clínicos, le impactó que en cada uno de ellos la causa de la curación se definía como «desconocida». Se fijó el objetivo de localizar a algunos de esos pacientes y averiguar qué habían hecho para curarse por completo. El resultado fue su libro *Las*

9 claves de la curación natural del cáncer y otras enfermedades: los nueve factores que comparten los pacientes de cáncer que han sanado totalmente y contra todo pronóstico. En él, identificaba nueve cosas que los supervivientes de cáncer habían hecho para recuperarse. No todos los que sobreviven a un cáncer terminal han hecho las nueve. Pero la mayoría ponen en práctica al menos un par. Los nueve factores son los siguientes:

1. Cambio radical en la dieta
2. Ocuparse de su propia salud
3. Dejarse llevar por la intuición
4. Usar plantas medicinales y suplementos
5. Liberar las emociones reprimidas
6. Aumentar las emociones positivas
7. Aceptar el apoyo social
8. Profundizar la conexión espiritual
9. Tener fuertes razones para vivir

Hay que tener en cuenta que ninguna de esas personas que recuperó la buena salud acató el papel del ego. Ninguna. En su lugar, descubrieron su propio poder interior para llevar una vida plena y saludable.

Y lo más interesante es que no se identifican con la etiqueta de «superviviente de cáncer». Ni tampoco se regodean en el «mito de la singularidad de un enfermo terminal» creyendo que nadie puede entender, ni por asomo, lo mal que se sienten emocionalmente.

Dejan de ponerse etiquetas que limitan su capacidad para ser personas increíbles, como la de *superviviente*. Etiquetas como esta les incluirían en un grupo centrado en una enfermedad, lo cual dificultaría su curación. Este tipo de grupos se centran en el problema en lugar de mirar hacia el futuro prometedor y saludable que tienen por delante. Sí, hay un tiempo y un lugar para los grupos de apoyo que les ayudan a «afrontar» su problema. Pero vivir demasiado tiempo en modo de «víctima» o de «superviviente» es una invención del ego.

El perdón: el mejor remedio para los reproches y la culpabilidad

El perdón es el componente clave que deshace el nudo del reproche/culpabilidad. El perdón se suele entender erróneamente como aprobar las maldades que nos hicieron. O las que les hicimos a los demás. Pero el perdón no es esto. El perdón significa no dejar que el pasado sea la razón para no progresar en el presente. El doctor Mario Martinez llama al perdón «ser libres de las trampas que nos tendemos a nosotros mismos»

Cuando me estaba divorciando, lo primero que se me pasó por la cabeza era que les había arruinado la vida a mis hijas. Pero, con el tiempo, comprendí que, al dejarme llevar por los dictados de mi Alma, había moldeado algo muy distinto para mis hijas. Les había mostrado que mi vida y mi felicidad (y, por lo tanto, también la suya) eran importantes. Y que no era una buena idea seguir durante demasiado tiempo en una situación que dejaba mucho que desear.

Cuando sabemos lo que nos conviene, actuamos mejor. Machacarnos por lo que ignorábamos en el pasado nos mantiene anclados en los reproches y la culpabilidad. Y esta situación puede alargarse durante años y más años.

Cada uno de nosotros tiene algo en el pasado que debe perdonar. Y no hay nadie a quien tratemos con tanta dureza como a nosotros mismos y a quien más nos cueste perdonar. Sé afectuoso contigo mismo y empieza a amar aquella parte de ti que te parece impropia e imperdonable.

Al igual que ocurre con la humillación, para perdonarte tienes primero que reconocer lo que necesitas perdonar y luego pedir perdón. A ti mismo. A Dios. Al universo. Recita una oración de Cámbiame: «Dios mío, libérame del peso de la culpa en mi corazón y en mi vida.

Libérame de la culpabilidad y la humillación. Y cámbiame en alguien que se sienta valioso y completo. En alguien que se sienta totalmente perdonado y libre». Además de pedirle a Dios que te ayude, te sugiero que también te ayudes a ti. Di en voz alta: «Ahora me deshago del peso de la culpabilidad y la humillación».

Perdonarte también significa quererte y satisfacer tus necesidades. El difunto Marshall Rosenberg, autor de *Resolver los conflictos con la comunicación no violenta,* se pasó la vida enseñando a los demás a satisfacer sus necesidades con la comunicación no violenta. Señaló que cada emoción que sentimos refleja una necesidad.

Recuerdo la primera vez que hice un ejercicio usando el inventario de las «necesidades» y las «emociones» de Rosenberg. El grupo se dividió en grupos más pequeños de tres personas. Una contaba una historia de su vida. Y las otras dos intentaban captar el sentimiento y las necesidades que reflejaban las emociones. Lo hicimos observando una serie de emociones individuales escritas en tarjetas que dejábamos frente a nosotros, como por ejemplo rabia, tristeza, amargura, irritabilidad, alegría y felicidad. Mientras escuchábamos la historia, sosteníamos en alto de pronto una tarjeta y le preguntábamos al que nos contaba la historia si esa era la emoción que estaba sintiendo. ¿Te sientes enojado? ¿Triste? ¿Frustrado? En cuanto confirmábamos las emociones, consultábamos las tarjetas de las necesidades (comida, descanso, aprecio, reconocimiento, contacto humano, etcétera) y sosteníamos una en alto con la necesidad en concreto que creíamos captar al escuchar la historia. Nuestra tarea era reflejar la necesidad insatisfecha que transmitían las emociones de la persona que contaba la historia.

Esta experiencia fue toda una revelación para mí. Y la manera más poderosa de que una comunidad corroborara mis emociones y necesidades. Fue la primera vez que sentí que mis necesidades eran auténticas y no algo que debía negar o intentar no tener. Antes de esta experiencia, había estado juzgando mis necesidades (y emociones) como inadecuadas o malas. O como algo que debía superar de algún modo. Me decía que si hubiera sido un ser humano más maduro o desarrollado no las habría tenido. ¡Qué sistema de creencias más absurdo! Encontrarás el inventario de las necesidades y las emociones en www.cnvc.org. Vale la pena echarle un vistazo.

Tras haber aprendido que nuestras emociones reflejan necesidades auténticas, estaba deseando conocer las cinco A de David Richo de su libro *Cómo mantener relaciones estables y duraderas: las claves para amar y convivir toda la vida.* Estas son las cinco A:

- Atención
- Aprecio
- Afecto
- Aprobación
- Aceptación

Las cuatro primeras son evidentes, pero la quinta, *admitir/permitir*, requiere un poco de explicación. David Richo se refiere a que debemos seguir los dictados de nuestra Alma sin dejarnos condicionar por lo que los demás creen que «deberíamos» hacer.

Estas cinco A son necesarias para construir nuestro yo esencial en la niñez y también para sentirnos felices y satisfechos de adultos en las relaciones amorosas y en otros aspectos de nuestra vida. Se aplican a la relación que mantenemos con nosotros mismos, con lo Divino y con cada otra persona del planeta. Por suerte, podemos ofrecernos estos cinco aspectos del amor para llegar a recuperarnos y perdonarnos nuestras indiscreciones del pasado. Las cinco A son lo que todos necesitamos a una edad temprana y en la niñez, pero también son los requisitos para la intimidad en la adultez, en nuestra relación con nosotros mismos y con las personas de nuestro alrededor. Richo escribe: «En la espléndida economía del desarrollo humano y espiritual, las mismas llaves abren todas nuestra puertas evolutivas».

Sobre ser vulnerable

Superar la sensación de humillación y no desempeñar el papel del ego nos ayuda a cultivar la conexión y la intimidad, que son esenciales para llevar una vida significativa. Pero, si estás buscando el superalimento de la conexión, debes centrarte en la vulnerabilidad y en nada más. Pese a lo que nos hayan dicho sobre que no mostremos nunca nuestro dolor o que no dejemos que nadie vea que lo estamos pasando mal, la vulnerabilidad es un superpoder si lo usamos de manera consciente y con un sentido de la identidad bien desarrollado. La vulnerabilidad se ve con malos ojos en nuestra cultura porque se asocia a debilidad, sobre todo en los hombres. La propia palabra significa «capaz o susceptible de ser herido, como la lesión que inflige un arma. O abierto al ataque moral, las críticas o la manipulación». No es de extrañar que nos hayan enseñado a protegernos con tanto celo.

Pero la vulnerabilidad es, en realidad, encontrar la fuerza interior para permitir que los demás vean y sientan nuestra plena humanidad, con nuestros defectos e imperfecciones. Nuestra vulnerabilidad es conmovedora. Es lo que nos hace humanos. Brené Brown nos recuerda, en su charla TED pionera sobre el poder de la vulnerabilidad —vista hasta ahora por más de veintiséis millones de personas—, que la conexión —la capacidad de sentirnos conectados— es la razón por la que estamos en este mundo. Ser vulnerables forma parte de sentirnos conectados. Es lo que le da sentido y significado a nuestra vida. Cuando estamos dispuestos a arriesgarnos a ser vulnerables y plenamente humanos, nos abrimos a nuestra humanidad y a nuestra parte Divina a la vez. Sabemos cuál es nuestra naturaleza esencial. Y sentimos que nos merecemos al máximo lo mejor que la vida tiene para ofrecernos.

¿Por qué nos cuesta tanto ser vulnerables? Porque el ego intenta protegernos del dolor de la humillación. Pero, si conseguimos que no lo haga, viviremos la vida mucho más plenamente.

Hace varios años, después de divorciarme, una amiga vino a verme y yo estuve siendo muy censuradora con mi exmarido. Ella me dijo que, si quería volver a disfrutar del amor en la vida, tenía que superar mi amargura y mi rabia. Me sugirió que le escribiera a mi exmarido una carta de amor contándole todo lo que me había fascinado de él. Sabiendo que llevaba razón, decidí seguir su consejo. Y ese mismo año, durante una noche de luna llena de enero, el mismo mes en el que nuestro matrimonio se había ido a pique abruptamente varios años antes, puse una música conmovedora de fondo, encendí una vela y empecé a escribirle una carta (véase la sección sobre la escritura propioceptiva en la página 93).

Mientras le contaba por escrito lo mucho que me había gustado su cortejo en la facultad de Medicina y lo que significó para mí aprender de él a hacer nudos quirúrgicos, me inundó de nuevo el amor que había sentido por aquel hombre. Había sido mucho más divertido iniciarme en los casos quirúrgicos con alguien de quien estaba locamente enamorada. (Había sido mi tutor en cirugía interna cuando yo era estudiante. ¡Qué romántico!). Agradecía que hubiera sido mi marido durante los años difíciles de la residencia médica y el padre de nuestras dos hijas. Me sorprendió lo mucho que lloré mientras escribía la carta.

Más tarde, incluso di un paso más y le leí la carta por teléfono. Se acercaba el día de San Valentín. Él se había vuelto a casar, tenía otro hijo y vivía en el extranjero. Pero en ese momento, cuando le leí la carta, el tiempo se paró. Entre nosotros no fluía más que amor. Estábamos en dos países distintos —con un océano de por medio—, pero en ese instante éramos dos Almas inmortales libres de la carga del ego y de la personalidad. Recordando, simplemente, el amor, todo lo que aún sentíamos.

Ese acto fue para mí muy emotivo y curativo. Y te recomiendo vivamente que hagas algo parecido en tu vida si aún sientes rencor, amargura o ira hacia alguien. Al menos, escríbele la carta. No hace falta que se la leas ni que se la envíes. La puedes quemar si quieres. Pero, hazme caso, su Alma lo notará. Y no es necesario que sea una carta de amor. Puede ser una diatriba furiosa para que saques todo lo que tienes que sacar de dentro.

Recientemente hice algo parecido con otro hombre al que había amado, pero con el que la relación no funcionó. Por más que lo intentaba, no conseguía superarlo. Necesitaba poner fin a esa relación. Como quería comunicarle algo, le pedí que viniera a mi casa. No lo hice por él, sino por mí. Le pedí que me ofreciera el regalo de su presencia y le indiqué que no era necesario que hiciera nada salvo escuchar. Después, con mi alma al descubierto, le pedí que se sentara a la mesa de la cocina y le conté que siempre le había amado. Que aún le seguía amando. Y que, como la vida es muy corta, no quería que creyera que estaba enojada con él por cómo había terminado lo nuestro. Que le perdonaba por todo lo ocurrido, y que también me perdonaba a mí misma por ello. Incluso por cómo había acabado todo. Después de decírselo, le abracé. Al día siguiente, te aseguro que ese peso que había estado notando en mi corazón durante los últimos años se había ido. Era libre. ¡Por fin! Y desde aquella noche ya no le he vuelto a ver ni he hablado con él.

Este es el gran poder de la vulnerabilidad. Te arriesgas a desnudar tu alma y vas con el corazón en la mano. Te expones a las críticas y al ridículo. Y, al final, descubres que no importa. Porque tu yo Divino es inmune a todo esto. Ves, para tu sorpresa, que la vulnerabilidad es una gran medicina. Una medicina fabulosa y poderosa. La verdad te hace libre, te aligera el corazón y sana tu mundo.

9

Tu cuerpo, tu templo

Las mínimas partículas rojas que llevo y que tú llevas, los huesos
y la médula de los huesos, la sensación deliciosa de la salud;
afirmo que estas cosas no solo son los poemas del cuerpo,
sino también del alma, afirmo que son del alma.

WALT WHITMAN

Creo que a estas alturas ya ha quedado claro que eres un Alma. Tú *no* eres tu cuerpo. Pero *tienes* uno. Y tu tarea es ocuparte de él hasta que lo abandones. De la misma manera que te ocupas de tu casa o de tu coche. Es *tu* responsabilidad, no la de tu médico, tu pareja ni tu madre. Es así de sencillo.

Ocuparte de tu cuerpo significa, ante todo, tener un sistema de creencias sano sobre lo que es posible físicamente, sobre todo a medida que vas acumulando años. Y, en segundo lugar, hacer las actividades necesarias para mantener en forma tu parte física.

Creencias sobre el cuerpo y la salud

El cuidado óptimo del cuerpo empieza con tus creencias. Es importante saber que tu cuerpo está diseñado para gozar de salud, vitalidad y bienestar toda la vida. Sin embargo, la mayoría de la gente cree que el cuerpo empieza a deteriorarse con el tiempo a partir de los veinticinco años. He oído a personas de treinta y dos años quejarse de dolor de espalda y de que el cuerpo les está traicionando debido a la edad. El cuerpo no nos traiciona. Ni tampoco tiene por qué deteriorarse con el paso de los años. No es más que un sistema de creencias popular tan común en nuestra cultura que está por todas partes. Pero cuando empieces a cambiar tu idea de lo que es posible en cuanto a la salud y el cuerpo físico, sea cual sea tu edad, comenzarás a notar los cambios positivos más deprisa de lo que te imaginaste que fuera posible. Los estudios han demostrado, por ejemplo, que la fuerza muscular y la movilidad de las personas de más de noventa años mejora enormemente con el entrenamiento muscular.

Escribí un libro sobre cómo reconocer y cambiar las creencias negativas de mucha gente sobre lo que le ocurre a su cuerpo a medida que envejece. Se titula *Las diosas nunca envejecen: la fórmula secreta para sentirte radiante, vital y disfrutar de bienestar a cualquier edad*. El mensaje principal de dicho libro es que nuestras creencias son más poderosas que los genes. Es cierto. Tus creencias son, sin duda alguna, el factor más importante que determina lo que le ocurrirá a tu cuerpo y a tu salud. Ya he tratado este tema al hablar del poder de los pensamientos y los sentimientos, pero quiero volver a analizarlo desde una óptica física. A continuación descubrirás cómo los pensamientos afectan a tu salud.

Como ya sabes, cada pensamiento que te viene a la cabeza va acompañado de señales bioquímicas que se propagan por el cuerpo. La serotonina, la dopamina y la epinefrina son neurotransmisores que afectan a todo el cuerpo, y su producción depende de lo que pensamos y sentimos. Los pensamientos estresantes llenos de cólera, miedo o tristeza aumentan los niveles de las hormonas del estrés en el cuerpo, lo cual acaba llevando a la inflamación celular, la causa principal de la osteoporosis, la depresión, la diabetes, las cardiopatías, la artritis y el cáncer.

Pero esta no es la única forma en la que los pensamientos afectan la salud. Pueden determinar literalmente qué genes serán los que se expresarán. Los genes en el ADN de una célula están regulados por una multitud de moléculas conocidas como factores epigenéticos. Estas moléculas responden a las influencias del entorno silenciando ciertos genes y activando otros cuando es necesario.

La conexión mente-cuerpo

El poder de los pensamientos sobre la salud lo demostró de manera excelente la pionera del mindfulness Ellen Langer en la década de 1990. Langer tomó a dos grupos de hombres, de 70 a 87 años de edad, y los apartó de sus vidas cotidianas durante diez días. Ambos grupos se sometieron antes a una serie de pruebas médicas para determinar la audición, la visión, la frecuencia cardíaca, la función pulmonar y la tensión arterial en estado basal, así como el peso y el aspecto físico.

A un grupo se le dijo que llevaran la vida habitual de siempre. Y al otro, que viviera como si fueran jóvenes de nuevo. En las paredes del lugar donde residían los participantes de este último grupo se colgaron fotografías de cuando se encontraban en la «flor de la vida» (entre los 40 y los 50 años). También disponían de revistas de aquella época. Y de programas de televisión de aquel tiempo.

Al terminar los diez días les volvieron a hacer las pruebas médicas. Todos los parámetros de los hombres que habían vivido como si fueran jóvenes de nuevo habían mejorado. Su ritmo cardíaco era más saludable, al igual que la función pulmonar. Mejoraron en todo aquello que creemos que se deteriora con la edad. Además, parecían haber rejuvenecido diez años. Los hombres que vivieron como si volvieran «a la juventud» incluso se pusieron un día a jugar a fútbol americano. Los del grupo de control, en cambio, no mejoraron en lo más mínimo. La doctora Langer ha realizado desde entonces muchos otros experimentos para demostrar hasta qué punto nuestras creencias influyen en el funcionamiento del cuerpo. En su libro *Atrasa tu reloj: el poder de la posibilidad aplicado a la salud* encontrarás más información sobre el experimento.

La demostración más poderosa de cómo las creencias afectan al cuerpo físico procede de la investigación del doctor Mario Martinez y de su labor con los estigmas, las marcas que les aparecen en el cuerpo a los que creen profundamente en las heridas sufridas por Jesucristo durante la crucifixión y que se identifican con ellas.

Los estigmas son dolorosas heridas físicas en el cuerpo que simbolizan el sufrimiento de Jesús. El doctor Martinez, con la colaboración del Vaticano, estudió a personas con estigmas. Algunos casos son fraudes. Y otros, reales. El padre Pío es una de las personas más famosas a las que estudió. Una mujer en particular, en Ciudad de México, mostraba una cruz muy dolorosa en la frente. Le sangraba a diario. Y, cuando la gente la iba a ver para que les curara, se curaban. Enviaron al doctor Martinez para que estudiara aquel caso. Analizó una muestra de las heridas de la frente de la mujer y descubrió que eran estériles. Sin bacterias. Sin infección. Y no había la menor evidencia de que las heridas se debieran a una autolesión. Eran, definitivamente, una manifestación física de sus creencias.

Le preguntó si deseaba dejar de sufrir. Ella le respondió que sí. Y juntos trabajaron en el sistema de creencias que le había provocado las heridas en el cuerpo. La frente se le curó. Pero entonces los que iban a verla dejaron de mejorar. Sin los estigmas, no sanaban. Ella y el doctor Martinez llegaron a un acuerdo factible. La cruz le volvería a salir en la frente, pero sería un veinte por ciento menos profunda, dolorosa y sangrante. Su sufrimiento se redujo notablemente, pero no desapareció del todo. Y, al ver la cruz en la frente de nuevo, los creyentes que la visitaban volvieron a curarse.

Esta experiencia fue una de las muchas que llevó al doctor Martinez a crear el Instituto de la Ciencia Biocognitiva, la ciencia que estudia la profunda conexión entre nuestras creencias y la salud física.

A todos nos han inculcado creencias familiares y culturales sobre la salud, como «No te lo comas que ha caído al suelo. Está lleno de gérmenes y enfermarás». O «He estado expuesto al virus de la gripe. Siempre pillo todos los virus de la oficina. Sé que me voy a enfermar».

O «A mi edad soy demasiado mayor para [rellena el espacio en blanco]». Las creencias producen profundos efectos bioquímicos que cambian la expresión genética. La ciencia de la epigenética ha demostrado que el cuerpo responde a nuestro entorno, como a la dicta, los pensamientos, la actividad física y las emociones. Como una creencia no es más que un pensamiento repetitivo, se puede cambiar. Y la salud mejora gracias a ello.

La fascia: el lugar donde las creencias viven en el tejido conjuntivo

Si bien el proceso de los cambios bioquímicos basados en los pensamientos se empieza a aceptar cada vez más, en el cuerpo hay otro sistema de comunicación y de información que se pasa por alto en gran medida. Se trata de una estructura del tejido conjuntivo que se extiende como una red por todo el cuerpo, conocida como fascia. Conecta la piel con los músculos, revistiéndolos y atravesándolos, y además conecta los músculos con los huesos y con los órganos del cuerpo en una envoltura continua e ininterrumpida. Cuando se despelleja a un pollo, el pellejo viene a ser las capas fasciales que conectan la piel con el musculo que hay debajo.

Como toda la fascia está conectada, lo que ocurre en una parte del cuerpo afecta la fascia de las otras. En cuanto lo vemos, nos damos cuenta de lo limitadas que son las especialidades médicas cuando no tienen en cuenta que los sistemas del cuerpo forman un todo.

La red fascial es un sistema nervioso secundario sin fibras nerviosas sensibles al dolor. Actúa como un sistema de transmisión eléctrico cristalino que envía información a través del cuerpo con suma rapidez. Los meridianos de acupuntura discurren en este sistema, y, cuando las agujas se insertan en determinados puntos de esos meridianos, se registran efectos en los órganos vinculados con puntos específicos. Pongamos, por ejemplo, los pies. La fascia empieza en los pies y se extiende por el cuerpo hasta el cuero cabelludo, de una sola pieza. Cuando recibimos un tratamiento de reflexología en el pie o alguien nos da un buen masaje en él, es tan relajante que no podemos pensar. Incluso es posible que nos quedemos dormidos. Esta reacción se debe a que la estimulación de la fascia en los pies —donde los meridianos del cuerpo se originan hasta cierto punto— afecta cada órgano del cuerpo, incluido el cerebro. Positivamente. Por eso, cuando los pies nos duelen, es como si nos doliera todo el cuerpo.

El tejido conjuntivo del cuerpo puede volverse espeso, cicatricial y grueso debido al estrés físico, emocional o mental. El estrés favorece la inflamación, y más tarde la aglutinación y el engrosamiento del tejido conjuntivo a medida que las fibras se van pegando. Con el tiempo, el cuerpo va acumulando fascia espesa y cicatricial en los músculos y las articulaciones, lo cual acaba produciendo dolor, una amplitud limitada de movimientos y el andar desgarbado y rígido asociado a la vejez. Pero no solo limita el movimiento físico. Por el área cicatricial afectada deja de circular libremente la información, las sensaciones o la sangre. Se aísla del resto del cuerpo. Y las posibilidades con las que nacimos de gozar de una buena movilidad y expresión física, emocional y espiritual también se reducen con el tiempo.

Bob Cooley, el descubridor de una técnica de estiramiento fascial conocida como flexibilidad-resistencia, fue a los veintiocho años arrollado por un coche que circulaba a 130 kilómetros por hora. Le fracturó la pelvis, le aplastó la pierna izquierda, le dislocó el hombro y le desgarró la parte superior del brazo izquierdo. También sufrió una conmoción cerebral y permaneció inconsciente durante un tiempo. Como es lógico, las secuelas del accidente le dejaron con dificultades para caminar y con dolores.

Bob, que había dirigido una compañía de baile y era especialista en biomecánica, se dedicó a experimentar en su propio cuerpo, y descubrió que los músculos, cuando los estiramos, se contraen de forma espontánea. Cuando estiraba y tensaba los músculos simultáneamente —como un perro o un gato estirándose y tensándose a la vez al levantarse del suelo—, la amplitud de sus movimientos aumentaba. Y, además, su dolor se reducía. Al final, descubrió unos estiramientos para cada sistema de órganos, estiramientos basados en los principios de la medicina china tradicional que imitaban las antiguas *asanas* de yoga (posturas). Esos estiramientos también le ayudaron a eliminar la fascia espesa y el tejido cicatricial de los músculos. No solo recuperó la función normal de sus articulaciones y músculos, sino que además experimentó una mejoría en la digestión, la capacidad pulmonar, las facultades mentales y la salud en general. El cuerpo y la mente le funcionaban mejor ahora que antes del accidente. Aunque hace mucho que conozco la conexión cuerpo-mente, fue de Bob y de los profesionales que ha formado que aprendí que esa conexión se encuentra en la fascia. La unidad del cuerpo, la mente, las emociones y el Espíritu se manifiestan en el cuerpo físico. No es solo una idea de la Nueva Era.

El estiramiento fascial me reveló hasta qué punto las creencias y las heridas de la infancia condicionan cómo vivimos en nuestro cuerpo físico y nos movemos. Este proceso lo expresó de una manera sumamente poética la difunta Isadora Duncan, una famosa bailarina.

> Hoy día apenas se conoce la magia que reside en los movimientos y la fuerza de ciertos gestos. La cantidad de movimientos físicos que la mayoría de la gente realiza en la vida es sumamente limitada. Al haber restringido y disciplinado sus movimientos en las primeras etapas de la infancia, se acostumbran a una serie de hábitos que raras veces son variados. Sus actividades mentales también responden a una serie de fórmulas que suelen repetir. Esta repetición de los movimientos físicos y mentales va limitando su expresión, hasta que se vuelven como actores que cada noche representan el mismo papel.

Tras estirar e «interpretar» mi fascia, Bob determinó que me había olvidado de mí misma para intentar que mi madre superara la muerte de mi hermana. Este trauma de la infancia, del que yo no era consciente, es lo que me empujó a ser ginecóloga y obstetra, y a intentar salvar a muchas otras madres y bebés. El trauma emocional de esta muerte y el hecho de que mi querida madre no supiera cómo quererme (se le daban bien otras cosas), hicieron que mi corazón se recubriera de una fascia espesa, mi «punto débil», como Bob la llamaba. La rotura y la eliminación de la fascia gruesa en el meridiano del corazón me permitió sentirme mucho más a gusto en mi propia piel. Como Bob dijo: «Cuando acudiste a mi consulta por primera vez, tenías el aire de una mujer que no se creía digna de amor». Me señaló que iba con la espalda encorvada, anunciándole al mundo entero que me sentía como si no me mereciera ser querida. En aquel tiempo era verdad. Pero ya no lo es. La otra ventaja de haber liberado al meridiano del corazón de la espesa fascia que lo recubría es que ya no siento tanto el impulso de salvar a la gente como antes. ¡Qué gran alivio! Ahora disfruto de mucha más alegría y libertad de movimiento en mi vida.

Probablemente habrás notado que los hijos tienden a caminar como sus padres. Y a moverse como ellos. Este hecho no se debe a la genética, sino a querer encajar, a tender a imitar lo que vemos a nuestro alrededor. Cuando nos dicen una y otra vez que bajemos el tono de voz o que estemos sentados sin movernos, vamos reduciendo la gama completa de actividades. Con el tiempo, este condicionamiento limita en gran medida lo que el cuerpo físico es capaz de experimentar. También establece patrones de fascia espesa que restringen el movimiento.

Pero, en cuanto empezamos a aprender a romper la fascia gruesa que perpetuaba nuestras antiguas creencias y pautas de conducta, renacemos, como quien dice. A cualquier edad.

Reestructura la fascia

Hay muchos sistemas para eliminar una fascia gruesa, como el yoga, el Pilates y la acupuntura. Otras clases de métodos físicos, como el Rolfing, la Yamuna Body Rolling[1] y el método MELT,[2] también son indicados para la fascia. Incluso deslizar la planta del pie sobre una pelota de tenis sentado ante un escritorio es un buen sistema para empezar a reestructurar la fascia. Mi hermana se curó del «todo» de su trastorno del hombro congelado deslizando la parte posterior de los músculos del hombro sobre una pelota de tenis apoyada contra la pared, mientras la hacía rodar entre la pared y su cuerpo. Le llevó un par de semanas. Pero ahora ha recuperado toda la amplitud del movimiento. En YouTube encontrarás varios buenos vídeos introductorios sobre estas técnicas. Cualquier método a base de estiramientos para ganar flexibilidad es útil. La técnica de liberación miofascial de John Barnes también ha ayudado a muchas personas. John ha formado a instructores de todo el mundo en esta técnica.

Aunque estos métodos sean buenos, el proceso más rápido y avanzado que he usado para reestructurar mi propia fascia es el sistema descubierto por Bob Cooley. Los estiramientos de los que se compone ayudan a cualquier persona a reestructurar la fascia y a adquirir nuevas pautas de bienestar emocional y espiritual. En YouTube hay una serie de videos disponibles que muestran los estiramientos. Si buscas en Google «Resistance Flexibility» los encontrarás. En www.BendableBody.com también aparece más información. Muchos de estos métodos han incorporado los principios de activar los músculos mientras los es-

---

1. Técnica terapéutica innovadora que consiste en rodar sobre una pelota diseñada para este fin, armonizando el propio peso del cuerpo con la respiración. Al rodar sobre la pelota, los músculos se relajan. *(N. de la T.)*

2. Método de autotratamiento para sentirse bien, eliminar el dolor crónico y borrar los signos del envejecimiento. Reequilibra la regulación del sistema nervioso y fomenta la recuperación del organismo. Por medio de unos movimientos sencillos y precisos, ayuda a eliminar el estrés provocado por la vida cotidiana. *(N. de la T.)*

tiras en las clases de yoga y en otras actividades. Recuerda: observa a un gato o a un perro levantándose después de una siesta. O fíjate en cómo estiras los brazos por la mañana por encima de la cabeza, tensando el cuello, la cara y los hombros mientras bostezas. Los estiramientos con resistencia consisten en esto. Si es posible, te recomiendo que alguien supervise tus estiramientos. En muchos lugares también se imparten talleres. Asistir a uno te permitirá trabajar directamente con un instructor experto en el método.

No te limites a sentarte: aprovecha la fuerza de gravedad

Movernos con regularidad —a diario— es totalmente esencial para estar sanos y felices. El difunto doctor Paul Dudley White, fundador de la Asociación Cardiológica Americana y creador de la cardiología moderna, lo sabía muy bien. Recuerdo que de adolescente leí información sobre él y me encantó la frase en la que dice que tenía dos médicos: ¡la pierna derecha y la pierna izquierda! Fue en bicicleta a lo largo del río Charles a diario toda su vida. También caminaba con regularidad.

La doctora Joan Vernikos, autora de *Sitting Kills, Moving Heals*, fue directora de la División de Ciencias de la Vida de la NASA cuando John Glenn, el famoso astronauta del Apolo que cumplía con los «requisitos», quiso volver al espacio a los setenta y siete años. Vernikos no tenía idea de si era o no seguro permitírselo, y nadie tan mayor había viajado antes al espacio. Pero, como Glenn aguantaba el mismo ritmo de entrenamiento que los otros astronautas mucho más jóvenes, le dejaron formar parte de la tripulación del Discovery. Ejecutó sus tareas con soltura, y al volver a la Tierra mostró el mismo grado de debilitamiento que los otros astronautas. Pero todos, independientemente de la edad, sufrieron los efectos de la ingravidez durante un par de semanas. Como Vernikos señaló, esos efectos no eran nada nuevo. Algunos de los efectos de la ingravidez son pérdida de equilibrio, disminución de la frecuencia cardíaca, reducción de la densidad ósea y pérdida de masa muscular, los mismos efectos adversos que Vernikos había visto y estudiado en jóvenes totalmente sanos de veinte años que habían estado guardando cama varias semanas para que los investigadores estudiaran los efectos de la inactividad en sus cuerpos.

Las observaciones de Vernikos la llevaron a concluir que la ingravidez —no mover con regularidad el cuerpo en el campo gravitatorio de la Tierra— era la causa del deterioro conocido como «envejecimiento». Tanto si sufrimos los efectos de la ingravidez, por haber estado en un ambiente ingrávido, como el del espacio, como por estar postrados en cama o sentados muchas horas al día, el efecto es el mismo.

Los efectos de la inactividad y de no mover el cuerpo en el campo gravitatorio de la Tierra son tan nefastos que ahora el permanecer sentado se conoce como «el nuevo tabaquismo». Estar sentado largo tiempo (más de seis horas al día) aumenta el riesgo de cualquier enfermedad, como los infartos, los derrames cerebrales, la diabetes, la obesidad y el cáncer. A decir verdad, aunque hagamos ejercicio con constancia, estar sentados demasiado tiempo anula notablemente los buenos efectos de la actividad física. También empieza a producir fascia gruesa en las articulaciones de la cadera, un proceso que puede iniciarse en la veintena. Mucho antes de que notemos un problema de cadera, la falta de actividad física será el primer paso inevitable hacia un posible deterioro.

No hay que olvidar que esto ocurre si no nos movemos con regularidad en contra de la fuerza de gravedad. Cada vez que mueves el cuerpo en el campo gravitatorio de la Tierra —incluso algo tan sencillo como subir y bajar ligeramente el cuerpo apoyándote sobre los dedos de los pies—, el organismo experimenta miles de cambios fisiológicos diminutos en la tensión arterial, el intercambio de fluidos y la secreción hormonal, y la presión que ejerce sobre los huesos y las articulaciones nos permite mantenernos sanos.

Estar de pie todo el día tampoco es la panacea. Crea el mismo problema. La solución es mover el cuerpo por el campo gravitatorio de la Tierra. A diario. Significa levantarte seis veces cada hora si estás sentado ante un escritorio. Para obtener resultados positivos basta con que te pongas en pie y vuelvas a sentarte. Pero, si te resulta imposible llevarlo a cabo, intenta moverte de alguna otra forma, como estirando el cuerpo o doblando las rodillas. O trabaja de pie ante el ordenador un rato y luego haz sentadillas con regularidad. O sube y baja el cuerpo apoyándote sobre los dedos de los pies de vez en cuando. O camina un poco cada quince minutos. Yo me siento sobre una pelota de yoga mientras trabajo ante el ordenador y hago rebotar el cuerpo con regularidad. Es decir, no estamos hechos para la ingravidez, sino para movernos por el campo gravitatorio terrestre. Las camas elásticas son perfectas para este fin. Puedes comprar una y usarla mientras miras la televisión. Otra gran idea es rebotar sobre una gran pelota de yoga mientras estás sentado ante el ordenador. Es divertido. ¡Y te mantendrá moviéndote alegremente por el campo gravitatorio!

PRACTICA EL EQUILIBRIO

En medicina existe el siguiente gran debate: ¿Se rompió el paciente la cadera y se cayó al suelo? ¿O, al caerse al suelo, se rompió la cadera? Sea lo que sea, no importa, el problema es que cerca del cincuenta por ciento de sujetos que se rompen la cadera ya no vuelven a andar nunca más. Y este accidente no tendría por qué ocurrirte si aprendes a mantener el equilibrio.

¿Recuerdas a los astronautas que perdieron el sentido del equilibro al estar en un espacio sin gravedad durante un tiempo? Otra parte del problema es que no tenían un horizonte con el que orientarse. Pero tú sí lo tienes. Si realizas el siguiente ejercicio, tu equilibrio mejorará de manera extraordinaria:

1. Descálzate.
2. Mantente sobre un solo pie el máximo tiempo posible.
3. Cierra ahora los ojos.
4. Cambia de pie y mantente en esta postura el máximo tiempo posible.

Al cerrar los ojos ¿has tenido que apoyarte enseguida con los dos pies para recuperar el equilibrio? Cuando empecé a hacer este ejercicio, me quedé horrorizada porque cada vez que cerraba los ojos perdía el equilibrio. Seguí practicándolo, al menos tres o cuatro veces al día. Mientras hacía cola en el supermercado para pagar la compra en la caja. Plantada ante la pileta del lavabo cepillándome los dientes. Delante de la cocina preparando la cena. Y descubrí que a las dos semanas podía mantenerme sobre un pie con los ojos cerrados durante treinta segundos o más tiempo. Esta es la rapidez con la que el sistema vestibular, responsable del equilibrio, se afina.

Hazte un favor: desarrolla el equilibrio con este ejercicio como parte de tu rutina diaria. Y, si das un traspié, lo más probable es que recuperes el equilibrio. Es una medicina preventiva excelente.

Disfruta moviéndote a diario

Si bien moverte por el campo gravitatorio de la Tierra a diario te previene de todo tipo de males asociados al envejecimiento, no olvides que el cuerpo está diseñado para moverse incluso más aún. Trepar a los árboles, correr, gatear, bailar; todas estas actividades, además de mantenernos en forma, mejoran nuestra salud física.

Muchas personas optan por el sedentarismo porque les cuesta ser activas físicamente. No quieren hacer ejercicio. No hacen ningún deporte. Carecen de coordinación. Creo que el sistema escolar tiene la culpa de que haya gente que piense de ese modo por haberse centrado durante demasiado tiempo en las habilidades deportivas. Y en la cultura deportiva en general. Los deportes están bien si nos gustan. Pero para hacer actividad física no es necesario interactuar con una pelota impulsándola con las manos, chutándola o corriendo tras ella. Si te encantan el golf y el tenis, procura seguir practicando estos deportes. Tengo muchos amigos que están en equipos de hockey de adultos. Hombres y mujeres. Les apasiona. Y los mantiene activos. Pero no todos estamos hechos para formar parte de un equipo deportivo. Mi madre se ha pasado la vida esquiando. Mi hermana ha empezado a surfear. Mis dos cuñadas se dedican a la doma ecuestre y montan a caballo.

Por fin estoy haciendo realidad mi sueño de la infancia de bailar. Un sueño que se hizo pedazos cuando la única profesora de baile de la pequeña población en la que yo residía se marchó la misma semana que mis zapatos de claqué llegaron por correo. Pero, como el Alma no se rige por el tiempo lineal, nunca es demasiado tarde. Y ahora he cambiado mis zapatos de claqué por zapatos para bailar tango.

Para vivir bien tienes que moverte. No hay vuelta de hoja. Busca la forma de hacerlo, solo o en grupo. Y pasa a la acción. O mantente fiel a ello. Y no dejes nunca de hacerlo.

Tus pies, tu base

Ahora voy a hablar de los pies. Ya he mencionado que la planta de los pies contiene un mapa de cada sistema de órganos del cuerpo. La salud de los pies y de los dedos de los pies refleja directamente la salud del cuerpo. Prueba lo siguiente: descálzate y separa los dedos del pie lo máximo posible. Tienes que ver el espacio entre cada dedo. Si no los ves, significa que necesitas relajarlos y separar los dedos descomprimiéndolos. Hay un accesorio llamado Yoga Toes que se inserta entre los dedos del pie para estirar la fascia que hay entre ellos y relajarlos. También puedes cogerte un pie con la mano contraria e ir introduciendo cada dedo de la mano en los espacios del pie, intentando meter los dedos hasta el fondo. Cuando hayas metido todos los dedos de la mano, gira la parte delantera del pie trazando círculos. Cuando Hope Matthews, mi profesora de Pilates, me enseñó este ejercicio por primera vez, sentí un dolor insoportable. Pero seguí practicándolo. Y ahora puedo meter los dedos entre los espacios del pie izquierdo y del derecho sin ningún problema. Y lo hago a menudo —en la bañera—, sobre todo después de una noche de haber bailado tango.

Hope Matthews muestra una serie de ejercicios en su página de Internet. A mí me han transformado los pies. Consúltalos en www.sparhawkpilates.com. En YouTube también encontrarás varias demostraciones de ejercicios de Pilates para los pies.

Todos necesitamos liberar los pies de la tiranía de los zapatos a diario. Me he dado cuenta de que los zapatos son complementos de moda muy bonitos y sexis. Tengo un «altar» entero de zapatos de tango dedicado a la perfección de unos zapatos bonitos. Pero solo me pongo zapatos de tango —o de tacón— durante un tiempo limitado. Dos horas diarias como máximo. Una o dos veces por semana a lo sumo. ¡Eso es *todo*! Como Katy Bowman señala tan magistralmente en su libro *Whole Body Barefoot*, los zapatos son, literalmente, como una escayola para los pies. Limitan muchísimo la acción de los músculos y las articulaciones de los pies. Les impiden moverse a su aire. Y, con el tiempo, acabamos desarrollando todo tipo de problemas totalmente evitables. Como la fascitis plantar, los dedos en martillo, los juanetes, los callos y la incapacidad de andar descalzos por la arena. Conozco a docenas de pacientes a los que les han prescrito zapatos ortopédicos para los problemas de los pies. Y han acabado con unos pies en tan baja forma y debilitados que ya no pueden caminar sin los zapatos ortopédicos. La solución para tener unos pies sanos y contentos es mantenerlos estimulados y fuertes.

AMA TUS PIES

Mantener tus pies en forma es fácil. Asegúrate solo de que puedan hacer toda clase de movimientos. Camina descalzo con regularidad, sobre todo al aire libre siempre que sea posible. Considera comprarte una esterilla de guijarros. Esta superficie irregular estimula la planta del pie y el cuerpo entero. Ten a mano una pelota de tenis. Desliza el pie sobre ella a diario. Ejercita los pies agarrando una toalla con los dedos de los pies y tirándola hacia ti. Extiende luego la toalla alejándola del cuerpo a la vez que estiras y separas los dedos de los pies. Cualquiera puede hacer estos ejercicios sencillos, y te sorprenderás al ver lo deprisa que responden tus pies.

No olvides que los problemas de cadera y rodillas suelen venir de los pies y de zapatos incómodos. Y, francamente, cualquier zapato, salvo los que son la mínima expresión, son malos para los pies. ¿Recuerdas que las madres enseñaban a calzarse a sus hijos en cuanto aprendían a andar? En teoría, necesitaban llevar zapatos para mantener el pie sujeto. Pero, en cuanto calzas a un niño pequeño, pierde el contacto con la tierra y empieza a andar como el monstruo de Frankenstein, en lugar de corretear descalzo con ligereza. Sé que lo has visto con tus propios ojos. Nos ha ocurrido a muchas madres.

Después de fortalecer los pies, usa un calzado que sea la mínima expresión. Sin tacones. El tacón nos obliga a inclinarnos hacia delante, alterando la alineación del cuerpo. Katy Bowman sugiere que veamos los zapatos de tacón como un «postre». Está bien de vez en cuando. Pero no a diario.

Mueve el esqueleto, baila hasta el amanecer, grita a voz en cuello

Todos nacemos con la capacidad de desahogarnos; es un mecanismo natural de los mamíferos para relajarse, incluidos los humanos. ¿Recuerdas que en el capítulo tres he hablado de los temblores físicos? Una gacela se echa a temblar después de salvarse de milagro de un depredador. Una mujer se pone a temblar tras dar a luz. Incontrolablemente. Se debe a que el cuerpo libera esas emociones intensas. Otras maneras de desahogarnos son llorando y gimiendo. Las lágrimas tienen toxinas. Y, cuando las derramamos, expulsamos las toxinas. El movimiento, las lágrimas y los gemidos son como garfios que enganchan la tensión crónica retenida en el sistema nervioso, los músculos y la fascia para sacarla afuera.

Pero los temblores, las lágrimas o los sollozos no afloran hasta que nos sentimos seguros. Hasta que podemos darnos el lujo de relajarnos.

Tengo un buen amigo que sufrió una conmoción cerebral importante al caerle sobre la cabeza el pesado mástil de un barco. Es un tipo fuerte, un competidor experimentado y un maestro en su oficio de constructor naval. Como te imaginarás, ponerse a temblar y a llorar no es lo suyo. Pero, seis años después de la conmoción cerebral, se descubrió viniéndose abajo y sollozando descontroladamente durante un chequeo médico en el que tuvo que contar los detalles del accidente. Le ocurrió un par de veces. Y no se lo podía creer. Le tranquilicé diciendo que esta reacción era su cuerpo sintiéndose, por fin, lo bastante seguro como para sacar la tensión crónica de las células.

Es imprescindible que crees con regularidad un espacio seguro en el que te puedas relajar y soltar, tanto si lo haces llorando como temblando, cantando o bailando con toda tu alma.

Recuerda que el ego se desarrolla en la infancia de un sistema nervioso hiperestimulado. El subconsciente se forma ideas —muchas de ellas han ido pasando de una familia a otra— para que las experiencias vividas en la niñez tengan sentido. Por ejemplo, si una madre deja «llorar» a su hija hasta que la pequeña vomita a causa del estrés, la niña interpretará la situación como: *No puedo confiar en nadie. Es mejor que aprenda a valerme por mí misma.* Y esta creencia se almacenará en el tejido conjuntivo y lo más probable es que condicione su modo de ver el mundo y de actuar, y a quien atraerá más tarde en su vida.

Si sigue interpretando todas las experiencias y los estímulos a los que responde del mismo modo, con el tiempo le resultará más fácil retener la tensión en el cuerpo que intentar volver a relajarse en su estado de dicha original. Ocurre porque, en cuanto esa niña vuelve a relajarse, le resulta extremadamente irritante que la obliguen a dejar ese estado.

Le es más fácil vivir en una tensión crónica. Y al aferrarse a esta tensión es como empieza a perder la flexibilidad innata de su ser.

Tuve la oportunidad de observar cómo funciona esto en mi nieta de corta edad. Su madre (mi hija Kate) aprendió que a veces los bebés necesitan llorar para relajarse de la tensión acumulada —como los adultos—, y también como una forma de comunicar la necesidad de descansar más. (Todos estamos irritables si no hemos dormido lo suficiente, ¿no?) Cuando la pequeña Penelope necesita echarse a llorar, sus padres activan el temporizador para que suene a los cinco minutos, y la sostienen en brazos mientras llora. Y le hablan. A los cinco minutos, echan mano de lo que sea necesario (mecerla, hacerle el caballito, cantarle) para que se calme si aún sigue llorando. Casi siempre —a no ser que la cantidad de estímulos haya sido enorme, como un viaje en avión—, deja de llorar a los cinco minutos y se transforma en un bebé muy satisfecho y feliz que se duerme en un abrir y cerrar de ojos. Gracias a estos cuidados tan afectuosos Penelope es, por lo general, un bebé contento.

Creo que lo mismo nos ocurre a todos, adultos incluidos. Si nos sintiéramos seguros, si tuviéramos un lugar para llorar a lágrima viva cuando fuera necesario y pudiéramos dormir cuando lo necesitáramos, nuestra fascia no se volvería tan espesa y no tendríamos los problemas de salud que tenemos.

Las lágrimas sin derramar y el llanto contenido se van almacenando en el cuerpo como presión en las células, y con el tiempo esta se revela como inflamación celular. Muchos adultos, cuando notan que se les empañan los ojos, reprimen las lágrimas enseguida para recuperar el control. Es lo que han aprendido en la infancia. Sobre todo los hombres, a los que en nuestra cultura se les enseña a no llorar nunca, o a no mostrar vulnerabilidad o debilidad en público. Un método que va de maravilla para las emociones fuertes es evaluar si el lugar donde estás en ese momento es seguro o no para manifestarlas. ¿Te apoyarán si te vienes abajo? Si no es así, hazle saber a tu cuerpo que darás rienda suelta a tus emociones más tarde. Y luego, cuando tengas un momento libre, busca un lugar seguro y desahógate de tu dolor. Llora. Gime. Échate en silencio en la cama hasta que rompas a llorar. Y ponte a temblar si tu cuerpo siente el impulso de hacerlo. Llega hasta el fondo de tu corazón y sácalo todo. Tal vez al principio creas que si te permites llorar desconsoladamente nunca dejarás de sufrir. Pero lo que descubrirás es que el cuerpo tiene su propia inteligencia. Como a un bebé que lo dejas que llore a sus anchas en un ambiente seguro, el cuerpo también sabe desahogarse llorando. Cuando lo hayas sacado todo, será como si te hubieras quitado diez años de encima. La presión en tus células se habrá relajado. Te sentirás alegre y libre. Si te permites llorar cuando el cuerpo te lo pide, tenderá mucho menos a desarrollar una fascia espesa que limita tus movimientos.

Es un buen sistema, ¿verdad? Una forma natural del cuerpo de limpiarse. Sin recurrir a la agresividad. Pruébalo la próxima vez que sientas que se te empañan los ojos y notes un nudo en la garganta. Respirar hondo y despacio también es de gran ayuda. Respira profundamente diez veces, inspirando y espirando por la nariz cuando te sientas estresado o desees sentir un poco de dicha. Este método hace maravillas. Y el cuerpo también te lo agradecerá con creces.

10

Come saludablemente
y cuida tu jardín interior

*La auténtica reforma de la asistencia médica empieza
en tu cocina y no en Washington.*

ANÓNIMO

Aunque seamos mucho más que lo que comemos, el cuerpo funciona mejor cuando le damos el combustible de la mejor calidad posible. Cuando vamos a repostar a una gasolinera tenemos dos opciones: gasolina de 95 o de 98. Todos los coches funcionan mejor con gasolina de primera calidad. La combustión es más limpia y deja menos residuos. Al cuerpo le ocurre lo mismo.

Lo que comemos contiene los elementos que se convierten en los tejidos y los órganos de nuestro cuerpo. Cuando me estaba formando en cirugía y asistía a la sala de operaciones a diario, me sorprendieron los distintos grados de calidad relacionados con la piel y los tejidos de los pacientes. Algunos tenían unos tejidos conjuntivos resistentes y fuertes, mientras que en otros —incluso en pacientes de dieciocho años— eran tan frágiles y de tan mala calidad que podías separarlos con los dedos mientras hacías una incisión abdominal, o apartabas distintos órganos de la zona. Pero los tejidos sanos los tenías que separar usando las tijeras o el bisturí. Uno de mis profesores llamaba a los tejidos de mala calidad «tejidos taco», refiriéndose a que procedían, sobre todo, de una dieta a base de comida basura rica en carbohidratos simples y pobre en verduras y proteínas.

Cuando los terapeutas manuales expertos tocan a los pacientes para estirarles la fascia o les dan un masaje en los músculos, lo primero que notan es la calidad del tejido del individuo. Y la calidad del tejido mejora enormemente al llevar una dieta a base de productos integrales ecológicos. La calidad de los productos integrales —cultivados en una tierra muy rica en nutrientes— es vital no solo para estar sanos, sino también para recuperarnos de una enfermedad. A mí me gusta decir que comer productos integrales ecológicos es como si la misma Madre Tierra nos amamantara. Al igual que nada supera en calidad a la leche materna, no hay mejor comida que la que proviene directamente de la tierra o del mar.

¿Cuál es la mejor dieta?

Abundan los libros que nos dicen lo que debemos comer. El problema es que suelen contener mensajes contradictorios. Durante un par de décadas se estuvo exaltando las virtudes de una dieta vegana baja en calorías. Después llegaron los entusiastas del crudiveganismo, que afirman que no debemos cocinar nunca los alimentos porque el calor de la cocción destruye las enzimas. Ahora nos hemos ido al otro extremo. La grasa ya no es la enemiga de la salud, como se ha estado diciendo en los últimos cuarenta años. Ahora, el nuevo enemigo es el azúcar refinado.

Durante décadas he estado a la vanguardia de los movimientos relacionados con las dietas y la nutrición. He presenciado lo poderosa que es la comida como medicina. He visto a pacientes curarse de manera espectacular al cambiar simplemente de dieta. Y he hecho todas las dietas habidas y por haber, desde la vegana baja en calorías y la macrobiótica hasta la dieta Atkins y la cetogénica. Crecí alimentándome de productos ecológicos y de buenos suplementos mucho antes de que se volvieran populares. He leído prácticamente todos los libros publicados sobre alimentos sanos, recetas saludables y dietas. Y he ayudado a miles de mujeres a recuperar la salud, hacer las paces con su peso y aprender a disfrutar de comida deliciosa. Buena parte de mi interés en la comida y la nutrición se debe, además de a mi papel como doctora, al resultado de estar intentando durante décadas adelgazar, creyendo siempre que tenía de cinco a diez kilos de más. Y no soy, ni por asomo, la única a la que le ocurre.

Lo esencial en cuanto a las dietas es que no hay una ideal para todo el mundo. A algunas personas les funcionan mejor unas determinadas dietas, y a otras, otras. A algunas les sienta de maravilla una dieta vegana baja en calorías, y otras en cambio engordan o se deprimen cuando la siguen. Experimenta un poco para ver la que te funciona mejor. Dicho esto, hay pocas reglas de eficacia probada para comer saludablemente aplicables a todo el mundo.

Regla 1: sigue la regla del 80-20

Si gozas de salud, desearás que tu dieta se componga sobre todo de productos integrales y naturales, y de verduras en su mayor parte, el ochenta por ciento de las veces. Me estoy refiriendo a verduras, fruta, frutos secos y legumbres, preferiblemente ecológicos. El consumo de alimentos de origen animal debe ser esporádico. Y, cuando lo hagas, las proteínas animales deben proceder de productos lácteos orgánicos, de pollos de granja, de ganado vacuno alimentado con pasto, de cerdos ecológicos criados en un entorno natural y de piezas de caza. La mayoría de las personas necesitan consumir un poco de proteínas animales para estar en buena forma. Algunas, sin embargo, no digieren bien ni los lácteos ni los huevos. A casi todo el mundo le sienta bien consumir cereales en una cantidad limitada.

El otro veinte por ciento del tiempo, sáltate la dieta. Súmate a la fiesta y disfruta a tus anchas. No te estreses sobre lo que estás comiendo. Al igual que cuando te bajas de un avión donde no han servido ningún tipo de comida, te estarás muriendo de ganas de saltarte la dieta y no podrás evitar pegarle un bocado a lo primero que caiga en tus manos. Incluso un donut de chocolate. No te machaques por ser humano. Por tus venas circulan miles de años de evolución y tu cuerpo está programado para sobrevivir comiendo lo más dulce y grasiento que puedas encontrar. La clase de comida que te permitirá sobrevivir a un largo invierno o a un largo período de ayuno. Solo que no lo hagas a todas horas. Aunque probablemente descubrirás que, a medida que pasa el tiempo, no sientes el antojo de comer un solo bocado de comida basura. Ya no te apetecerá.

Por suerte, cada vez es más fácil comer productos ecológicos gracias a los mercados callejeros de alimentos orgánicos, los restaurantes «de la granja a la mesa», que usan productos frescos y de temporada, y las empresas que te llevan productos ecológicos a domicilio a un precio muy rebajado y en un tiempo récord. Como los alimentos ecológicos pueden ser caros, una buena alternativa es consultar en Internet cuáles son las verduras que se cultivan con la mayor o la menor cantidad de pesticidas y de sustancias químicas nocivas posibles. Si no puedes comprar solo productos ecológicos, sé inteligente y compra el tipo de verduras que por su cultivo requieran menos pesticidas.

Cuando intentes comer saludablemente, el secreto está en la planificación. Llena la despensa y la nevera con buenos productos. Dedica el domingo —o el día que prefieras— a preparar comida para poder llevártela fácilmente. Es bueno disponer siempre de comida preparada en la nevera; de lo contrario, te resultará más fácil pedir una pizza por teléfono, un alimento que descompone el azúcar en el cuerpo muy deprisa (¡es cierto!) y que no es un buen alimento básico. Hay docenas de libros que te ayudarán a planificar tu dieta. Te aconsejo sobre todo los de Kris Carr o de Mark Hyman. En *Médico Médium* de Anthony William y en *Always Hungry?* de David Ludwig también encontrarás información utilísima. Al igual que en *Cerebro de pan* de David Perlmutter y en *Sin trigo, gracias: libro de recetas* de William Davis. *The PlantPlus Diet Solution* de Joan Borysenko es mi libro favorito, porque analiza la amplia variedad de diferencias individuales en cuanto a la dieta. Todos estos libros contienen recetas deliciosas. Sí, presentan información contradictoria, ¡pero una buena parte también coincide! Dispones de un sinnúmero de recursos para ponerte manos a la obra.

MEJORA LA COMIDA CON AMOR

Cuando estés en un lugar donde sirvan comida que no suelas tomar, no hace falta que te abstengas de comer. Transfórmala, simplemente, por medio del amor.

Acepta la hamburguesa, el sándwich de pescado, la ensalada o las patatas fritas de un local de comida rápida bendiciendo antes la comida con el poder curativo del Amor Divino. Di algo como: «Con la ayuda de mi Espíritu y de los ángeles, llevo el Amor Divino a esta comida. Pido que se vuelva segura y sana para mí. Que así sea, según la voluntad del Creador». Luego inspira por la nariz. Retén el aire un par de segundos. Y espíralo por la nariz.

La otra forma para transformar una comida poco sana a través del amor es ser consciente del cariño con la que se ha preparado. Si te han invitado a comer en un hogar, la comida que te sirven suele estar elaborada con amor, aunque no sea tu comida vegana sin gluten preferida. Si necesitas seguir estrictamente una dieta especial, asegúrate de decírselo a tus anfitriones *antes* de presentarte en su casa. Y hazles un favor llevándote tu propia comida. No esperes que se tomen la molestia de prepararte un plato especial. Pero, si no estás enfermo y no corres ningún peligro tomando su comida, puedes hacer lo siguiente. Pregúntate: «¿Han preparado la comida con amor?» Lo más probable es que esté cargada del amor y el esmero de los que la han cocinado para ti. Son los momentos en los que la comida *es* amor de verdad. Disfruta de ella, sabiendo que está impregnada de la energía del amor y del esmero. Y, como siempre es una bendición, lleva el Amor Divino a la Comida. Puedes decir esta frase abreviada: «Llevo el Amor Divino a esta comida». Luego, respira hondo. Y disfruta del festín.

Regla 2: evita los aditivos alimentarios adictivos

La mayor parte de productos procesados y envasados están atiborrados de sustancias altamente adictivas concebidas para que los consumamos en exceso. El mayor culpable es el glutamato monosódico, o GMS. El GMS se encuentra en muchos productos procesados y recibe muchos y distintos nombres (véase el apartado de las páginas 188-189), quizás el que da más pie a confusión es el de «condimentos naturales». El ochenta por ciento de los condimentos naturales —incluso los que se encuentran en los productos de las tiendas ecológicas— contienen GMS. Se debe a que en Estados Unidos se permite que los condimentos naturales incluyan hidrolisatos de proteínas, que pueden llevar hasta un veinte por ciento de GMS de porcentaje en peso. No confíes en un producto solo porque esté etiquetado como «natural» o incluso como «ecológico».

El GMS enmascarado bajo sus numerosos nombres aumenta espectacularmente los antojos de comida y la ingesta compulsiva, ya que es una excitotoxina que estimula al cerebro a seguir comiendo. En los laboratorios se usa para que los ratones se vuelvan obesos. Por desgracia, a los humanos les produce el mismo efecto. Esta sustancia también puede provocar dolor de cabeza, sudoración, taquicardia, dolor torácico, náuseas y una serie de otras reacciones.

EL GMS ENMASCARADO BAJO SUS NUMEROSOS NOMBRES

Si ves cualquiera de los siguientes ingredientes en la lista de los componentes nutricionales de un producto que estás considerando comprar, vuélve-

lo a dejar en el estante. Contiene GMS o un ingrediente parecido que le
produciría a tu cuerpo la misma reacción:

- glutamato monosódico
- glutamato
- proteínas vegetales hidrolizadas
- extracto de levadura
- gelatina
- hidrolizados de proteína
- aromas naturales
- Senomyx (un sustituto del MSG)

Prácticamente, el cien por ciento de los *snacks* elaborados convencionalmente del supermercado están atestados de GMS. Por eso no te contentas con comer solo uno, y no me estoy refiriendo a una pieza. Te comes la bolsa entera y luego aún quieres otra. Aunque sepas que al día siguiente te sentirás fatal. Lo sé de primera mano, créeme. Y saben cómo engancharte al producto. Ahórrate el problema de intentar dejar este tipo de *snacks* decidiendo no probarlos siquiera.

Otro culpable son los alimentos envasados que contienen grasas parcialmente hidrogenadas para alargar mucho más la duración del producto. El problema es que las grasas hidrogenadas son sustancias químicas fabricadas en un laboratorio que alteran la membrana celular y la función cerebral. No se encuentran en la naturaleza e interfieren en la función celular normal. También están catalogadas como sustancias cancerígenas.

Otros aditivos alimentarios adictivos y perjudiciales son los edulcorantes artificiales: el aspartamo, la sucralosa y la sacarina. La lista de enfermedades ligadas al consumo de estas sustancias es demasiado larga como para citarla entera, pero incluye trastornos como la hiperactividad, convulsiones, dolores de cabeza, ataques de pánico, alucinaciones, náuseas, diarrea y muchos otros. También es posible que estos edulcorantes favorezcan la obesidad y problemas asociados como la diabetes, ya que alteran el equilibrio de las bacterias intestinales. Básicamente, no son saludables, así que evítalos.

Como los alimentos envasados pueden ser perniciosos para la salud, la mejor solución es leer las etiquetas. Pero también hay algunas reglas de oro que te orientarán en tu compra.

- Cuanto más salado sea un alimento procesado, más probable es que contenga GMS.
- Cuanto más procesado sea un alimento, más probable es que contenga GMS. Prácticamente, todas las sopas en polvo convencionales están repletas de GMS. Al igual que los cubitos de caldo.
- Cuantos más ingredientes contenga un alimento envasado, más probable es que el GMS esté presente.
- Si algo es dulce y bajo en calorías, lo más probable es que tenga edulcorantes artificiales.
- Los alimentos de régimen bajos en calorías y sin azúcares probablemente contienen edulcorantes artificiales.
- Cuanto más larga sea la lista de ingredientes, más probable es que el alimento no sea bueno para ti.

Regla 3: sé listo sobre el gluten

Por todas partes donde miremos vemos productos hechos con harina. Pero la harina ya no es lo que era. En su libro *Cerebro de pan* el cardiólogo William Davis señala que la harina que estamos comiendo en la actualidad apenas tiene algo que ver con la de cincuenta años atrás; se ha modificado genéticamente hasta tal punto que prácticamente no se parece en nada a lo que era. La harina, y la mayoría de otros cereales con gluten, también llevan una proteína llamada gliadina —junto con otras— que es tóxica para muchas células del cuerpo. Cuando se ingiere la gliadina, parte de esta glucoproteína penetra inevitablemente en el torrente sanguíneo. El sistema inmunitario la marca entonces para destruirla, pero, como la gliadina se parece mucho al tejido tiroideo, esta respuesta inmunitaria puede afectar adversamente la glándula tiroides y también la gliadina. Por lo que se da una respuesta inflamatoria que destruye el tejido tiroideo. Los que tienen problemas tiroideos, como la enfermedad de Graves y la tiroiditis de Hashimoto, deben evitar a toda costa el gluten. No solo un poco, sino por entero.

Una buena amiga mía ha tenido una larga historia de hipotiroidismo. Siguió un plan dietético sin gluten durante un mes y perdió 10 kilos. Se sintió fenomenal. Durante unas vacaciones familiares se comió un *muffin*. Y engordó 5 kilos. En dos días. Tiene un doctorado en nutrición y es enfermera. No se lo ha inventado. Ese único *muffin* le trastocó el organismo durante meses. Aprendió que su cuerpo no tolera el gluten. Muchas otras personas han descubierto lo mismo.

En el pasado se creía que la sensibilidad al gluten era muy inusual y solo se diagnosticaba en los pacientes aquejados de celiaquía. Pero con todos los cambios producidos en el trigo y en las dietas, y con la cantidad ingente de harina refinada que tantas personas consumen a diario —bajo la forma de *pretzels*, *crackers*, pasta y pan—, afirmaría que la mayoría de la gente no tolera bien el gluten y que debería evitar consumir cereales lo máximo posible. Al eliminarlo de la dieta suelen desaparecer problemas como el dolor articular, el exceso de peso, la sinusitis y las alergias de todo tipo, y muchos otros más. El neurólogo David Perlmutter ha demostrado, inequívocamente, lo malos que son los cereales para el cerebro. En su libro innovador *Cerebro de pan* cuenta toda la historia. Muchas personas se han curado por completo de la epilepsia siguiendo una dieta sin gluten. El consumo de cereales también se asocia con la demencia a la larga. En parte, se debe a que los productos hechos con cereales se convierten rápidamente en azúcar en el cuerpo. Y ahora se sabe que el alzhéimer es en realidad una diabetes tipo 3. Es cierto, está relacionada con un nivel alto de azúcar en la sangre.

Aunque sientas de pronto el impulso de hacerte un análisis de sangre —porque *te encanta* el pan y no te imaginas eliminándolo de tu dieta—, ten en cuenta que la intolerancia al gluten no aparece en los análisis médicos normales. No malgastes tu tiempo o tu dinero intentando descubrir si sufres intolerancia al gluten. Confía en este consejo: elimina los cereales de tu dieta durante dos semanas. Y, luego, inclúyelos de nuevo y observa qué ocurre.

Hay algunos cereales sin gluten, como el kamut y la quinoa, que son deliciosos. Consúmelos simplemente con moderación y no como un alimento básico. También puedes disfrutar de pasta hecha de alubias, como los espaguetis de fríjoles negros ecológicos. Cuando eliminas el gluten de tu dieta, se te abre un mundo nuevo de sabores y salud.

Sin embargo, cuando adquieras alimentos sin gluten ten en cuenta que, dada la gran demanda en el mercado de este tipo de productos, las compañías están elaborando alimentos sin gluten en los que sustituyen la harina por fécula de patata o de tapioca. Al final, leí el contenido nutricional de un pan sin gluten que me encantaba —afirmaba estar hecho de mijo y semillas de chía— y descubrí que ponía en la etiqueta: agua, fécula de tapioca, harina de arroz integral, clara de huevo, sirope de maíz, sirope de azúcar de caña, fécula de patata, melaza deshidratada, harina de maíz y un puñado de otras sustancias químicas. ¡Cómo no iba a gustarme tanto! Era como comer chocolate. El pan estaba hecho sobre todo de azúcar o de alimentos que se convertían rápidamente en azúcar.

Ahora, la mayor parte del tiempo ya no como pan ni cualquier tipo de repostería sin gluten. Al igual que el pan que consumía, muchos otros alimentos están atiborrados de azúcar. No cometas el error de comprar unas galletas creyendo que son buenas para ti por el hecho de figurar en el paquete «sin gluten». No es cierto. Hay otras opciones sin gluten más sanas, pero muchas no se encuentran en los supermercados habituales. En una tienda de mi barrio, he descubierto un delicioso pan recién horneado que consumo de vez en cuando. Si en la etiqueta ves los siguientes ingredientes: harina refinada sin blanquear, agua, harina de centeno molida a la piedra, levadura, semillas de alcaravea y sal, ¡ya lo tienes! Es el pan más saludable que puedes encontrar.

Regla 4: no todo el azúcar es malo

Todos hemos nacido siendo golosos. La leche materna es básicamente agua con azúcar a la que la Madre Naturaleza le ha añadido todo tipo de propiedades inmunológicas asombrosas. La misma energía del amor que nos ha hecho golosos nos ha proporcionado también una forma sana y natural de satisfacer nuestros antojos: la fruta. Párate un momento a pensar sobre lo simbólicas que son estas palabras en el lenguaje cotidiano: *Sus esfuerzos dieron fruto. Sed fructíferos y multiplicaos. Y bendito el fruto de tu vientre.*

Sí, ya sé que la fruta contiene azúcar. Pero no es lo mismo que el azúcar refinado y concentrado que se le añade a todo, desde las sopas hasta las sodas, creando unos alimentos que no se encuentran en la naturaleza. La fruta contiene todo tipo de nutrientes antioxidantes y fibra que son buenos para nosotros. Anthony William señala que el azúcar de la fruta se va del estómago muy deprisa y penetra en las células para convertirse en energía.

En su libro *Médico Médium,* Anthony presenta un capítulo revelador sobre los saludables beneficios de la fruta. También alaba las virtudes de las patatas, aunque parezca mentira. No se refiere a las patatas al horno «repletas» de nata, pedacitos de panceta y mantequilla, sino a las deliciosas patatas recién cosechadas de todas partes del mundo, sobre todo las pequeñas de color rojizo o multicolor, que son ecológicas. Hasta que no oí hablar a Anthony de la fruta y las patatas, y de sus beneficios, las había estado evitando —a excepción de los frutos del bosque y las manzanas que consumía ocasionalmente— durante años, porque me preocupaba su contenido en azúcar.

Mi conocimiento intelectual sobre «todo el azúcar es malo y nos hace engordar» estaba tan grabado en mi psique que hasta me daba miedo probar el plan *detox* del libro de Anthony. Este plan para limpiar el organismo consiste básicamente en consumir fruta y verdura cruda durante 28 días. Pero al final hice mi propia versión de este plan, porque no toleraba lo fría que era este tipo de comida durante el invierno en Maine.

En la cena tomaba patatas, cebollas y boniatos al horno, y una ensalada con una gran variedad de hortalizas aliñadas con una salsa deliciosa hecha de aguacate, zumo de naranja y cilantro. El resto del día comía alimentos crudos. Cada mañana empezaba la jornada con un *smoothie* de arándanos congelados de Maine, plátano, melocotón, fresas o frambuesas ecológicas, manzana y quizás un poco de espinacas o de hierba de cebada en polvo. Y un par de dátiles. Con una pizca de zumo de limón.

Descubrí que esta forma de alimentarme era tan nutritiva y deliciosa que no quise dejarla y aún la mantengo. Solo que ahora incluyo ocasionalmente pescado o pollo en mi dieta. Y platos a base de alubias. Todos mis antiguos antojos de azúcar, cafeína, repostería y cereales han desaparecido. He descubierto que Anthony tenía razón: cuando dejas que la naturaleza te alimente con la fruta que ha elegido para ti, tu cuerpo dice: «Sí. Gracias». Mis *smoothies* matutinos se han convertido ahora en un alimento básico en mi dieta. Mis invitados también los dejan por las nubes cuando se los sirvo.

Ahora que sabes que la fruta no es tu enemiga, te preguntarás si los otros azúcares y endulzantes tampoco son tan malos después de todo.

Pues algunos se pueden consumir, y otros no. Tomar un poco de miel o de sirope de arce es saludable. Al igual que el azúcar de dátiles.

En cuanto a los endulzantes sin calorías, es mejor optar por un poco de estevia. Un *poco* y nada más.

La estevia es un producto natural, se extrae directamente de la planta que lleva el mismo nombre, y no produce efectos adversos. Sus hojas dulces se han estado empleando durante siglos, y en la última década se comercializan todo tipo de productos que contienen estevia, como la Zevia, un tipo de soda endulzada con Truvia, un extracto de estevia. También puedes cultivar esta planta en tu jardín fácilmente, lo cual te da la ventaja de ir controlando su desarrollo.

Tal vez te preguntes por qué solo puedes tomar un poco de estevia si te aporta tantos beneficios.

Mientras hablaba sobre la estevia con el doctor David Ludwig, endocrinólogo y experto en obesidad, y autor de *Always Hungry?: Conquer*

Cravings, Retrain Your Fat Cells and Lose Weight Permanently, y con su mujer Dawn, directora de una línea de productos integrales, me enteré de que el dulzor intenso de la estevia puede ser el culpable de que muchas personas no pierdan peso. Las células adiposas tienen «papilas gustativas» para monitorizar el entorno. El simple hecho de sentir el sabor dulce en la boca aumenta la producción de insulina, lo cual señala a las células adiposas que sigan almacenando grasa.

Después de reunirme con los Ludwig, me sugirieron que eliminara la estevia de mi dieta —y todos los otros edulcorantes, incluida la fruta— durante dos semanas enteras para que mis papilas gustativas pudieran renovarse. Me di cuenta de que estaba bastante enganchada al sabor dulce y que me costaba una barbaridad seguir su consejo. Para ayudarme, me sugirieron que aumentara mi consumo de grasas para que me sintiera saciada con más rapidez. Accedí a regañadientes a despedirme de los dulces, y a las dos semanas mis papilas gustativas se habían renovado de forma espectacular. La fruta ahora me sabía muy dulce, mucho más que en toda mi vida. Y mi deseo de añadir estevia al té helado y al café disminuyó drásticamente. Ahora solo me echo una o dos gotas en lugar de todo el contenido del cuentagotas que me echaba antes. Y estoy más sana gracias a ello. Además, mis antojos de azúcar han desaparecido.

Aparte de los edulcorantes relativamente saludables que he enumerado, es mejor evitar el azúcar, porque su consumo dispara los niveles de azúcar en la sangre, algo que no es bueno para la salud. Los repetidos picos de azúcar en la sangre provocan daños lentos e inexorables. Es la causa principal de la inflamación celular, un trastorno que favorece todo tipo de problemas de salud.

Hay que tener en cuenta que las dietas bajas en grasas pocas veces son las que estabilizan el azúcar en la sangre. Las dietas pobres en grasas no son demasiado satisfactorias, porque no saben bien. De ahí que normalmente se les añada mucho azúcar para que sean más sabrosas y placenteras. Al igual que ocurre con los productos sin gluten.

ANÁLISIS DE SANGRE PARA DETERMINAR LA ESTABILIDAD DEL AZÚCAR EN LA SANGRE

Para saber si tu nivel de azúcar en la sangre es estable, te recomiendo varias analíticas sencillas.

- **Test de resistencia a la insulina (también llamado prueba de tolerancia a la glucosa):** esta prueba mide el nivel de insulina una o dos horas después de consumir una bebida con 75 gramos de glucosa. El nivel de insulina en ayunas es lo primero que se descompensa si has llevado una dieta que hace que el azúcar en la sangre se dispare. La prueba te mostrará que, si sigues comiendo de ese modo, acabarás teniendo problemas mucho antes de que el nivel de azúcar en la sangre revele el riesgo de volverte diabético. Es una advertencia temprana.

  En lugar de hacerte la prueba, también puedes comprar un glucómetro económico en una farmacia y medir tu nivel de glucosa en ayunas. Es fácil hacerlo. En cuanto te levantes de la cama, mídete el nivel de azúcar en la sangre. Es tu nivel en ayunas y debería ser entre 70 y 85 miligramos por decilitro (mg/dL). Dos horas después de haber comido, vuelve a medírtelo. No debería superar los 120 mg/dL.

- **Hemoglobina A1C:** esta prueba mide tu nivel promedio de azúcar en la sangre durante las últimas seis semanas al medir el porcentaje de hemoglobina glicosilada, la parte de la hemoglobina que se ha «caramelizado» con un exceso de azúcar en la sangre. Debería ser de un 5,5 por ciento o inferior a esta cifra. Por encima de 6,0 significa que tienes diabetes. Tu nivel de glucosa promedio en ayunas debería ser de 75 a 80 mg/dL. Cualquier cifra superior es un factor de riesgo.

  Si cualquiera de estas pruebas revela un nivel por encima del normal, es hora de reducir seriamente el consumo de azúcar en tu dieta.

Evitar consumir azúcar puede costarte, porque a cualquier alimento envasado se le ha añadido azúcar, incluso los que no considerarías dulces. ¿La salsa de tomate? ¿Los aliños para ensaladas? Lee las etiquetas —cualquier alimento podría contener azúcar—, y evita los alimentos que contienen en la lista de ingredientes azúcar de caña o sirope de maíz. Consulta el recuadro de la parte inferior para ver más ingredientes que debes evitar.

Ya he sugerido que evites consumir cereales, incluidos los típicos que la gente toma para desayunar. Es impactante ver que todos los cereales envasados populares infantiles, incluido el «desayuno de campeones», no contienen prácticamente más que azúcar. Son tan adictivos como la heroína. Incluso más aún. Infórmate a fondo. Lee las etiquetas. Evita estos alimentos en el futuro.

AZÚCAR ENMASCARADO BAJO CUALQUIER OTRO NOMBRE

Al igual que el GMS, el azúcar se oculta bajo muchos distintos nombres. Si ves cualquiera de estos ingredientes en la lista nutricional de un alimento, significa que se le ha añadido azúcar:

- Dextrosa anhidra
- Azúcar moreno
- Jugo de caña
- Azúcar glasé
- Jarabe de maíz
- Sólidos de sirope de maíz
- Dextrosa cristalizada
- Dextrosa
- Endulzante de maíz evaporado
- Fructosa
- Concentrado de zumo de fruta
- Néctar de fruta

- Glucosa
- Jarabe de maíz de alta fructosa (JMAF)
- Miel
- Azúcar invertido
- Lactosa
- Fructosa líquida
- Jarabe de malta
- Maltosa
- Sirope de arce
- Melazas
- Néctares (p. ej., néctar de melocotón, néctar de pera)
- Sirope de panqueque
- Azúcar
- Jugo de la caña de azúcar
- Azúcar refinado granulado

La epidemia de obesidad en Estados Unidos, y en el mundo entero, está causada en buena parte por la cantidad enorme de cereales con azúcar añadido que contienen los alimentos preenvasados y procesados, como la comida rápida. Son alimentos baratos, de gran consumo y letales.

Regla 5: el meollo de las grasas

Las grasas no son las enemigas de la salud que nos han hecho creer. Necesitamos consumir grasas saludables como la del aceite de coco, el aguacate, las semillas y los frutos secos y, sí, incluso la de la mantequilla. Las grasas saturadas de origen animal también son adecuadas si los animales han llevado una buena vida, se han alimentado con pasto y no los han criado con antibióticos. ¿Por qué necesitamos consumir grasas? Porque el cerebro y la cubierta de los nervios se componen sobre todo de grasa. Si no alimentamos el cuerpo con grasas, se degrada y los órganos que dependen de ella dejan de funcionar bien. Por eso, los que siguen dietas muy bajas en grasas tienden a deprimirse. Es como si la activación de sus neuronas se deteriorara.

Cuando el doctor William Davis, autor de *Cerebro de pan,* acudió a *Flourish!,* mi programa radiofónico de Hay House, le pregunté cómo dejó de ser un cardiólogo invasivo (practicaba angiogramas y *estents*) para dedicarse a la pedagogía de la salud. Empezó contándome su experiencia personal. Me contó que un día asistió a una conferencia de cardiología y escuchó a un investigador muy conocido alabar las virtudes de una dieta vegana baja en grasas. La charla fue tan impresionante que decidió seguir este tipo de dieta, pero engordó 15 kilos y se volvió diabético. Se dio cuenta rápidamente de que las grasas no eran las enemigas de la salud, y este descubrimiento le llevó a investigar sobre la harina —*Cerebro de pan* se basa en este estudio—, que vincula las subidas de azúcar en la sangre provocadas por la harina con su mala salud. Las grasas que se han estado demonizando durante los últimos cuarenta años no tienen nada que ver con el colesterol y las enfermedades cardíacas; todo se inicia con la inflamación producida por los niveles inestables de azúcar en la sangre. Como he mencionado en la última sección, las dietas pobres en grasas no suelen ser demasiado satisfactorias. Pero si añades grasas saludables a tu dieta, además de sentirte satisfecho, estarás fomentando la salud del cerebro y del sistema nervioso.

GRASAS SALUDABLES

Incorporar más grasas saludables a tu dieta te dará los ingredientes necesarios para estar de buen humor y mantener el cerebro en buen estado. Las siguientes grasas saludables son algunas de mis preferidas.

- Aguacate y aceite de aguacate
- Aceite de coco

- Aceite de linaza
- Mantequilla de vacas alimentadas con pasto
- Mayonesa hecha con aceite de aguacate
- Aceite de oliva extra virgen ecológico
- Mantequillas vegetales ecológicas de todo tipo

La clase de grasas que hay que evitar a toda costa son las grasas parcialmente hidrogenadas, como las que se encuentran en muchos productos envasados de repostería y en la margarina. Estas grasas no están presentes en la naturaleza. Son grasas artificiales que no se vuelven rancias. Se usan en muchos alimentos preenvasados porque alargan la duración del producto. Pero ¿quieres consumir un producto que no caduca hasta después de que tú probablemente lo hagas?

Otro factor que debes tener en cuenta es que cuando consumes grasas no debes combinarlas con hidratos de carbono refinados. Significa que el queso es indicado para ti. Pero no lo acompañes con galletas saladas. La fruta y el queso, o las verduras y el queso, son opciones mucho mejores. O asegúrate de que las galletas saladas estén hechas de legumbres o semillas. Los alimentos hechos con azúcar y grasas son los peores para los humanos, y los más comunes. Como los donuts, la bollería industrial y casi toda la repostería. También incluye los helados. Aquí es donde debes recordar la regla del 80-20. Yo procuro comer solo un par de helados de cucurucho cada verano. Y también un poco de repostería. En especial, *brownies*. Y, además, bendigo estos alimentos por medio del Amor Divino.

Regla 6: cultiva los gérmenes buenos para mantener a raya los malos

Es una regla de peso: es crucial que todos aprendamos a cuidar y alimentar al máximo nuestro jardín interior —la microbioma—, compuesto de billones de células que recubren las paredes intestinales y que viven en las aberturas del cuerpo para protegernos. Cuando nuestro microbioma es robusto y sano, evita de forma natural que los gérmenes se vuelvan peligrosos. En realidad, las bacterias saludables del cuerpo —como las probióticas procedentes de alimentos fermentados y de unos intestinos sanos— contienen lo que se conoce como bacteriocinas, las bacterias buenas que atacan las bacterias patogénicas y lo mantienen todo bajo control. Un microbioma saludable es la mejor protección contra las enfermedades. La salud de nuestro microbioma es tan vital para la salud del cerebro que David Perlmutter, autor de *Cerebro de pan*, ha fundado una sociedad médica totalmente nueva para estudiarla.

Nos encontramos en un momento crucial de la historia humana a medida que dejamos atrás la era de los antibióticos y vemos que la «guerra contra los gérmenes» ha tenido algunas consecuencias terribles no intencionadas.

En primer lugar, y ante todo, el abuso masivo de antibióticos en la ganadería en todo el mundo para que las reses crezcan más y con mayor rapidez. En realidad, la mayor parte de los antibióticos producidos van destinados a la ganadería. Además, muchos médicos —a menudo debido a las peticiones de pacientes desinformados— siguen recetando antibióticos para achaques como un resfriado común solo porque los pacientes esperan recibirlos. Por esta razón, ahora tenemos un problema mundial con las «superbacterias», las bacterias presentes en la comida y en nuestro cuerpo resistentes a cualquier antibiótico conocido, incluidos los más potentes, usados como «último recurso». Dentro de poco, el milagro de la posguerra de la Segunda Guerra Mundial, que salvó tantas vidas y que marcó el inicio de la era de la medicina moderna, tendrá que experimentar varios cambios radicales.

¿Cómo se puede contrarrestar esta guerra contra las bacterias? Consumiendo alimentos ricos en probióticos, las bacterias que contribuyen a que el intestino se mantenga sano al igual que el tracto genital, urinario y respiratorio. Consume alimentos fermentados sanos —que contienen probióticos— con regularidad en tu dieta. El yogur comercial contiene demasiado azúcar añadido. Elige el yogur natural y endúlzalo con estevia y frutos del bosque. El kéfir también es excelente, al igual que la col fermentada, el té kombucha y el kimchi. Las variedades enlatadas no contienen lo que tu cuerpo necesita. Elige productos que estén en la parte de refrigerados del supermercado o elabóralos tú mismo. Hay tantos buenos libros y páginas webs sobre cómo preparar alimentos fermentados que no tendrás ningún problema en encontrarlos. Además, puedes añadir un buen probiótico en tu dieta diaria para mantener tu microbioma en buen estado. Te recomiendo sobre todo tomar probióticos cuando viajes, porque el estrés que suele acarrear tiende a destruir las bacterias saludables.

ELIGE UN BUEN PROBIÓTICO

Cuando busques un probiótico para equilibrar tu microbioma y aumentar la cantidad de bacterias beneficiosas en tu cuerpo, ten en cuenta dos cosas:

- **Diversidad de variedades:** un buen probiótico debe contener al menos dos variedades de bacterias saludables, como los lactobacilus y los bifidobacterium (por ej., B lactis, B bifidum, B longum). La combinación de estas dos variedades favorece el buen estado tanto del tracto gastrointestinal superior como del inferior.

- **Potencia:** la potencia de los probióticos se mide en UFC (unidades formadoras de colonias). Esta cifra debe aparecer en la etiqueta. 5.000 millones de UFC es, tirando por lo bajo, la dosis diaria de mantenimiento. Te sugiero que busques uno más potente que contenga de 12.000 millones a 50.000 millones de UFC. Y asegúrate de que esta potencia esté garantizada hasta el día de la fecha de caducidad.

Además de consumir alimentos fermentados y de tomar probióticos, puedes añadir bacterias saludables a tu dieta recurriendo a la Madre

Naturaleza. Come fruta recién cogida de un árbol o verduras recién recolectadas del huerto. Antony William puntualiza que hay millones de bacterias saludables en los productos recién cosechados de la tierra. Si te alimentas de productos que coges directamente de la tierra estarás llenando el íleon, la tercera porción del intestino delgado, de bacterias beneficiosas que son grandes protectoras de la salud.

Regla 8: elige los suplementos adecuados

Además de los probióticos, tomo una serie de otros suplementos. Hace décadas que lo llevo haciendo. No es posible obtener los nutrientes necesarios solamente de la comida. Aunque consumas casi siempre alimentos ecológicos, la tierra en la que se cultivan las verduras ya no está cargada de nutrientes como antes, porque se ha ido empobreciendo. Los alimentos también pierden nutrientes al exportarlos o almacenarlos. Tendrías que consumir una cantidad enorme de comida para obtener los niveles óptimos de nutrientes.

Estos son los suplementos que creo que es necesario tomar:

- **Un buen multivitamínico/mineral:** busca suplementos que lleven el sello de calidad NSF GMP, y con un certificado farmacéutico que garantice la potencia en la etiqueta. Evalúa tu suplemento basándote en la fórmula CAPPS: Completitud, Absorbabilidad, Potencia, Pureza, Seguridad. Personalmente, ya llevo años adquiriendo productos USANA. He visitado el lugar donde los fabrican y conozco a todos los científicos nutricionales que los elaboran. Me gustan tanto que de hecho soy una distribuidora independiente de USANA. Pero USANA no es la única buena marca que hay en el mercado. También me gusta Metagenics. Si no puedes conseguir estas marcas, o si estás usando otras y deseas averiguar si son de calidad, consulta la *Comparative Guide to Nutritional Supplements* de Lyle MacWilliam.

- **Yodo:** necesitamos cerca de 12,5 miligramos diarios. Si tienes trastornos tiroideos, empieza con una cantidad baja y ve aumentándola poco a poco. El alga dulce de la costa de Maine es muy rica en yodo. También uso un tipo de yodo líquido llamado Survival Shield. La dosis es de uno a dos cuentagotas llenos a diario (se puede adquirir en Internet).

- **Vitamina C:** Procura tomar de 1.000 a 5.000 miligramos por día. Yo tengo siempre en casa un frasco grande con cápsulas de 1.000 miligramos de ácido ascórbico puro. Uso las de la marca Pure Encapsulations. Esta vitamina es un antioxidante tan potente para combatir las infecciones que se estuvo usando hace décadas como remedio intravenoso para la polio.

    Cuando noto que estoy pillando un catarro —o me siento agotada en algún sentido—, cojo literalmente un puñado de cápsulas de vitamina C. A veces tomo hasta 50 al día. Un signo de estar tomando vitamina C en exceso es sufrir descomposición. Los intestinos de cada persona la toleran más o menos. Algunas no pueden tomar más de 2.000 miligramos al día. Pero no olvides que una picadura de mosquito hará que tu nivel de vitamina C en la sangre caiga en picado. Al igual que ocurre si te fumas un cigarrillo o si eres un fumador pasivo. ¡La vitamina C es una especie de medicina preventiva multiusos en tu botiquín!

- **Vitamina D:** necesitamos 5.000 UI (unidades internacionales) diarias para mantener un nivel óptimo en la sangre de 40 a 85 ng/ml (nanogramos por mililitro). A veces para mantener un nivel óptimo en la sangre es necesario tomar mucho más de 5.000 UI al día. En www.grassrootshealth.net, una página web que publica las investigaciones más punteras a nivel internacional sobre la vitamina D, encontrarás *kits* para medir tu nivel de esta vitamina en tu hogar. Advertencia: los niveles óptimos de vitamina D reducen el riesgo de padecer cáncer, enfermedades cardíacas y esclerosis múltiple (SM) ¡en un 50 por ciento! Una exposición regular al sol —de 20 a 30 minutos, tres veces a la semana, en la mayor parte posible del cuerpo, durante los meses de verano— también reduce notablemente el riesgo de padecer cáncer y otros problemas de salud. Treinta minutos de exposición al sol harán que produzcas cerca de 10.000 UI de vitamina D bajo la piel. Evita las quemaduras solares; las investigaciones revelan que el mayor riesgo de cáncer de piel derivado de la sobreexposición solar supera con creces los otros beneficios de tomar el sol. Y los efectos negativos de evitar el sol son tan fuertes que la falta de sol se ha comparado al tabaquismo como un factor de riesgo para enfermedades que abarcan desde el cáncer hasta la tuberculosis.

- **Magnesio:** la mayoría de las personas tienen un déficit de magnesio, un mineral esencial para muchas distintas reacciones enzimáticas en el cuerpo y para aportar energía a tus células. El magnesio también es necesario para una transmisión óptima de los impulsos nerviosos. Puedes tomar magnesio en forma de pastillas, de 1.000 a 2.000 miligramos al día. Las pastillas de glicinato de magnesio son muy absorbibles. También puedes tomar este suplemento en una bebida. Puedes adquirir magnesio envasado en sobrecitos que se toma disuelto en el agua. Su sabor es muy agradable.

Hay muchos otros suplementos, pero los que he citado son los más básicos.

DATE BAÑOS PARA ESTAR SANO

Si te das un baño con sales de Epson estarás absorbiendo tu dosis de magnesio y el cuerpo y la mente se te relajarán al mismo tiempo. Las sales de Epson son en realidad sulfato de magnesio y se pueden usar a modo de suplemento de magnesio. Echa una o dos tazas de sales de Epsom en una bañera llena de agua caliente y date un delicioso baño durante veinte minutos, un espacio de tiempo más que suficiente para absorber el magnesio por la piel.

Las delicias de la comida y del comer

Las reglas que acabo de citar tienen que ver con los «qué» de la comida, con qué debemos llevarnos a la boca para alimentarnos como es debido, pero también hay una cierta magia en los «cómo» del comer.

La antigua costumbre de compartir el pan, es decir, de comer con alguien —aunque no comamos pan— crea un ambiente de ceremonia, placer, conexión y amor en el que incluso digerimos mejor la comida. ¿Qué te atrae más, tomarte tu zumo de vegetales mientras te encaminas a toda prisa al metro, o disfrutar apaciblemente de una taza de té y de una comida saludable con los amigos? Los estudios han revelado que cuando comemos en compañía, aunque sea de desconocidos, digerimos mejor la comida. El doctor Mario Martinez señala que los rituales del placer —disfrutados a diario— son elementos fundamentales en el estilo de vida de personas centenarias sanas; algunas se dan incluso el gusto de fumarse un puro o de tomarse un whisky al día.

Si asocias la comida con el placer y la salud, en lugar de con la culpabilidad y la frustración, disfrutarás de las auténticas delicias del comer. En países como España, Francia e Italia el comer es un arte. Y, cuando te centras en el placer, eres feliz contigo mismo tal como eres. La sensación de plenitud en la vida no está condicionada por la talla corporal, aunque muchas personas vivan de ese modo.

Mi hija y su marido empezaron un programa de control de peso y llevaron una dieta rigurosa seis meses antes de casarse. Tenían un aspecto espectacular. Ambos lucían unos abdominales de infarto y un cuerpo atlético, nunca habían estado tan en buena forma. ¿Qué aprendió mi hija? Que puede tener una silueta como la de las modelos de las revistas. ¿Y qué más? Que mantener ese cuerpo exigía muchas horas. Era una carrera. Significaba pesar y medir toda la comida, y pasarse horas en el gimnasio cada día. Y no pedir nunca lo que le apetecía en un restaurante. Tanto esfuerzo no valía la pena y no la hacía feliz. Ahora tiene otro hijo y una nueva vida. Y un cuerpo fantástico. No es el cuerpo perfecto de modelo que tenía antes, pero no le importa. Es feliz y está sana.

El concepto del «peso ideal» se parece a la búsqueda de la felicidad. Todos creemos que seremos felices cuando consigamos el trabajo adecuado, la pareja perfecta y la casa de nuestros sueños. Pero lo cierto es que primero debemos ser *felices*. Solo entonces estaremos en la tesitura de atraer a nuestra alma gemela o de comer lo que nos nutre de verdad para gozar de salud. Es decir, tienes que descubrir lo que te está «comiendo» por dentro. Cuanto te ocupes de ello, sabrás por fin alimentarte de forma correcta. Y, si tu dieta se basa sobre todo en alimentos integrales, no tienes por qué preocuparte.

Soy una mujer sana, con un peso normal, y prescindo de la báscula.

11

Cuida tu fuerza vital

De modo que, cuanto más sexi es una persona, más inventiva es.
Mayor es su inteligencia. Cuanto menor es la energía sexual,
menor es la inteligencia, y, a mayor energía sexual,
mayor inteligencia, porque el sexo es una búsqueda profunda
para desvelar no solo los cuerpos, no solo el cuerpo
del sexo opuesto, sino todo lo que está oculto.

OSHO

Nuestra fuerza vital —conocida en sánscrito como *shakti*— es el impulso creativo que surge de nuestros cuerpos, mentes y Espíritus como placer físico, deseo, excitación sexualidad y curiosidad. Y se manifiesta como música, diseños, relaciones, arquitectura, libros, inventos, grandes avances científicos y proyectos creativos de cualquier tipo. A un nivel puramente físico, es la energía que nos empuja a reproducirnos como especie.

Pero la fuerza vital es mucho más que esto. Esta fuerza, experimentada como la conexión directa entre el Espíritu y el cuerpo, es el deseo de expresar lo que somos, física, mental y espiritualmente. La fuerza vital anima a nuestro cuerpo y nos permite implicarnos con la vida al máximo. Cuando estamos en contacto con la fuerza vital, vivimos la vida como una gran aventura que vale la pena. Son las «ganas de vivir» que desafían el pronóstico terrible de un médico y hacen que el individuo viva muchos años más de los pronosticados. Stephen Hawking, el conocido físico, es un gran ejemplo. Cuando le diagnosticaron hace décadas una esclerosis lateral amiotrófica (ELA), le dieron de dos a tres años de vida. Todavía no se conoce la causa de la ELA, ni tampoco existe un remedio en la medicina convencional; sin embargo Hawking ha tenido cuatro hijos, dos matrimonios y una carrera brillante. En parte, ha llegado tan lejos por estar en contacto estrecho con su fuerza vital y su sexualidad.

Debemos cuidar, contener, cultivar y dirigir nuestro fuego interior con regularidad. Cuando esta llama arde con viveza, cuando tenemos unas ganas inmensas de vivir o un objetivo en la vida que nos empuja a seguir adelante con curiosidad y pasión, en este caso casi no importa el estado en el que esté nuestro cuerpo físico. En cambio, cuando la llama se apaga, por más vitaminas que tomemos o más ejercicio que hagamos, por más que los demás quieran que vivamos, no nos impedirán que muramos, aunque sigamos habitando nuestro cuerpo físico durante años.

La fuerza vital es el fuego que arde en tu interior. ¡Qué reconfortante es este fuego cuando le sacas partido! Te mantiene caliente. Activa una buena digestión (conocida como fuego digestivo). Te produce una sensación agradable tanto dentro como fuera del cuerpo. Crea vínculos de placer que potencian las relaciones. Básicamente, hace que la vida valga la pena en todos los sentidos. Piensa en cómo te sentiste cuando conociste por primera vez a alguien especial. En los comienzos de una nueva relación sentimental las estrellas brillan más, te sientes satisfecho y no necesitas comer, y todas las canciones de amor del mundo te parecen haberlas escrito tú. Así es la vida cuando usas hábilmente tu fuerza vital.

El deseo sexual: por qué es tan apremiante

Supongo que has oído la expresión «el sexo vende», ¿no? La razón es porque, a un nivel atávico, sabemos que el sexo tiene que ver con la fuerza vital. Nuestro cuerpo físico fue concebido por medio del sexo y las representaciones del sexo —sean de la clase que sean— nos recuerdan la fuerza que nos llevó a vivir bajo una forma física. La expresión sexual y los sentimientos vinculados con ella —estar caliente y excitado— no son más que indicadores físicos de la fuerza vital. Cuando vemos un anuncio sexi o una película erótica, o cuando leemos un libro lleno de erotismo, los mensajes que contienen nos recuerdan nuestro poder creativo inherente y lo delicioso que es conectar con esa sensación de pura vitalidad y éxtasis.

Cuando empezamos a sentir el poder de nuestra fuerza vital al sentirnos atraídos por alguien, nuestro impulso sexual es tan fuerte que haremos lo que sea para estar con esa persona y expresar nuestro deseo físicamente. Aunque trabajemos a tiempo completo, tengamos obligaciones familiares y apenas durmamos lo suficiente, se nos ocurrirá algo para salirnos con la nuestra.

La atracción sexual —y el colocón que sentimos de «no puedo comer, no puedo dormir— están relacionados con una sustancia química cerebral poderosísima conocida como DMT (dimetiltriptamina). La DMT se elabora en la glándula pineal, conocida en los círculos esotéricos como el tercer ojo, o a veces como el Ojo de Horus. Esta glándula se empieza a formar en el cerebro a los cuarenta y nueve días de la concepción del feto, y es también al cabo de este tiempo cuando en el budismo tibetano se considera que el Alma entra en el cuerpo. ¡Qué símbolo más poderoso! Un símbolo que le va como anillo al dedo al origen de esta poderosa hormona.

Curiosamente, la DMT es la sustancia psicodélica más potente conocida por el hombre. Se ha descubierto que no solo hace expandir el tiempo, sino que los que la fuman tienen profundas visiones religiosas. Si creen en ángeles, ven ángeles. Lo mismo ocurre con Jesucristo o con el Buda. La DMT sintetizada en un laboratorio se considera una droga altamente adictiva. Pero, en los humanos, el cuerpo la crea de manera natural durante el enamoramiento. También se produce en cantidades masivas durante el orgasmo. Y, aunque parezca imposible, en el momento en el que morimos. Después de la muerte, se da un espacio de tiempo de varios minutos en el que todavía hay actividad cerebral, y durante ese tiempo la DMT circula por el cuerpo, provocando visiones relacionadas con nuestras creencias más profundas que parecen durar para siempre, y llevándonos supuestamente al cielo o al infierno. Es curioso que los franceses llamen al orgasmo *la petite mort*, «la pequeña muerte». Al igual que esos últimos minutos después de morir, en el orgasmo perdemos conciencia de nosotros mismos —por unos instantes— y nos liberamos de la jaula del ego para recuperar el estado de beatitud de la conciencia primordial en el que nacimos.

La relación de la DMT con el sexo explica por qué este —y los distintos tipos de pornografía— pueden ser tan adictivos, sobre todo cuando se usan para evadirnos de la labor del Alma que hemos venido a realizar en este mundo.

Sexualidad y espiritualidad

La estrecha conexión entre la sexualidad y la espiritualidad no radica solo en las visiones religiosas inducidas por la DMT. En realidad, este vínculo ha existido desde hace milenios.

En los textos llenos de sabiduría de la India, Egipto y de otros lugares se ve que en la pubertad —cuando el deseo sexual se despierta con fuerza— es cuando la energía espiritual conocida como kundalini empieza a subir por el cuerpo. Los textos describen esta energía como una serpiente enroscada en la base de la columna que va activando cada área —y chakra— por el que pasa. Cuando la energía de la kundalini, tras haber estado circulando libremente por los chakras, llega al de la coronilla, en ese momento se considera que aquella persona se ilumina.

Para conocer otra visión más moderna de la conexión entre la sexualidad y la espiritualidad, existe un estudio histórico titulado «La integración de la sexualidad y la espiritualidad», dirigido por Gina Ogden, una investigadora de Harvard. En este estudio, uno de los más extensos que se han realizado sobre el tema, se descubrió que tanto los hombres como las mujeres viven su sexualidad como una experiencia sumamente espiritual que les conecta con Dios.

En su libro *Angel Blessings*, Kimberly Marooney explica los papeles de cada uno de los numerosos ángeles que nos ayudan en la tierra, y las imágenes y la terminología que usa son las mismas que se emplearían para el sexo. Por ejemplo, describe cómo el ángel conocido como Natanael y sus ángeles Amfri nos ayudan a preparar la mente al destruir nuestras creencias y limitaciones autoimpuestas, a fin de que estemos listos para vivir la intensidad del fuego de la fuerza vital. Marooney escribe: «Durante este bautismo, te sientes embargado por el éxtasis del amor incondicional. Dejas que surja con fuerza en una furiosa danza de pasión y éxtasis que estalla en placer con la magnitud de su intensidad. Sentirás un agradecimiento tan inmenso en tu corazón, que en tu pecho estallará un orgasmo y será como si tu cuerpo no fuera más que un canal por el que se mueve esta energía».

Parece excitante, ¿verdad?

La sublimación del deseo sexual

Aunque sea fácil perder conciencia de ti mismo en el éxtasis del orgasmo, no es una manera sana de vivir. La maravilla del deseo sexual es que no tiene por qué manifestarse en sexo. Puedes transmutarlo cuando sea necesario, canalizando la energía que crea en proyectos que den otros frutos aparte de bebés o de orgasmos. En *Piense y hágase rico* de Napoleon Hill, un clásico en su género, hay un capítulo titulado «El misterio de la transmutación del sexo (El décimo paso hacia la riqueza)». El capítulo arranca explicando el significado de la palabra *transmutación*. La transmutación es mudar o convertir un elemento o forma de energía en otra. Hill escribe:

La emoción del sexo crea un estado mental. Debido a la ignorancia sobre el tema y a las inadecuadas influencias a las que la mayoría de las personas han estado expuestas en su adquisición de conocimiento sobre el sexo, este estado mental generalmente se asocia con el físico, y las cosas esencialmente físicas han predispuesto en gran medida la mente.

Hill explica a continuación que se le pueden dar tres usos constructivos al sexo: (1) la perpetuación de la especie humana, (2) el mantenimiento de una buena salud física y emocional y, por último, (3) la transformación de la mediocridad en genialidad a través de la transmutación.

Por *transmutación*, Hill no se está refiriendo al celibato o a la represión de los instintos naturales, sino a la capacidad de canalizar la energía sexual y el deseo sexual en una gran imaginación, valentía, fuerza de voluntad y capacidad creativa. Lo cual exige el deseo de dominar y reencauzar el impulso sexual en una profesión o una vocación…, incluida la creación de riqueza.

Curiosamente, cuando el impulso sexual es nuevo —y la energía de la fuerza vital de la kundalini empieza a despertar en la juventud—, la transmutación de la energía sexual se convierte en el centro del universo en el que los adolescentes viven. La mayoría de las culturas han creado estructuras para ayudar a canalizar esta energía constructivamente, o al menos para hacer que los adolescentes estén tan cansados que no les queden fuerzas para hacer nada con ella. Durante gran parte de la historia humana, la gente se casaba al poco tiempo de dejar atrás la pubertad, por lo que no tenían que transcurrir años y más años en los que se esperaba que sublimaran su deseo sexual. En la actualidad, los deportes, el baile y otras actividades extraescolares de cualquier tipo están pensados para que los jóvenes expresen su energía sexual de otras maneras más constructivas. Su finalidad es que con todas esas actividades, deportes y obligaciones apenas les quede tiempo para hacer los deberes y mucho menos aún para tener sexo entre ellos. Pero, como no vivimos en un mundo perfecto, a veces esto no funciona en un sentido ni en el otro.

Si bien esta estructura evita un gran número de embarazos no deseados o de otros lamentables percances de la juventud, no les enseña a los adolescentes lo poderoso que es el impulso sexual en sí mismo, o cómo encauzarlo en otros proyectos creativos. Les resultaría mucho más útil si en nuestra sociedad hubiera una iniciación espiritual como la de la búsqueda de una visión, o una ceremonia que marcara el paso de la adolescencia a la vida adulta a modo de receptáculo para que canalizaran su fuerza vital de una forma más significativa. Les ayudaría a entrar en el mundo de la mayoría de edad de un modo estimulante, sano y empoderador.

Para sentirnos cómodos con el poder de la fuerza vital y de sus manifestaciones como energía sexual, es necesario reconocer que la adolescencia no es solo una época de caos en la que las hormonas están en plena efervescencia, sino que es el momento en el que el cuerpo recibe un torrente de energía espiritual-sexual. Para usar esta energía sensatamente, los adolescentes necesitan recibir orientación y algún tipo de información sustancial. Decirles: «No vengas a casa embarazada» no sirve de nada. Si bien existen algunas ceremonias de este tipo, como la *kinaalda* de los navajo —que marca cuándo una niña se convierte en mujer— y los *bat mitzvahs* y *bar mitzvahs* de los judíos, en general en nuestra cultura no se ha realizado un buen trabajo en cuanto a honrar el fuego creativo sexual y espiritual de los adolescentes (o de los adultos). Las enseñanzas que les ofrecemos sobre la energía sexual se centran en la vergüenza, las dudas y la turbación, por no hablar de los abusos sexuales y los incestos que con tanta frecuencia se transmiten en ámbitos familiares que necesitan vivir la sexualidad de una manera sana. Debido a todos estos factores, la mayoría de la gente no sabe transmutar su energía sexual demasiado bien. Hay tanto miedo, juicios, incomodidad y malentendidos en torno a la sexualidad y la espiritualidad, que todo este ambiente bloquea los canales del cuerpo. Y estos malentendidos se van transmitiendo de una generación a otra en las familias, la religión y la cultura.

Los bloqueos de la fuerza vital

Las situaciones en las que la gente no puede transmutar su energía sexual de manera sana, para contener y dirigir con destreza su fuerza vital, pueden acabar en un gran drama. No hay que olvidar que, como la fuerza vital es poderosísima, puede hacer arder nuestra propia casa hasta los cimientos, metafóricamente hablando. Por ejemplo, si tu marido tiene sexo con tu mejor amiga, el fuego de esa pasión y los secretos, la rabia y el dolor emocional que conlleva pueden romper tanto tu amistad como tu matrimonio, y afectar negativamente a tus hijos en las generaciones futuras, dependiendo de cómo se haya manejado la situación.

Casi todas las personas que conozco se han chamuscado con las llamas de una fuerza vital que no se usó o manejó con sensatez. Tanto si fue por las humillaciones bienintencionadas y protectoras de las que fueron objeto en la adolescencia como por un incidente tan terrible como una violación o el acoso sexual, los traumas relacionados con la fuerza vital se manifiestan en el cuerpo. Lo más probable es que esa persona tenga algunos bloqueos en las partes de su cuerpo que tuvieron que ver con la fuerza vital regeneradora: los genitales, el ano y las nalgas. Gran parte de las zonas por debajo de la cintura. Y en las mujeres también se incluyen los senos.

Estos bloqueos de la fuerza vital se aprecian en detalles como una vagina entumecida, un pobre tono muscular pélvico y un dolor pélvico crónico. Muchas mujeres sufren estos problemas. Las que han sido víctimas de abusos sexuales tienden a retener su dolor —emocional y físico— en la fascia de la pelvis. Y en el punto G en particular.

En los hombres he visto muchos problemas causados por el trauma de la circuncisión, que médicamente es totalmente innecesaria. Este procedimiento lo popularizó en Estados Unidos el mismo Kellogg que inventó los Corn Flakes Kellogg, y la principal razón fue para que los chicos dejaran de masturbarse. En el caso de las chicas, aconsejó echarles ácido carbólico sobre los genitales. La circuncisión triunfó por la incomodidad que causa la sexualidad en nuestra cultura. Y la situación no ha cambiado demasiado debido a la gran ignorancia que todavía existe sobre el tema.

La cantidad de bebés circuncidados se ha ido reduciendo paulatinamente, incluso entre los judíos. Pero a una gran cantidad de hombres todavía les han extirpado sin anestesia la zona erótica del cuerpo conocida como el prepucio. Y este procedimiento tiene consecuencias emocionales y físicas.

Ante todo, es una intervención de lo más dolorosa practicada sin el consentimiento del afectado. Siempre que he hablado con un hombre circuncidado sobre ello, ha clavado la vista al suelo y a menudo ha hecho algún tipo de gesto inconsciente, como dar golpecitos con el pie en el suelo o con los dedos sobre la mesa. Nuestro cuerpo se acuerda de todo. Y que te hayan circuncidado crea resentimiento y rabia, sobre todo contra las mujeres.

En el reino físico, la circuncisión extirpa un tejido protector muy erótico. El resultado es que la punta del pene se endurece y embota, en comparación a como sería si conservara el prepucio. Cuando un hombre sin circuncidar tiene relaciones sexuales con una mujer, el prepucio se pega a las rugas (los pliegues) de la vagina de un modo que produce más estimulación e intimidad.

Lamento haber practicado tantas circuncisiones como parte de mi profesión médica, y les pido perdón de todo corazón a los hombres a los que yo o mis colegas hemos circuncidado.

Tanto si has sufrido abusos sexuales como si no lo más probable es que te hayan humillado de algún modo. Y esto se queda grabado en el cuerpo e impide que la fuerza vital fluya libremente. Mi primer libro, *Cuerpo de mujer, sabiduría de mujer,* se inspiró en la relación entre estos traumas y la salud. Me chocó ver que casi nadie hablara de que los problemas ginecológicos habituales de tantas mujeres tenían que ver con sus propias experiencias femeninas en una cultura patriarcal.

El placer es curativo

Muchas personas no pueden vivir la vida plenamente, tienen la fuerza vital bloqueada. Se sienten deprimidas, vacías o en una tediosa rutina, y también les cuesta conectar con su potencial erótico. Pero sentir el placer de nuestra fuerza vital es importante y tremendamente curativo. Cuando afirmo que el placer cura, no solo es una ilusión vana.

Cuando empecé a dar clases en la Escuela de Artes Femeninas de Mama Gena, donde se enseña a las mujeres a usar el placer como poder, no sabía nada acerca del potencial curativo del placer y de la fuerza vital ligada a él. Pero, a medida que observaba el resplandor de las participantes, me di cuenta de que lo que estábamos haciendo en la escuela estaba probablemente produciendo un efecto físico curativo. Durante mi charla decidí preguntarles a las alumnas si alguna se había recuperado de algún problema desde que había empezado a asistir a la escuela. Se formó una hilera ante el micrófono que llegaba hasta el fondo del aula. Las mujeres contaron que buscar el placer deliberadamente y sentir su fuerza vital erótica las había ayudado a curarse de todo tipo de dolencias, desde un cáncer de pulmón o de colon hasta problemas ginecológicos o de infertilidad. Este descubrimiento me llamó la atención a más no poder.

Como me gusta entender lo que ocurre, llevé a cabo varias investigaciones al respecto y descubrí que el mecanismo de las curaciones se debía al óxido nítrico. Este gas se produce en el tejido epitelial que recubre los vasos sanguíneos durante actividades placenteras o saludables como el ejercicio físico, el sexo, la meditación y el placer sostenible de todo tipo. La producción de este gas estimula la circulación sanguínea en el cuerpo. Y, como el óxido nítrico es un neurotransmisor potentísimo, equilibra la serotonina, la dopamina, las endorfinas y otras sustancias químicas del bienestar fabricadas en el cerebro y el cuerpo. El óxido nítrico es la molécula de la fuerza vital. Se produce en grandes cantidades durante el orgasmo y también cuando el esperma entra en contacto con el óvulo. Y, al igual que la DMT, también está presente en grandes cantidades en el momento de la muerte. El cuerpo es un organismo tremendamente impresionante.

Es impactante ver de primera mano el poder del placer. Cuando una mujer se permite ser consciente de las partes de su cuerpo que la han hecho sufrir tanto y sentir placer en ellas, rompe a llorar aliviada. Se dice que en la sangre de la herida está el remedio. Para mí significa tener el valor de curar a través del placer la parte del cuerpo bloqueada por el dolor y la humillación. Para los hombres que mantienen una relación con mujeres que han sufrido abusos sexuales es importante saber que el amor y la atención que les dedican son tremendamente curativos para sus parejas. A decir verdad, el pene se conoce a veces como la «varita de luz». En una relación afectuosa, este órgano puede ser sumamente curativo para una mujer. Incluso una mujer me contó que, cuando su marido le da un masaje en la frente con el pene erecto, a ella se le va el dolor de cabeza. ¡Qué poderosa es la curación sexual!

Por suerte, todo el mundo puede sentir su fuerza vital a través del placer en cualquier momento, independientemente del género o de la edad.

Conecta con tu fuerza vital

Para conectar con tu fuerza vital hay cuatro claves esenciales: (1) sintoniza con la vida, (2) busca el placer deliberadamente, (3) exprésate sexualmente de manera plenamente consciente de lo que está ocurriendo aquí y ahora, y (4) conoce y domina tu anatomía erótica. Veamos cada uno de estos pasos.

Clave 1: sintoniza con la vida

Tu fuerza vital —lo que «te pone»— es una expresión tuya única, independientemente de tu género, tu orientación sexual o cualquier otro factor.

Para empezar, repara en lo que te excita. ¿Qué es lo que te hace sentir más vivo? Esta sensación es tu fuerza vital activándose. Si notas cuándo te ocurre, puedes usarla para guiarte en tu vida. Si algo te hace sentir más vivo, aprovéchalo. Si te aburre soberanamente, acaba dejándolo atrás. Tal vez te llene de vitalidad tomar el sol en la playa, cuidar las plantas de un invernadero y oler el aroma de una tierra rica, echar un vistazo en una librería, recibir un masaje en el cuerpo o en los pies, ir a clases de baile, escuchar música y bailar.

Curiosamente, las mujeres pueden usar su cuerpo como un barómetro para saber lo que las excita. Cuando una mujer siente algo placentero, siente que la vagina le palpita de un modo especial. Es lo que los investigadores del sexo llaman amplitud de las pulsaciones vaginales (APV). Estos investigadores han documentado las mediciones de la APV con un aparato, conocido como fotopletismógrafo vaginal, que mide el flujo sanguíneo en la vagina. Lo más fascinante sobre estas pulsaciones, a las que Naomi Wolf llama la conexión cerebro-vagina en su libro *Vagina,* es que, en cuanto las mujeres lo saben, las sienten fácilmente y notan cuándo la vagina les palpita con más intensidad. La investigación de Wolf reveló que las mujeres las perciben con más fuerza cuando están en situaciones en las que se sienten seguras emocionalmente y valoradas sexualmente. Como, por ejemplo: «Las noté cuando mi marido me apartó la silla para que me sentara», o «Se volvieron más fuertes cuando mi chico sacó un pesado sillón de la camioneta». Es decir, notamos esas pulsaciones —aquello que nos pone— cuando estamos con alguien que nos demuestra su capacidad para cuidar de nosotras por medio de la fuerza o la ternura.

También lo sentimos de una forma no sexual. Y aquí está el secreto. Las pulsaciones vaginales también se sienten cuando contemplamos algo bello, como un amanecer o un cuadro maravilloso. O cuando escuchamos música. La relación de una mujer con su mente y su cuerpo es erótica mucho antes de que se dé cualquier conexión sexual con alguien más. Nuestras pulsaciones vaginales son nuestro barómetro interior y el indicador de nuestra fuerza vital. Es una sensación que, además de hacernos saber que nos sentimos seguras y valoradas, también nos conecta con la belleza y la alegría de vivir en un cuerpo. Podemos confiar en estas pulsaciones, en esta fuerza vital. Descubrirás que te produce un enorme placer y deleite.

Para ayudarte a sintonizar con «lo que te pone», independientemente de si eres hombre o mujer, fíjate en tus genitales cuando notes cualquier sensación de fuerza vital en acción, cuando te sientas vivo y vibrante. La energía fluye allí donde llevamos la atención. Siente el área generativa de tu cuerpo. Probablemente notes un hormigueo. Las mujeres quizá sientan esas pulsaciones de la APV. Los hombres pueden sentir el principio de una erección. Después de llevar la atención a los genitales, céntrate en el corazón. Ve fijándote en una parte y en la otra alternativamente. Conecta de este modo el corazón inferior con el corazón superior. Así, tu capacidad para excitarte aumentará no solo en cuanto al sexo físico, sino a la vida cotidiana. Aprenderás a hacer el amor con la propia vida.

Clave 2: busca el placer deliberadamente

La búsqueda deliberada del placer es algo que solemos pasar por alto en la vida, pero es esencial si quieres gozar de vitalidad a lo largo de la vida. Busca pensamientos, relaciones y experiencias que sean agradables. No te costará un solo céntimo. Solo necesitas fijar un día para tener experiencias deliciosas. Puede consistir en estar plantado descalzo sobre el césped diez minutos y sentir lo refrescante que es la experiencia. O contemplar una puesta de sol con asiduidad. O leer un buen libro. Sí, una frase elocuente es uno de los placeres de la vida.

Lo importante es no esperar a «irte de vacaciones» para disfrutar de la vida. Haz que sea una parte de tu estilo de vida. Fíjate en lo que te hace sentir bien o en imágenes placenteras, no te tomará demasiado tiempo. Fíjate simplemente en este tipo de cosas.

Cuando pensamos en el placer, lo primero que nos viene a la cabeza es el sexo. Y, aunque el sexo sea muy agradable, descubrirás que toda tu vida —y también tu vida sexual— mejora si te fijas en otras cosas agradables aparte del sexo. La práctica de disfrutar de todo tipo de placeres te ayuda a estar totalmente presente cuando eres sexi. Y descubrirás que llevarás todas esas vivencias tan sensuales al dormitorio.

Bailo tango con regularidad y, como cuando lo hago me entrego en cuerpo y alma a ello, es para mí una experiencia muy agradable y sexi. Mientras lo bailo, le aporto mi fuerza vital —mi *shakti*— a mi compañero de baile, y él también me aporta la suya. De vez en cuando hay parejas que vienen a bailar tango, y uno de los miembros no quiere que su pareja baile con otra persona. Es demasiado celoso o celosa. Esta actitud es malgastar la fuerza vital. Siempre les digo a las parejas nuevas que bailen también con otras personas. No solo serán mejores bailarines, sino que además su relación de pareja se enriquecerá enormemente. Pueden llevar hasta la última gota de placer que han sentido en la pista de baile a su hogar para compartirlo juntos.

La llamada «disfunción sexual» que más abunda en las mujeres es la falta de deseo. Hace poco se aprobó un fármaco nuevo para tratarla, pero las mujeres no necesitan un fármaco. Y, francamente, los hombres tampoco necesitan medicamentos para aumentar la erección. Lo que todos necesitamos es conectar con nuestra fuerza vital. Estar presentes y vivos en cada situación. Pero no podemos estar presentes si nos pasamos el tiempo trabajando, o preocupados, o resentidos por todo lo que tenemos que hacer. Fijarnos en lo placentero y saber apreciarlo —empezando por las pequeñas cosas del día a día— nos puede cambiar literalmente la vida.

Clave 3: exprésate sexualmente de manera mindful

Este aspecto es muy sencillo. Cuando hagas el amor con alguien, o incluso cuando te des placer, mantente presente. No te hagas daño a ti mismo ni se lo hagas a nadie. Respira hondo. Y siente lo máximo posible.

El fenómeno literario a nivel mundial de la trilogía de *Cincuenta sombras de Grey* dice mucho de las distintas variedades de expresión sexual de las que podemos gozar. Los libros de la trilogía también transmiten un mensaje importante al final del relato: por más juguetes sexuales, posturas y chismes que usemos, el amor, la solidaridad y la conexión auténtica siempre salen ganando. No hay nada más poderoso que la combinación de amor y sexo, aunque sin duda pueden existir, y existen, por separado.

Parte de las experiencias sexuales mindful consisten en asegurarte de que eres feliz y te sientes a gusto, y la monogamia es, al fin y al cabo, una parte importante de ello. Mis experiencias con miles de mujeres (y con algunos hombres) es que esta expresión sexual tiende a ser más segura y creativa cuando el recipiente es sólido. Significa estar solo con una pareja en cada relación, una unión monógama. Aunque haya toda clase de formas de abrir este recipiente —fiestas de sexo, comunidades poliamorosas, talleres tántricos y muchas otras—, abrirlo con regularidad es como abrir la puerta del horno una y otra vez para ver si el pan se está cociendo. El calor se va y la calidad del pan baja.

Hay, por supuesto, individuos que aseguran ser muy felices viviendo en comunidades poliamorosas en las que todos tienen sexo con el resto. Mi experiencia con esta clase de comunidades es que las mujeres que viven en ellas intentan obligarse a que les guste algo que en el fondo no les parece bien. Pero quieren ser modernas. Y ser aceptadas. Y apechugan con la situación. Sin embargo, en el fondo no son felices. Y además les da miedo que las rechacen si dicen lo que piensan.

La terapeuta Pat Allen, autora de *Getting to «I Do»*, llega incluso más lejos. Señala que una mujer, básicamente, puede engancharse al hombre con el que tiene sexo. Cuando una mujer deja que un hombre la penetre —en el coito—, su cerebro produce grandes cantidades de oxitocina, una hormona que se ha vinculado con toda clase de adicciones. Además, el cuello uterino es el área vaginal que en reflexología se corresponde con el corazón. Cuando un hombre penetra a una mujer le está, por lo tanto, estimulando literalmente el corazón. Por lo que es más probable que acabe enamorándose de él.

Esto encaja con el deseo de monogamia que he visto. El compromiso en una pareja es importante para las vivencias sexuales mindful. Allen enseña a las mujeres que desean mantener una relación amorosa sólida que no practiquen el sexo hasta que su pareja se haya comprometido con ellas. La clase de hombre capaz de hacerlo es el que valorará y protegerá a su prometida. Solo valorará a una mujer que se valore a sí misma lo suficiente como para pedirle que se comprometa. Una de las lecciones más duras para muchas mujeres es esta: debemos valorarnos lo bastante como para estar solas hasta encontrar a una pareja que realmente nos aprecie, en lugar de seguir en una mala relación para evitar estar solas. Para conseguirlo debemos aprender a amarnos, apreciarnos y valorarnos antes que nada.

Durante los numerosos años que llevo trabajando en las primeras líneas de la salud femenina, he comprobado que la gran mayoría de mujeres —y los hombres que las aman— buscan esta clase de relación en lugar de relaciones esporádicas o de orgías poliamorosas.

Por otra parte, también sé que existen toda clase de prácticas raras con látigos, cadenas, dominadores, sumisos y todo lo demás de lo que la mente humana es capaz. Y, en este caso, lo que importa es también la solidez del recipiente en el que se realizan estas prácticas. En su libro esclarecedor *Once minutos* —el título se refiere al tiempo que dura el acto sexual—, Paulo Coelho cuenta la historia de una mujer que se dedica a la prostitución. Cuando empieza a trabajar en un burdel, se preocupa de no acabar en el mundo del daño físico y la degradación, aunque se lo pida uno de sus clientes. La razón es que, cuanto más oscura es la dirección que tomamos, más oscura se vuelve. Y el abismo no tiene fondo. Soportar el dolor físico y la humillación para que otra persona se excite sexualmente crea una situación que puede acabar haciendo mucho daño. Como ocurre con las adicciones, con el tiempo uno necesita cada vez una mayor intensidad de la sustancia o del proceso adictivo para obtener el mismo efecto. Dicho esto, si tu recipiente es estable, puedes de manera segura mirar pornografía o participar en situaciones sexuales que conlleven dolor, humillación y degradación.

Pero sé selectiva si eliges hacerlo. Y asegúrate de ser tú la que lo decide. Y de que tu vida mejore y se enriquezca como resultado, en lugar de degradarse.

UNA NOTA SOBRE LA PORNOGRAFÍA

La pornografía es tan vieja como la raza humana. Cuando visitaba la ciudad antigua de Éfeso en Turquía hace unos años, el guía turístico nos señaló unas imágenes pornográficas pintadas en las paredes de los dormitorios en un hogar de la época del Imperio romano, descubierto en una excavación arqueológica.

Pero Internet ha hecho posible ver más imágenes sexuales explícitas que nunca. La combinación de mirarlas repetidamente y de excitarse puede cambiar la estructura del cerebro y hacer que uno se vuelva adicto a la pornografía, la clase de pornografía en la que el objetivo es que un hombre meta su pene enorme en la vagina, la boca o el ano de una mujer (o de un hombre) lo antes posible para tener un orgasmo. La educación sexual de muchos jóvenes se basa en la pornografía. Por eso no han adquirido la habilidad, la paciencia, el afecto y la concentración para crear un sexo sumamente orgásmico y revitalizador. Por desgracia, cuanta más pornografía ve la gente, más quiere ver para recibir el «chute» que anda buscando, sobre todo si lo hace para evitar sentir con profundidad. Debemos ser conscientes de lo que consumimos. Y de por qué lo hacemos. Y, recuerda, no juzgues tu vida sexual por lo que veas en esas imágenes. No dejes que te persuadan a hacer algo que no quieras hacer.

Las películas eróticas auténticas intentan centrarse en la tensión sexual y en la fuerza electromagnética que se va acumulando entre los protagonistas. Recuerdo que al ver la película *Bright Star,* cuando el poeta John Keats le toca por primera vez la mano a la mujer que le amaba, sentí literalmente una descarga eléctrica por todo el cuerpo. Me gustaría ver más imágenes como esta. Son maravillosas. Renovadoras. Intensamente eróticas.

Clave 4: conoce y domina tu anatomía erótica

Hasta ahora he hablado largo y tendido de cómo interpretar, sublimar y canalizar tu fuerza vital. Las instrucciones prácticas relacionadas con tu anatomía erótica que te ofrezco a continuación te ayudarán a encender tu fuego interior de una forma sumamente agradable y sana. El placer es muy curativo y libera las partes del cuerpo bloqueadas, sobre todo la fascia. Tal vez te intimide conectar con tu energía sexual, pero intentar «llegar ahí» vale la pena. Te hará sentir física y emocionalmente más sana y feliz. Naomi Wolf lo ha documentado de maravilla en *Vagina,* un clásico en su género. Curiosamente, estimular tu fuerza vital también tiende a atraer más dinero a tu vida. Lo más probable es que hayas oído la frase «activa tu fuente de ganancias», ¿verdad? Si quieres que ocurra literalmente en tu vida, intenta darte placer a solas o hacer el amor con alguien sobre un montón de billetes, no estoy bromeando. Esto consolidará en tu mente esta poderosa conexión. Observa lo que ocurre.

Te aconsejo que te des placer con regularidad usando la respiración y los sonidos para aumentar las sensaciones placenteras. Lo esencial es enseñar a tu cuerpo a sentir cada vez más recibiendo la menor cantidad posible de estímulos. Hasta puedes tener un orgasmo acariciándote el lóbulo de la oreja. Algunas personas incluso lo alcanzan pensando simplemente en escenas agradables. Todos podemos sentir placer con mucha más facilidad de la que nos han hecho creer.

Intenta hacerlo durante 30 minutos de dos a cuatro veces por semana. Empieza con algo con lo que te sientas cómoda. Siempre puedes aumentarlo más adelante. La relación sexual que mantienes contigo es distinta de cualquier otra relación sexual en tu vida. Si tienes una pareja, deja que se una a ti si lo deseas, pero deberá centrarse en tu placer. Si no tienes pareja, esta práctica hará que te sientas lubricada, activando el flujo sanguíneo en tus zonas erógenas siempre que lo desees. Y, cuando una pareja llegue a tu vida, estarás en muy buena forma para recibirla.

La educadora sexual Sheri Winston señala que también podemos aprender a ser virtuosos sexuales. Solo es cuestión de práctica. Tocar algo fácil en el piano no cuesta nada. Pero interpretar un concierto en el Carnegie Hall requiere concentración y práctica. Con el sexo ocurre lo mismo. Hacer que tu cuerpo aprenda a activar la energía sexual/erótica para usarla a modo de combustible vital no se consigue de la noche a la mañana. Los siguientes consejos te ayudarán a aprender a darte placer.

Órbita microcósmica

Tanto los hombres como las mujeres se pueden beneficiar de la órbita microscósmica. Esta práctica antigua la enseñan los expertos en sexualidad taoísta para distribuir la energía por todo el cuerpo. Es muy sencilla:

1. Coloca la lengua en la parte superior del paladar, justo detrás de los dientes frontales. Esto completa el circuito de la órbita microcósmica que empieza en el perineo, asciende por la columna vertebral y desciende por delante del ombligo.
2. Contrae el músculo pubocoxígeo (PC) varias veces; es el músculo que usas para detener el flujo de la orina. No tenses las nalgas.
3. Inhala tu energía sexual para que ascienda por la columna, hasta llegar a la cima de la cabeza. Luego hazla descender por delante de la cara, hasta el ombligo.
4. Imagínate un caldero de energía sexual entre el hueso púbico y el ombligo. Visualiza que almacenas la energía vital sexual en él cada vez que haces el ejercicio. Esta práctica te permite ir acumulando fuerza vital, en lugar de perderla.
5. Repite esta órbita varias veces.

También puedes hacer este ejercicio de la órbita microcósmica durante el día, en especial cuando sientas deseo sexual. Usa tu imaginación para mover la energía.

Te recomiendo vivamente el Sistema del Tao Curativo Universal de Mantak Chia para aprender más técnicas como esta. En www.multi-orgasmic.com encontrarás más información.

Date placer

Darte placer es una parte tan importante de conocer y dominar tu anatomía erótica que quiero hablar en detalle de ello. Aunque mucha gente se refiera a esta práctica como «masturbación», prefiero evitar esta palabra. Como la peste. No me gusta nada porque está impregnada de vergüenza. *Masturbación* viene de *masturbari*, que en latín significa «mancillar con la mano». ¿Cómo pueden referirse a algo tan bonito de esta manera? Los taoístas de la antigüedad llamaban al autoplacer «autocultivación», una palabra que me parece mucho más adecuada para definir esta experiencia. Darse placer es una parte esencial tanto de la salud física como de la emocional, de modo que veamos cómo funciona.

Para los hombres: aunque no sienta que deba tratar muchos de los aspectos técnicos del autoplacer masculino —ya que suelen ser muy mañosos en ello—, hay un tema técnico del que me gustaría hablar. Se trata del punto G masculino, situado en el ano. Algunos hombres lo evitan cuando se dan placer porque les resulta «raro», pero en el ano hay una gran cantidad de terminaciones nerviosas. Y el punto G se encuentra en el interior, en el lugar donde las agujas del reloj marcarían las 12 en punto. Estimular el ano, sobre todo el punto G, es muy placentero. También es muy saludable para la próstata. Para encontrar las terminaciones nerviosas del ano te recomiendo que uses uno de estos dos objetos. Uno es una «varita» de cuarzo rosa o de otros minerales, y la otra un «njoy» de acero inoxidable, ambos concebidos para el masaje interno. Los venden en Internet. Cuando los uses, asegúrate de emplear bastante lubricante.

Si deseas más información sobre las técnicas para el autoplacer masculino, Steve Bodansky habla en su libro *Sobre el orgasmo* de una variedad de ellas, como la de presionar lo que él llama el «pene oculto», la prolongación interior del pene que se encuentra debajo de los testículos, en el perineo. Al ejercer una cierta presión en este punto estás masajeando la próstata. Presionar este lugar también ayuda a controlar la eyaculación. Estimular esta zona con una presión más ligera les permite a los hombres sentir más placer. Steve Bodansky afirma que para la mayoría de hombres es más placentero tirar de los testículos que empujarlos contra su cuerpo. Pruébalo sin lubricante y luego usa esta sustancia para ver la diferencia.

Aparte de estos detalles técnicos, aprender a maximizar el orgasmo también es muy saludable, y los hombres pueden practicarlo mientras se dan placer. Retrasar la aparición del orgasmo intensifica la sensación de goce y aumenta la energía sexual de manera espectacular. Para ello es muy importante relajarse y respirar profundamente.

Los doctores Steve y Vera Bodansky, autores de *The Illustrated Guide to Extended Massive Orgasm,* son pioneros en el estudio del orgasmo y del placer. Han enseñado a cientos de personas a alcanzar su potencial orgásmico y a sanar su relación con la sexualidad. Enseñan que la mayoría de hombres viven el orgasmo tensándose de golpe y eyaculando. Pero este hábito les impide sentir la fuerza vital y gozar de ella. No tiene por qué ser así.

Los hombres pueden acceder a un mundo de mayor placer si están dispuestos a aprender a tener un orgasmo de otra manera. En este ejemplo, se trata de llegar al orgasmo sin eyacular. Esta práctica alarga la sensación de placer y también hace que se extienda por todo el cuerpo.

Para llevarla a cabo, el secreto está en relajarte, respirar hondo y notar el momento en el que estás a punto de eyacular. Cuando lo sientas, contrae los músculos PC varias veces, como en la práctica de la órbita microcósmica. La excitación sexual se enfriará un poco. En ese momento, vuelve a acumularla. Hazlo aplicando una presión ligera o mayor, o frótate el miembro con la mano con movimientos en espiral. Deja que la energía sexual aumente, y luego haz que baje de nuevo varias veces, hasta terminar eyaculando. Con el tiempo, podrás prolongar a voluntad la erección durante períodos más largos.

Los hombres también pueden aprender a canalizar sus sensaciones sexuales por todo el cuerpo para sentir placer en más áreas. Para conseguirlo, llega casi al orgasmo —es decir, a un gran estado de excitación, pero sin cruzar el límite de eyacular sin querer—, quizás a un 7 en una escala del 1 al 10. Contrae luego los músculos PC y deja de estimularte. Respira hondo mientras realizas un par de órbitas microcósmicas con la respiración y la imaginación. Empieza ahora de nuevo. Hacer varias veces este ejercicio te enseñará a controlar mejor la eyaculación y también te permitirá sentir placer en todo el cuerpo y no solo en los genitales. Con el tiempo, a base de práctica, aprenderás a tener un orgasmo sin eyacular. Y esto te permitirá durar mucho más cuando hagas el amor.

Mantak Chia sugiere en sus enseñanzas multiorgásmicas masculinas que los hombres exploren lo que él llama el «punto del millón de dólares», situado entre los testículos y el ano, en el perineo. Presionar este punto ayuda a detener el reflejo eyaculatorio y a activar el flujo sanguíneo en el pene. El resultado es un placentero palpitar como el de las contracciones prostáticas de la eyaculación. Es mejor estimular el punto del millón de dólares cuando uno tiene una erección y está muy excitado, porque la excitación y el agrandamiento de los tejidos se dan de la parte delantera del cuerpo a la posterior.

Muchos expertos describen la autocultivación masculina como una experiencia a medio camino entre el autoplacer y la meditación. Es muy distinta de la tensión-relajación habitual de echar un «polvo» de dos o tres minutos. Mientras disfrutas y aprendes a prolongar el placer que te das, tómate todo el tiempo que necesites. De este modo estarás haciendo circular por tu cuerpo una energía rejuvenecedora y curativa.

También te permitirá durar más cuando hagas el amor. Mantak Chia afirma que los hombres capaces de alargar la erección y el autoplacer de 15 a 20 minutos pueden durar en el coito todo lo que les apetezca. El secreto está en prolongarlo de 15 a 20 minutos. Y además disfrutarás mientras lo practicas.

A los hombres interesados en conocer más a fondo cómo prolongar el orgasmo, les aconsejo vivamente que lean *El hombre multiorgásmico* de Mantak Chia y Douglas Abrams, *Sobre el orgasmo* de Steve Bodansky y *Succulent SexCraft* de Sheri Winston y Carl Frankel.

Para mujeres: los detalles técnicos del autoplacer femenino son menos conocidos debido a la humillación y los juicios en torno a la expresión sexual femenina. En general, la práctica del autoplacer masculino es mucho más frecuente que el femenino, salvo en algunas excepciones. Me gustaría hablar de varios detalles sobre cómo disfrutar al máximo dándote placer para que te beneficies al cien por ciento del poder de tu fuerza vital.

Crea un espacio agradable y atractivo: te aconsejo que crees un espacio relajante y bonito para darte placer. Usa flores, velas, incienso, música agradable y la bebida que te apetezca. Asegúrate de tener a mano un aceite o una loción de buena calidad. Te aconsejo el aceite de granada, pero hay muchas otras opciones. Si buscas en Google, encontrarás una variedad de productos. Si lo deseas, deja a tu alcance un lubricante. Despeja el espacio. Prepáralo como si estuvieras esperando a un visitante muy importante, porque así es. Tú eres la invitada. Hónrate de este modo.

Empieza masajeándote los pechos: cuando te des placer, empieza dándote un masaje en los pechos. Usa el aceite o la loción que tengas a mano y dedica cinco minutos a tus senos. Haz lo que te resulte placentero o usa un método estructurado como el ejercicio de la cierva que describo en el apartado de la página siguiente. En Internet encontrarás muchos videos excelentes sobre distintas técnicas para masajearte los pechos, incluida la del ejercicio de la cierva.

A la mayoría de las mujeres les resulta muy agradable el masaje en los pechos y la estimulación de los pezones. Como los implantes de seno reducen enormemente la sensibilidad en los pezones, tenlo en cuenta antes de decidir someterte a este tipo de cirugía estética.

EJERCICIO DE LA CIERVA

El ejercicio de la cierva, una práctica antigua taoísta, es excelente para aumentar la energía erótica. También es beneficioso para la pelvis y la salud de los pechos. Se realiza de la siguiente forma:

1. Siéntate con las piernas cruzadas sobre una almohada.
2. Coloca el talón de un pie contra la abertura de la vagina, presionando contra el clítoris. Si no tienes la suficiente flexibilidad para adoptar esta postura, coloca una pelota de tenis junto a tu pubis y presiónala con el talón.
3. Ejerciendo presión contra el clítoris, masajéate los pechos con movimientos circulares. Empieza con las palmas debajo de los pechos, cubriéndolos. Ve ahora rodeándolos hacia los lados, sube a la parte superior y vuelve a bajar hasta completar el círculo.
4. Masajéalos de manera mindful y placentera de 10 a 60 veces. Luego, dales un masaje con movimientos circulares hacia la dirección contraria. Como los pezones son muy sensibles, evítalos de momento.
5. Respira lenta y profundamente.

Tal vez descubras que este ejercicio te empieza a excitar. Es posible que notes que la vagina se te lubrifica.

Masajea el resto del cuerpo: ahora que te has dado un masaje en los pechos, lo más probable es que te hayas excitado. Échate y empieza a masajearte la parte interior de los muslos, el vientre y las áreas que te produzcan placer. No te toques aún la zona del clítoris. En su lugar, juguetea con el vello púbico y otras partes del cuerpo. Sigue respirando con lentitud y profundidad. Si sientes el deseo de hacerlo, muévete gozosa y sensualmente.

Cuando hayan pasado de 10 a 15 minutos, busca tu clítoris, el único órgano del cuerpo diseñado exclusivamente para producirte placer. Tiene 8.000 terminaciones nerviosas. Solo se ve la punta del clítoris, pero es como un iceberg, el resto está oculto dentro del cuerpo. Alrededor de la uretra y del ano hay también un tejido eréctil erótico. Las mujeres tienen la misma cantidad de tejido eréctil que los hombres, pero se encuentra en el interior del cuerpo.

El clítoris se compone de un sistema de tejido eréctil erótico en la pelvis que se extiende en dos ramas a cada lado, llegando hasta el fondo del hueso púbico y también hasta la uretra y el ano. Hay muchas ramificaciones del nervio pélvico que inervan las distintas áreas de la pelvis y de la anatomía erótica. El nervio pélvico nace de la base de la columna y se ramifica de distintas formas que son únicas en cada mujer. Algunas tienen una mayor sensibilidad nerviosa alrededor del clítoris, otras en la vagina o en el punto G. Y algunas en el área perianal. Por eso es tan importante explorar tu cuerpo y conocer tu anatomía erótica.

En el clítoris hay un punto, justo a la izquierda del centro, en la posición de la una en punto (con el reloj de cara a ti), el punto más sensible para la mayoría de mujeres. Empieza a masajear con lentitud y suavidad esta zona. Mantén todas las partes del cuerpo muy relajadas. No tenses las piernas ni las nalgas. Sigue respirando profundamente y disfrutando de la sensación. No intentes tener un orgasmo, pero goza de uno si lo deseas. Mientras te das placer, practica la órbita microcósmica para mover tu energía sexual.

Date placer tocándote el punto G si lo deseas. En las mujeres, el punto G se nota cuando están excitadas, justo detrás del hueso púbico. Tiene el tamaño de una habichuela. Si te pones en cuclillas e introduces en la vagina el dedo índice o el corazón (o ambos) y los doblas hacia arriba, debajo del hueso púbico, notarás el punto G como una zona ligeramente abultada y sumamente placentera. La estimulación del punto G estimula la glándula pineal energéticamente, lo cual a su vez produce DMT, esa maravillosa sustancia química. En Internet encontrarás unas varitas de cuarzo rosa o de otros minerales, que sirven para estimular esta área mientras te das placer. También hay otro objeto para el masaje interno llamado «njoy». La estimulación del punto G es lo que produce la eyaculación femenina. No me estoy refiriendo al orgasmo, ya que este también aparece estimulando otras partes del cuerpo. La eyaculación femenina se da al estimular el punto G. El fluido eyaculado, liberado en grandes cantidades, se parece a la orina, pero en realidad su composición es muy distinta. En los textos antiguos se lo conoce como *amrita*, y se consideraba que consumirlo era muy beneficioso.

Sigue estimulándote el clítoris, el punto G u otras partes de tu anatomía erótica de forma placentera para despertar tu cuerpo. Si te viene un orgasmo, estupendo, pero no es necesario tenerlo. Lo esencial es que tu *shakti* fluya y circule por todo tu cuerpo. Y, de paso, también lo estarás entrenando para sentir más placer.

Advertencia: cuando empieces a estimular por primera vez el punto G, tal vez notes que está embotado o incluso que te duele. Se debe a que en este lugar las mujeres suelen almacenar dolor irresuelto de vivencias sexuales o humillantes del pasado. No dejes que esto te desaliente. Sigue llevando amor y atención a esta área de tu cuerpo. Acabará despertando y descubrirás el gran deleite que te produce. Si mantienes una relación segura y comprometida, puedes pedirle a tu pareja que te estimule esta zona mientras tú lo notas y sientes placer. Hacerlo —sin el objetivo del coito— va de maravilla para la salud de una relación.

BENEFICIOS DE LA PENETRACIÓN VAGINAL

Si eres una mujer sin pareja, te aconsejo que uses un consolador de vez en cuando mientras te das placer. Los de silicona son los mejores en el sentido de que son más fáciles de limpiar. Puedes usar un consolador en tus sesiones de autoplacer. Hay zonas vaginales que se corresponden con los órganos principales del cuerpo, al igual que los puntos de reflexología de las manos y los pies. Irlos estimulando cuando practicas el sexo o usas un consolador es bueno para tu salud, ya que tonifica los órganos del cuerpo.

Durante tus sesiones de autoplacer, no te aconsejo que uses un vibrador porque con el tiempo te hace perder sensibilidad en lugar de aumentártela. Y acabarías necesitando cada vez más estimulación y sintiendo cada vez menos. El objetivo es entrenar tu cuerpo para que se derrita de placer a la más ligera caricia erótica. O pensamiento.

Mantén tu anatomía erótica en buen estado

Me gustaría compartir una última información relacionada con conocer tu anatomía erótica, aunque va dirigida solo a las mujeres. Como he señalado en el inicio de este capítulo, muchas de mis pacientes tenían la vagina embotada y el tono muscular del suelo pélvico debilitado. Por suerte, este problema tiene solución. Puedes despertar tu vagina y mejorar el tono muscular del suelo pélvico con un pequeño objeto llamado «huevo del yoni».

El huevo del yoni es un sistema antiguo para mantener en buena forma los órganos sexuales femeninos, una práctica secreta de las familias reales de la China de la antigüedad. Este sistema mantiene los músculos del suelo pélvico en un estado excelente. También ayuda a prevenir la incontinencia urinaria debida al estrés y el prolapso uterino.

Los huevos del yoni, que pueden ser de jade, cuarzo rosa, obsidiana o de cualquier otro mineral, son unos objetos pequeños ovoides —con dos orificios en la punta— concebidos para insertar en la vagina. La manera más sencilla de usarlos es introducir por uno de los orificios un cordoncito de seda o hilo dental para poder extraerlo con facilidad de la vagina. Ponte de pie y anda por donde estás con el huevo dentro de la vagina de 15 minutos a 1 hora. Si el huevo se te cae estando de pie, tiéndete y practica el mantener el huevo dentro de la vagina mientras tiras un poco del cordón. Con el tiempo, tus músculos vaginales se fortalecerán y podrás mantener el huevo dentro estando de pie. Para aumentar tu fuerza y destreza vaginal aún más, ata un cierto peso al cordón, como una bolsita de piedras. Inserta el huevo en la vagina y usa tus músculos vaginales para sostenerlo. Camina por los alrededores con el huevo dentro de la vagina durante una hora más o menos. El hecho de retenerlo dentro, aguantando el peso de la bolsita de piedras, activa un poderoso mecanismo de retroalimentación que fortalece automáticamente el suelo pélvico y los músculos vaginales.

Hay muchas otras formas de usar un huevo del yoni, que en general se vende acompañado de las instrucciones completas. Puedes conseguirlo en Internet sin ningún problema.

Compartir el amor

Darte placer es importante para reponer tu fuerza vital, pero me gustaría hablar además de la experiencia compartida de amor y sexo. Dar placer a la persona que amas os renueva a ti y a tu pareja.

A lo largo de mi profesión como ginecóloga y obstetra he hablado con muchos cónyuges y parejas, y lo más entrañable que he descubierto sobre casi todos ellos es su gran deseo de darle placer a su pareja. Quieren ser amantes generosos. También reiteraron lo que acabo de decir: disfrutan tanto dando placer a su pareja como cuando tienen un orgasmo.

Una de las cosas interesantes que he descubierto, tanto de mi propia vida como de la de mis pacientes, es que el placer que buscamos las mujeres no es solo puramente físico. A la mayoría nos encanta que nos presten atención, y lo necesitamos a diario de formas pequeñas e importantes. Cuando alguien se fija en nuestro propio placer, como al admirar nuestro cuerpo, nos derretimos de agradecimiento. Nuestra pareja nos lo puede expresar con palabras sencillas: escribirnos un texto sexi para decirnos que está pensando en nosotras o una nota breve en la que nos ponga que está esperando llegar a casa para estar a nuestro lado va de maravilla tanto para la fuerza vital de nuestra pareja como para la nuestra. La famosa novelista Isabel Allende escribió en una ocasión que el punto G de una mujer se encuentra en sus oídos. Cualquiera que lo busque en otra parte va muy errado. Es la pura verdad.

Lo más inteligente que un hombre puede hacer es aprender a amar bien a una mujer, tanto con sus palabras como con su cuerpo. (Esto se aplica, por supuesto, a todos los humanos, sean gais, heterosexuales o transgéneros. Cambia los pronombres si lo deseas.) Una mujer recompensará a semejante hombre viéndole como su héroe de tal modo que lo elevará muy por encima de lo que de lo contrario sería. La razón es que las mujeres (o el miembro más yin de una pareja) son el verdadero centro de poder. En el antiguo proverbio «La mano que mece la cuna gobierna el mundo» hay una gran verdad, aunque las mujeres no hayan gobernado siempre países o promulgado leyes. Sin embargo, emocionalmente tienen un poder enorme sobre la felicidad de los hombres y, por lo tanto, sobre la fuerza vital masculina. Se ha descubierto que los hombres casados son, en general, más felices y están más sanos que los solteros.

Una cosa más que debes saber sobre la experiencia compartida de placer es que las expresiones físicas de la fuerza vital —estar excitado y caliente— son contagiosas. La mujer caliente es la que excita a un hombre y viceversa. Nuestro cuerpo capta la energía del cuerpo de los demás.

En un momento de mi vida, decidí trabajar directamente con los Bodansky, los autores de *The Illustrated Guide to Extended Massive Orgasm,* para revitalizar mis partes bajas. La energía de Steve y Vera como pareja, y el amor palpable que sienten el uno por el otro, fue una inspiración para mí. Llevan muchos años casados, y su fuerte recipiente como pareja comprometida les ha permitido ayudar a los demás a alcanzar su potencial erótico de manera segura dentro de unos límites saludables. También me impactó el hecho de que Vera fuera veinte años mayor que Steve. Este detalle cambió mi idea de lo que es posible en una relación comprometida, y me di cuenta de que la edad no importa.

Lo primero que los Bodansky hicieron fue pedirme que les contara mi historia sexual. Pero me indicaron que lo hiciera de un modo que les excitara. Pues sí. Sabía que no podía fingir en esta tesitura. Tenía que sentir mi cuerpo lleno de erotismo mientras se la contaba, conectando mis pensamientos con mi anatomía erótica. Y entonces Steve me contó algo que no creo que sepan muchas mujeres, porque yo lo ignoraba. Se ve que el pene de un hombre nota si una mujer está excitada. Es como un barómetro sensual. Responde literalmente a la fuerza vital poniéndose erecto. Esto también se aplica a las mujeres y a la APV de la que he hablado antes.

A medida que intentas vivir sintiendo tu fuerza vital plenamente, deja que tu cuerpo sea tu barómetro sensual. Deja que la vitalidad fluya a través de ti. Gózala. Revélala. Es tuya. Poséela y úsala para vivir plena y gozosamente como una fuerza para la prosperidad, el placer y la alegría.

12

El poder de la comunidad

*Es imposible curarnos en la soledad, la curación es lo opuesto
a la soledad. La convivencia es curativa. Para curarnos debemos
asistir con todos los otros seres a la fiesta de la Creación.*

WENDELL BERRY

Suelo decir que «comunidad» equivale a «inmunidad». Y es cierto. Todos los humanos progresamos en un ambiente de una auténtica conexión, aceptación e intimidad. Las interacciones con nuestros seres queridos, con nuestra gente, nos influyen físicamente en gran medida. Somos seres gregarios, y, salvo unas pocas excepciones, cuando mejor nos sentimos física, emocional y espiritualmente es formando parte de una tribu que nos aprecia.

Existen cientos de estudios para demostrar lo crucial que es para nuestra salud relacionarnos con los demás, pero mis favoritos son un par de estudios que lo revelan a la perfección.

Un estudio realizado en la Universidad Carnegie Mellon, en Pittsburgh, se titula «Integración social y salud: el caso del resfriado común». Este estudio demostró hasta qué punto nuestras redes sociales afectan la inmunidad y la resistencia de nuestro organismo. La metodología fue la siguiente: reunieron a un grupo de voluntarios y evaluaron su diversidad social, es decir, la calidad y la cantidad de contactos sociales de los que gozaban. Como, por ejemplo, la familia, la comunidad religiosa, los compañeros de baile, los compañeros de trabajo, etcétera. Después administraron a los voluntarios unas gotas nasales que contenían el virus del resfriado (rinovirus). Los investigadores pesaron más tarde los pañuelos de papel que habían usado para sonarse la nariz, como medida de lo fuertes que eran los resfriados. A lo largo del estudio, descubrieron que los que tendían menos a manifestar los síntomas del resfriado —pese a haber estado expuestos al virus— eran los que disponían de unos contactos sociales más sólidos y diversos. Por eso, cuando alguien exclama: «¡Oh, no quiero abrazarte porque estoy resfriada!», le digo que no me preocupa en absoluto. Y es verdad. Nunca me preocupo en lo más mínimo por si alguien me pega un resfriado, sé que hay muchos otros factores relacionados con la inmunidad aparte de la exposición a los gérmenes. (Y, sí, lavarnos las manos periódicamente reduce las posibilidades de propagar los gérmenes por una facultad o un hospital.)

Otro estudio que me apasiona es el más largo que nunca se ha llevado a cabo sobre lo que nos hace estar sanos y felices: el Estudio de Harvard del Desarrollo Adulto. Este largo estudio se inició en 1938 con 724 varones procedentes de dos grupos: los de Harvard y los de ambientes menos privilegiados de Boston. Cerca de 60 hombres del grupo original seguían viviendo en el 2014. El estudio, que en la actualidad está haciendo un seguimiento a los hijos de los antiguos participantes, ha revelado que los que tienen unas relaciones más sólidas —con amigos, familia y una comunidad— son los más felices y sanos. Se determinó que no es la cantidad de amigos lo que influye en la salud y la función cerebral, sino la calidad de esas relaciones.

Mucho más factores que el de los gérmenes

Como ya he señalado a lo largo del libro, la salud y las enfermedades no dependen de si estamos expuestos o no a los gérmenes, sino que son mucho más complejas. Al fin y al cabo, tanto dentro como fuera del cuerpo hay el triple de gérmenes que de células. Es el microbioma del que he hablado antes. El secreto para gozar de salud es vivir en armonía con las comunidades de personas de nuestro alrededor, y también con las comunidades de microorganismos de nuestro interior y del entorno. Estar en armonía con esas comunidades es mucho más importante que los gérmenes que crezcan en ellas.

En la primera década de 1800, los científicos Antoine Béchamp y Louis Pasteur mantuvieron un argumento que acabó volviéndose famoso. Béchamp sostenía que no era un germen determinado el que causaba una enfermedad, sino el entorno en el que se encontraba. Pasteur alegaba que era el germen el causante. Después de todo, se trataba del tipo que inventó el proceso conocido como pasteurización. Pero, en su lecho de muerte, Pasteur admitió que Béchamp llevaba razón. El entorno es más importante que el propio germen. La mayoría de la gente ha olvidado esta verdad en nuestra era extremadamente higiénica en la que rociamos a nuestro cuerpo, y todas las superficies de nuestro alrededor, con desinfectante. Y en la que nos inyectamos cada vez más vacunas por la creencia cultural de nuestra vulnerabilidad universal a los gérmenes.

Lo cierto es que todos estamos expuestos a los gérmenes que producen enfermedades a diario. Que enfermemos o no depende, sobre todo, de la calidad de nuestras interacciones comunitarias, tanto dentro como fuera del cuerpo.

Al final, el amor y la conexión siempre salen ganando, algo que demostró otro de mis estudios preferidos sobre este tema. El estudio, realizado en la Universidad del Estado de Ohio con conejos, reveló claramente el impacto de la interacción humana sobre la salud, aunque pretendiera en un principio investigar el proceso que lleva a las enfermedades cardiovasculares. En este estudio participaba un grupo de conejos manipulados genéticamente para ser sumamente propensos a las cardiopatías y al endurecimiento de las arterias. Además, los alimentaron con diversas dietas que favorecían las enfermedades del corazón.

Al final del estudio, sacrificaron a los conejos para examinar sus arterias por el microscopio. Todos deberían haber mostrado signos de enfermedades cardiovasculares, y la mayoría lo hicieron. Pero hubo un grupo que revelaba unas arterias limpias y sanas. Nadie entendía por qué. Los científicos repitieron el estudio. De nuevo obtuvieron los mismos resultados. ¿Cómo era posible? Al poco tiempo, descubrieron que el grupo de conejos con las arterias sanas y sin cardiopatías eran los que estaban en unas jaulas a las que podía acceder fácilmente una estudiante de posgrado que los alimentaba cada noche. Pero, además de darles de comer, los acariciaba y jugaba con ellos. Esta interacción social es lo que hizo que estuvieran sanos, pese a sus genes y sus pobres dietas. Cuando presento este dato en las charlas, me gusta añadir: «Si vais a tomar una comida poco sana para la salud cardiovascular, incluid un masaje en vuestra agenda».

El precio de la falta de comunidad y conexión

Cuando mis hijas iban al instituto, les dije que los jóvenes consumían drogas, fumaban y bebían alcohol en la mayoría de los casos debido a la infelicidad. Usaban esas sustancias para evadirse del dolor. También les dije que no se dejaran convencer por la presión de los compañeros. Si una chica se siente mal y quiere encajar a toda costa, será susceptible a la presión de los chicos de su edad para que haga todo tipo de cosas que no son sostenibles ni sanas. ¿Por qué, si no, ibas a demostrar lo enrollado que eres consumiendo una sustancia que contiene docenas de toxinas, destruye tu capacidad pulmonar y tapona las arterias del corazón? Ningún mamífero sano lo haría nunca. Incluso conozco perros que no se comen algunos de los alimentos de comida rápida más populares porque el instinto canino les dice que esa comida no es sana.

El consumo de sustancias adictivas como los cigarrillos, las drogas y el alcohol está muy extendido en todas partes. Y lo que he visto es que se convierte en un auténtico problema cuando la gente de una comunidad carece de vínculos sólidos.

Johann Hari, en su esclarecedora charla TED «Todo lo que crees saber sobre la adicción es falso», cuenta los años en los que estuvo estudiando la investigación sobre la adicción usada para justificar los tratamientos actuales dirigidos a los adictos, que son en su mayoría punitivos. Apunta que las drogas adictivas como la cocaína y la heroína no causan adicción. Si alguna vez te has sometido a una intervención quirúrgica, lo más probable es que te hayan administrado morfina o alguna otra sustancia derivada de la heroína. No hay nada mejor para el dolor intenso postoperatorio. Pero no causa adicción a no ser que ya exista un problema de fondo.

Nuestros modelos de tratamiento actuales para la adicción, simplemente, no resuelven el problema de fondo: la sensación de alienación procedente de nuestra vida, del trabajo, de la vida de los demás, y del sufrimiento emocional que todo esto nos causa. El cerebro registra el dolor emocional y físico en la misma área, y el dolor emocional puede ser tan doloroso como el físico. Las personas con un dolor emocional persistente son las que corren el riesgo de volverse adictas. Cuando a las ratas de laboratorio se las aísla en jaulas y se les da la opción de beber agua con heroína diluida o agua sola, eligen siempre el agua con la droga. Y acaban autodestruyéndose. Pero cuando se las pone en unos entornos enriquecidos, donde gozan de una pila de juguetes y de interacciones sociales, ignoran el agua con la droga. Tienen mejores formas de pasárselo bien.

Las adicciones —ya sean al azúcar, a la cocaína, al trabajo o al sexo— están ligadas al dolor emocional y a la sensación de vacío, y vienen de la falta de vínculos sociales y de una autoestima baja. Y también de desconocer los recursos inmensos y la guía que todos tenemos en nuestro interior. El adicto utiliza la sustancia o el proceso al que se engancha como un remedio para su dolor, pero no son los que lo causan. El doctor Vincent Felitti, que inició el colosal estudio sobre las Experiencias Negativas de la Infancia (ACE), lo ha documentado sin la menor sombra de duda. Cuanto más negativas son las experiencias de la infancia —por ejemplo, divorcio, ver a un progenitor siendo objeto de maltratos físicos o de gritos, pobreza, enfermedades mentales en la familia, enfermedades crónicas y otros problemas—, más propenso es un individuo a volverse adicto, sufrir emergencias médicas, enfermar y morir prematuramente.

Wendell Berry dijo brillantemente en *The Art of the Commonplace*: «La gente consume drogas, legales e ilegales, porque su vida es dolorosa o deprimente de manera intolerable. Detestan su trabajo y no se relajan en su tiempo libre. Están distanciados de sus familias y de sus vecinos. Es revelador el hecho de que en las sociedades sanas el consumo de drogas sea una actividad festiva, sociable y ocasional; en cambio, entre nosotros es una práctica solitaria, vergonzosa y adictiva. Por lo visto, consumimos drogas cuando sentimos que no nos tenemos los unos a los otros».

Johann Hari nos cuenta que, en un pasado lejano, en Portugal se decidió despenalizar las drogas y los drogadictos, y en lugar de meterlos en la cárcel se usó el dinero ahorrado para ayudarlos a volver a conectar con la comunidad y a ganar un buen sueldo. El resultado fue una reducción, en un 50 por ciento, de la cantidad de personas que consumían drogas. Es un ejemplo maravilloso de cómo la compasión y no la humillación, y el amor y no la censura, resuelven el problema de raíz. No siempre es así, por supuesto. Pero es muchísimo más eficaz que el modelo humillador habitual.

He llegado a la conclusión de que la mayoría de la gente —al menos en la cultura occidental— es adicta a algo en algún momento de su vida. La causa de estas adicciones la describió a la perfección una amiga mía que asiste a las reuniones de Alcohólicos Anónimos: «Por lo visto, creo que mi Poder Superior está en cualquier otra persona y en todo lo de fuera, en lugar de buscarlo dentro de mí». Por eso se ha estado diciendo que «la adicción es la respuesta de Dios a la comunidad». En las reuniones de doce pasos o en los grupos de apoyo, la gente puede mostrarse vulnerable y ser sincera. Los resultados son una conexión y una intimidad auténticas.

Encontrando el amor

La difunta Elisabeth Kübler-Ross, una gran pionera en el estudio de la muerte y del morir, dijo que en nuestra sociedad se enseña a los niños a prostituirse desde pequeños al usar diversas versiones de «Te querré si [rellena el espacio en blanco]». Este enfoque nos hace creer que somos imperfectos, que no podemos confiar en nosotros mismos y que debemos buscar la aceptación en el exterior. Nos olvidamos de que basta con lo que somos, y superar esta creencia es una buena razón para haber nacido en este mundo. Cuando observamos esta situación desde el punto de vista del alma, no hay errores. No hay razón alguna para la acusación ni la humillación. Pero debemos recordar que quienes somos es importante, y, a no ser que formemos parte de una tribu que esté alineada con nuestra Alma, no nos sentiremos bien en nuestra piel por más que los demás nos aprueben y acepten.

Lo ilustraré con un ejemplo. Diez años atrás contraje una pulmonía por estar decidida a no someterme a la humillación tribal si me mostraba vulnerable y frágil físicamente. Enfermé por anteponer las obligaciones comunitarias a mi bienestar físico, algo que me inculcaron a la perfección en la facultad de Medicina. A los médicos no nos permiten enfermar.

Me había comprometido a reunirme con un grupo de empresarios en la ciudad de Nueva York para hablar de un posible proyecto. También me iban a otorgar un galardón por ser una pionera en Medicina Funcional. Acababa de volver de Denver pocos días antes, donde había participado en un grupo en el que me sentí infravalorada y explotada. Cuando bajé a reunirme con los empresarios, ya estaba resfriada. En el hotel hacía frío y me sentía destemplada.

Cuando llegué a casa, me fui directa a la cama; sabía que mi recuperación dependía de si descansaba al menos durante veinticuatro horas. Tenía pensado ir a Nueva York al cabo de tres días. Si las cosas me salían como había planeado, ya me habría recuperado del catarro. Pero anunciaron una tormenta de nieve. Sabía que si no iba a Nueva York un día antes no podría volar el día planeado, porque iban a cancelar los vuelos.

Decidí levantarme de la cama —mareada y dolorida— y volé a Nueva York. Allí cumplí con mis obligaciones, pese a sentir que apenas podía con mi alma, tosiendo y con una afonía que casi me impedía hablar. Al terminar, salí a la calle cubierta de nieve, con el viento azotándome el rostro, intentando inútilmente encontrar un taxi.

Cuando por fin llegué a casa, me desplomé en la cama con una pulmonía. Creía poder vencer al resfriado si seguía con mi agenda contra viento y marea, pero acabó venciéndome a mí. Mis pulmones tardaron un año en recuperarse y desde entonces han estado delicados. Si hubiera escuchado mi cuerpo y me hubiera cuidado más cuando necesitaba hacerlo, en lugar de poner mis percibidas obligaciones tribales en primer lugar, nunca habría contraído una pulmonía. Pero en aquella época, en mi tribu, a los que cancelaban algo por estar enfermos se les tachaba de débiles y de inútiles. Recuerdo haber visto en una ocasión a un marine llevando una camiseta que ponía: «El dolor es la debilidad abandonando el cuerpo».

El sistema de creencias de mi tribu en aquel tiempo —que yo apoyaba plenamente—, era que no valía la pena descansar para cuidar de mi cuerpo ni de mi salud. Hacerlo habría sido un signo de debilidad y pereza. Para darte el lujo de descansar tenías que estar a las puertas de la muerte, como quien dice. En mi niñez, uno de los refranes preferidos de mi padre era: «No pidas un saco más ligero. Pide una espalda más fuerte». Es un buen refrán. Pero no siempre se puede aplicar.

Simone Weil describe de maravilla la tendencia humana a intentar encajar: «El peligro no reside en que el Alma dude de si hay pan, sino en que, engañándose a sí misma, se convenza de no tener hambre». Todos estamos hambrientos de vínculos emocionales y de atenciones auténticas, y no los alcanzaremos a no ser que encontremos la tribu de nuestra Alma. Si no la encontramos, nos autodestruiremos buscando una adicción para enmascarar el dolor o ignorando lo que necesitamos para estar sanos.

La aparición de una nueva tribu

En la actualidad nos encontramos en un punto crítico de la historia. La gente está despertando por todo el planeta. Se están formando grupos espirituales de toda índole donde sus miembros se unen para honrarse a sí mismos y honrar al planeta. La forma de tribalismo milenaria en la que nos separábamos en grupos pequeños y luchábamos los unos contra los otros, y en la que sacrificábamos nuestros deseos más íntimos para encajar, está ahora cambiando en otra clase de tribalismo. Un tribalismo en el que vemos cada vez más que formamos parte de la humanidad y que la Madre Tierra es nuestro sistema de apoyo. Somos parte de ella y ella es parte de nosotros. La tierra no está dividida en distintas tribus. Todos somos uno. Al igual que los ríos no están divididos en distintos países. Las cordilleras montañosas se extienden por muchos territorios y países. Lo que nos une es mucho más poderoso que lo que nos separa. Pese a lo que los medios de comunicación quieren hacernos creer.

La investigación sorprendente de personas como Larry Dossey, autor de *One Mind,* ha documentado que a un nivel básico todos compartimos la misma mente, y lo que le ocurre a uno de nosotros nos afecta a todos.

Muchas personas han crecido en familias y en tribus que las han separado de otras en lugar de unirlas. Les han enseñado que su Dios es el único verdadero. Que su estilo de vida es el correcto y que los otros son erróneos. O que el Creador es una fuerza agresiva y reprobadora que pensará forzosamente que no valen nada. Por suerte, el antiguo modelo de los juegos de suma cero (los recursos son limitados, mejor consigo los míos antes de que se acaben) está cambiando por otro modo de pensar. Estamos empezando a ver que hay suficientes recursos para todos en el mundo. No se trata de «el que muere con más juguetes es el que gana». Están apareciendo nuevos modelos de mercadotecnia y de servicios en los que todo el mundo prospera, en lugar de ser unos pocos en la cima del poder los que se embolsan todo el dinero. Como se aprecia en los grandes ejemplos del marketing digital y del marketing de afiliación. Estos modelos funcionan a través de la cooperación y no de la competitividad. También ofrecen ambientes donde se respira amistad e intimidad.

Encuentra tu tribu verdadera

Durante esta etapa de transición del tribalismo antiguo al nuevo, es extremadamente importante comprender las limitaciones de tu programación cultural y abrirte a nuevas ideas y personas que te apoyen. Implica empezar por uno mismo y hacer el trabajo interior necesario para crear una tribu más solidaria. Muchas personas se encuentran entre dos mundos en este sentido. Saben que su vida antigua no les funciona, pero todavía no han establecido una nueva.

Recuerda la investigación del doctor Mario Martinez, que ha documentado cómo las tribus hieren a los miembros que abandonan los confines del poblado con la traición, el abandono y la humillación. Pregúntate si puedes ser tal como eres en tu familia y en tu tribu original. Si no es así, ahora más que nunca en toda la historia es el momento ideal para encontrar a la verdadera familia de tu Alma, pese a todas las lecciones del Alma que has tenido que aprender inevitablemente a lo largo de tu camino.

Diana Kirschner, *coach* especializada en relaciones que escribió *Love in 90 Days,* apunta que vivimos en una era en la que abunda el amor. La mayoría de personas encuentran el amor a cualquier edad más que nunca gracias a los portales de citas y a las redes sociales. Lo mismo ocurre con encontrar tu tribu del Alma. Aunque procura no cometer el error de crear una tribu solo de una herida compartida, como la del incesto, la pérdida de un hijo, el cáncer o cualquier otra enfermedad. Si bien los grupos de apoyo al principio son sumamente útiles, con demasiada frecuencia la herida emocional se convierte en la única razón de su existencia. Y, si evolucionas hasta el punto de querer llevar más alegría y luz al grupo, tal vez descubras que te rechazan de nuevo.

Hace años, cuando me estaba reinventando a mí misma después de mi divorcio, pensaba que mi «tribu real», los que creían en la clase de cosas que aparecen en este libro, estaban en otra parte. En cualquier sitio menos en el lugar donde yo vivía. Sin duda, no se encontraban en mi ciudad. O ni siquiera en mi estado. Como en aquella época me sentía de lo más sola, decidí ir en busca de mi tribu verdadera. Significa que tuve que bajarme de mi pedestal como «autoridad médica», porque esta identidad implica la tendencia a mantener a los demás a raya al poseer todas las respuestas. No estaba abierta a recibir lo que la gente tenía para darme. Quería amigos auténticos, no solo personas que me llamaran cuando tenían un problema o buscaban un consejo.

En aquel tiempo empecé a ver que había docenas de personas como yo que estaban buscando buenos conciertos y actividades como fiestas realmente amenas, en lugar de los eventos en los que te limitas a emborracharte. Encuentros en los que pudiéramos hacer ceremonias de la tierra en días especiales como los solsticios y los equinoccios, y en las noches de luna nueva y luna llena. Ceremonias que se han estado celebrando desde los albores de la humanidad para honrar los ciclos de la tierra y la profundidad con la que las estrellas nos afectan. Reuniones en las que pudiéramos llorar o reír viendo películas juntos, sentados en el sofá e intercambiándonos masajes en los pies. E incluso pasar el día mirando varias películas de un tirón. O hacer una excursión en plena naturaleza durante tanto tiempo como nos viniera en gana.

Con el tiempo, a medida que dejaba que los muros que había erigido alrededor de mi corazón se desmoronaran, fueron apareciendo más miembros de mi tribu verdadera. Sorprendentemente, muchos habían estado viviendo siempre en el mismo lugar que yo. No pude verlos ni apreciarlos hasta que mi vibración fue afín a la suya. Me tuve que desprender de la armadura profesional con la que me había parapetado el corazón y aprender a bailar en un abrazo estrecho. Y lo hice. Literalmente. Al aprender tango. Nuestra comunidad de tango era como un milagro en aquella época, y aún lo sigue siendo. ¿Dónde, si no, personas de todos los estratos sociales y de todas las edades se reúnen, se abrazan y se dejan llevar por el placer y la intimidad de moverse al ritmo de una música romántica?

Además de la tribu de mi ciudad, también descubrí miembros de mi tribu en Turquía, Inglaterra, Escocia, los Países Bajos, Noruega, Dinamarca, Australia, Nueva Zelanda, Alemania, España, Francia, Italia, Argentina, Croacia, México, Costa Rica, India, Tailandia, Taiwán, China, África y Oriente Medio. Y de gran parte de otros lugares del planeta. Cuanto más me liberaba de la antigua programación tribal de lo que se «suponía» que debía hacer, decir y pensar para «encajar» en una forma de ser que nunca había ido conmigo, más aumentaba mi tribu auténtica. Con estas personas, cuanto más expreso lo que siento —con el corazón abierto, lleno de amor y de aceptación por mí misma y por los demás—, más me aceptan.

Encontrar la familia de tu Alma es un proceso, pero al final vale la pena. Para encontrar a tu gente, pregúntate lo siguiente: «¿Qué me interesa? ¿De qué tema he querido siempre saber más cosas? O ¿Qué quiero ver y experimentar? ¿Qué es lo que siempre he querido probar?» Y, luego, deja que esta verdad te guíe. Aquello que buscas también te está buscando a ti.

El siguiente paso es el más difícil. Debes tener el valor para salir de tu zona de confort. Casi todos recordamos los momentos en la escuela secundaria en los que estábamos en la cafetería con la bandeja del almuerzo en la mano, buscando un lugar donde sentarnos. Y todos acabamos alguna vez sentándonos solos. Incluso de adultos. Puedes quedarte atrapado en ese aislamiento si no estás dispuesto a probar algo nuevo. El problema es que la mayoría de las personas de tu tribu actual no son las de la nueva tribu que andas buscando. Tal vez te descubras suplicándole a una amiga que vaya contigo a un lugar al que no quieres ir. Si te da miedo hacer por tu cuenta una actividad que te gusta, es fácil descartarla al no conocer a nadie en el grupo nuevo. Pero no te dejes llevar por este impulso.

PRACTICA EL ROMPER EL HIELO

¿Recuerdas la práctica del capítulo siete en la que te imaginabas que te ponías a hablar con un desconocido en una cafetería? Ese ejercicio era básicamente para aprender a entablar conversación con la gente. El mismo método te ayudará a vencer el miedo a dar el primer paso y a conocer una tribu nueva.

Intenta imaginarte que participas en una actividad nueva excitante. Visualiza ahora que te acercas a un desconocido y que, sonriendo, le dices «hola». Practica el romper el hielo hasta que te resulte fácil. Recuerda en ese momento que, cuando intentamos conocer a gente nueva, todos nos sentimos vulnerables. Intenta sentirte seguro cuando te imagines en el escenario. Practica el tomar la iniciativa, aunque consista solamente en decirle a alguien que te gusta la ropa que lleva.

En cuanto lo hayas practicado un poco, hazlo en el mundo real. Elige un acontecimiento, aborda a alguien y preséntate. Te sorprenderá la rapidez con la que harás amigos nuevos en un ambiente social si estás dispuesto a sonreír y a decir «hola». Es así de simple.

No olvides que una buena táctica para encontrar gente afín a ti es centrarte en una actividad, como leer un libro, aprender a bailar, viajar en grupo, ir a ver una obra de teatro o una película. ¿Estás interesado en ponerte en forma? Encontrarás muchos grupos en el gimnasio de tu barrio. Las clases de yoga son otro lugar ideal para conocer a gente. O, si te gusta estar al aire libre, puedes reunirte con otras personas amantes de la naturaleza que disfruten de los espacios abiertos. Los senderos y las playas siempre necesitan mantenimiento. En nuestra área, los vecinos dedican un determinado día a limpiar una playa o a mantener un sendero. Es una forma divertida de conocer a gente y de colaborar con tu granito de arena al mismo tiempo.

Ten en cuenta que Internet te ofrece un sinfín de maneras de conocer a gente. Los grupos de Facebook van de maravilla para encontrar a tu tribu. En mi grupo de Facebook de la Ageless Goddess, por ejemplo, formado por mujeres que han hecho mi curso virtual que lleva este nombre, muchas de ellas se acaban conociendo al enviarse mensajes privados. También quedan para ir a tomar un café o hacer otras actividades. Saben que son afines, porque se han sentido atraídas por el mismo curso y por el apoyo continuo del grupo. Me conmueve ver a mujeres descubriendo a sus tribus genuinas gracias a este medio.

Tanto si se trata de un club de lectura como de clases de formación para adultos o de clases de cocina, lo esencial es asegurarte de interactuar con gente afín a tu Alma. Mientras el tema te apasione, lo más probable es que descubras en este tipo de encuentros a un miembro de tu tribu íntima.

Puedes pertenecer a una serie de tribus. No es necesario que solo elijas una. Pero, con el tiempo, lo más probable es que encuentres un grupo principal de amigos y de familiares con los que te sientas más a gusto.

Tu tribu más íntima se compondrá de personas a las que puedes llamar si te surge una emergencia o si necesitas ayuda: es la tribu de «en mitad de la noche». Haz una lista de estas personas. Con el tiempo, probablemente irás añadiendo más a la lista. Y eliminando a otras.

Encontrar un grupo de personas que le hablen a tu Alma solo sucede cuando aceptas la verdad de quien realmente eres. Empieza haciéndolo en el lugar donde estás. Sea cual sea.

A lo largo de mi vida he estado reuniendo la clase de conocimientos que he presentado en este libro. Pero hasta ahora no me había atrevido a expresarlos de viva voz o por escrito por completo. El momento ya ha llegado. Nos encontramos en un punto decisivo en el que la forma antigua de actuar ya no funciona. La información divina nos está llegando a raudales. Estamos rodeados de muchos ángeles esperando a que les pidamos ayuda. Pero nada cambiará hasta que lo hagamos. Hay un viejo refrán que reza: «La fe en Dios mueve montañas. Trae una pala».

Es hora de que la vida te resulte fácil y de que te funcione. Y es posible alcanzarlo. Mucho más de lo que nunca imaginaste. Pero tienes que dar el primer paso. Bendito sea.

Epílogo

Ahora sabes cómo hacerte la vida fácil. Pero no aceptes mis palabras sin comprobarlas. Descubre por ti mismo la verdad de lo que has aprendido. Es el único modo de alcanzarlo. Al margen de lo que yo te diga —o de lo que cualquier otra persona afirme—, tienes que poner en práctica esta información en tu propia vida para entender lo poderosa que es.

A medida que empieces a usar las técnicas de este libro, tu mayor enemigo será el miedo. ¿Y si las cosas no me funcionan? ¿Y si mi pareja me deja? ¿Y si pruebo esta actividad nueva y fracaso estrepitosamente? ¿Y si me llevo un chasco? Son la clase de pensamientos que nos complican la vida. Siempre. Y no pasa nada. Al fin y al cabo, aceptar el miedo, la pena o una decepción es el primer paso en el viaje para hacerte la vida fácil. Cuando el miedo haga acto de presencia, acéptalo simplemente y di: «Está bien».

No olvides que el miedo también forma parte del plan Divino. Pero es como lo Divino en la vibración más baja posible. Matt Kahn observa que lo que llamamos «la sombra» es la luz de lo Divino bajo su forma más reprimida, que es inevitablemente incómoda y molesta. Y es así por naturaleza. El objetivo de la sombra y de tu miedo es hacer que te alinees con la forma más expandida de lo Divino, en la que la vida se vuelve fácil.

Sentir miedo solo significa que todavía no confías en que lo Divino es la Fuente más poderosa de amor y goce en tu vida. En que todo cuanto te ocurre es por tu bien, pese a parecer lo contrario. Solo tienes que aprender a confiar en esta verdad.

¿Cómo puedes liberar esta Divinidad reprimida y expandirla para hacerte la vida fácil? Sintonizando con tus emociones. Quiérete y ama al niño que llevas dentro sin juzgarlo, sea lo que sea lo que sienta y lo que ocurra. Ten también en cuenta que lo Divino puede hacer mucho más por ti de lo que a ti se te podría ocurrir. Pero tienes que fluir con esta parte tuya.

Nuestras emociones llevan al Yo trascendente y eterno al cuerpo físico. Tienden un puente entre el Espíritu y el mundo material. Imagínatelo. En los mismos sentimientos que te han dicho que controles, o por los que te han humillado, se encuentra el secreto para hacerte la vida fácil. En cuanto aceptas cualquier cosa que parece molesta, tu vibración se eleva y más te descargas en el cuerpo tu parte Divina. El resultado es que ganas en salud, y también te vuelves más afectuoso, tolerante y feliz.

Cada emoción es como tu Yo eterno recordándote lo que necesitas para hacerte la vida fácil. Todos queremos sentirnos mejor. Todos queremos disfrutar de más alegría, amor y goce en nuestra vida. Y todos podemos alcanzarlo. En lugar de seguir el camino trillado de la desesperación en el que a tantos nos dejaron al nacer, debemos elegir otro camino mejor. Necesitamos tener la suficiente fe para adentrarnos en lo desconocido.

La buena noticia es que estamos viviendo una época muy especial en el planeta. Ahora, la poderosa energía del Amor Divino se ha incrementado y estabilizado hasta tal punto que cada uno de nosotros podemos aprovechar la energía de esta Fuente como nos plazca. Es tan sencillo como decir «Acepto el Amor Divino» e inspirar luego profundamente por la nariz, retener el aire contando hasta cuatro y espirar también por la nariz. Es muy fácil, solo tienes que hacerlo de corazón. Y el Amor Divino se ocupará del resto.

Cuando conectas con lo Divino, lo sientes. Y cuanto más lo sientes más fácil te resulta repetirlo. Creas un sendero para que lo Divino te haga la vida fácil.

No olvides conectar con lo Divino a diario; en realidad, conecta cada 10 o 15 minutos. Pídele al Creador que te guíe y ayude. Deja a menudo que tu parte Divina dirija tu vida. Entrégate a esta Fuente. Ten el valor de hacerte la vida fácil y de ser parte de la solución para el sufrimiento del mundo. Incluido el tuyo. Tienes el poder para realizarlo. Has nacido para ello. Y honro esta cualidad tuya. Bendita sea.

Recursos

Alimentación/Comer

- *Always Hungry?: Conquer Cravings, Retrain Your Fat Cells, and Lose Weight Permanently*, de David Ludwig

- Anthony William, www.medicalmedium.com
  - *Medical Medium: Secrets Behind Chronic and Mystery Illness and How to Finally Heal.* [Edición en castellano: *Médico Médium: las claves de curación de las enfermedades crónicas, autoinmunes o de difícil diagnóstico*, Arkano Books, Móstoles, 2016.]
  - *Medical Medium Life-Changing Foods: Save Yourself and the Ones You Love with the Hidden Healing Power of Fruits & Vegetables*

- *Comparative Guide to Nutritional Supplements: A Compendium of Over 500 Products Available in the United States & Canada*, de Lyle MacWilliam

- Doctor David Perlmutter, www.drperlmutter.com
  - *Brain Maker: The Power of Gut Microbes to Heal and Protect Your Brain-for Life.* [Edición en castellano: *Alimenta tu cere-*

bro: el poder de la flora intestinal para curar y proteger tu cerebro... de por vida, Grijalbo, Barcelona, 2016.]

— *Grain Brain: The Surprising Truth about Wheat, Carbs, and Sugar-Your Brain's Silent Killers*. [Edición en castellano: *Cerebro de pan: la devastadora verdad sobre los efectos del trigo, el azúcar y los carbohidratos*, Grijalbo, Barcelona 2014.]

— *The Grain Brain Cookbook: More Than 150 Life-Changing Gluten-Free Recipes to Transform Your Health*

- Donna Schwenk, www.culturedfoodlife.com
  — *Cultured Food for Health: A Guide to Healing Yourself with Probiotic Foods*
  — *Cultured Food for Life: How to Make and Serve Delicious Probiotic Foods for Better Health and Wellness*

- Environmental Working Group, www.ewg.org
  — Listas de «Dirty Dozen» y «Clean 15»: www.ewg.org/foodnews

- Kris Carr, www.kriscarr.com
  — *Crazy Sexy Diet: Eat Your Veggies, Ignite Your Spark, and Live Like You Mean It!*
  — *Cracy Sexy Juice: 100+ Simple Juice, Smoothie & Nut Milk Recipes to Supercharge Your Health*
  — *Crazy Sexy Kitchen: 150 Plant-Empowered Recipes to Ignite a Mouthwatering Revolution*

- Doctor Mark Hyman, www.drhyman.com
  — *The Blood Sugar Solution: The UltraHealthy Program for Losing Weight, Preventing Disease, and Feeling Great Now!*
  — *The Blood Sugar Solution 10-Day Detox Diet: Activate Your Body's Natural Ability to Burn Fat and Lose Weight Fast*

- *The PlantPlus Diet Solution: Personalized Nutrition for Life*, de Joan Borysenko

Alma/Espíritu/Ego y el inconsciente colectivo

- *Ask and It Is Given: Learning to Manifest Your Desires*, de Esther y Jerry Hicks

- *The Ego and the Id*, de Sigmund Freud. [Edición en castellano: *El yo y el ello y otros escritos de metapsicología*, Alianza, Madrid, 2010.]

- *Dancing in the Flames: The Dark Goddess in the Transformation of Consciousness*, de Marion Woodman y Elinor Dickson. [Edición en castellano: *Bailando entre llamas: la diosa negra en la transformación de la conciencia*, Luciérnaga CAS, Barcelona, 1999.]

- *The Game of Life and How to Play It*, de Florence Scovel Shinn. [Edición en castellano: *El juego de la vida*, Obelisco, Barcelona, 2010.]

- *Help, Thanks, Wow: The Three Essential Prayers*, de Anne Lamott

- Matt Kahn, www.truedivinenature.com
  — *Whatever Arises, Love That: A Love Revolution That Begins with You*. [Edición en castellano: *Ama todo lo que surja*, Sirio, Málaga, 2017.]

- *Meet Your Soul: A Powerful Guide to Connect with Your Most Sacred Self*, de Elisa Romeo

- *Modern Man in Search of a Soul*, de C. G. Jung.

- *Not for Sale: Finding Center in the Land of Crazy Horse*, de Kevin Hancock

- *One Mind: How Our Individual Mind Is Part of a Greater Consciousness and Why It Matters*, de Larry Dossey, M. D.

- *Traveling Mercies: Some Thoughts on Faith*, de Anne Lamott

Ángeles y seres espirituales

- *Angel Blessings: Cards of Sacred Guidance and Inspiration*, de Kimberly Marooney

- Doreen Virtue, www.doreenvirtue.com
  — *Angels 101: An Introduction to Connecting, Working, and Healing with the Angels.* [Edición en castellano: *Arcángeles 101: cómo conectar íntimamente con los arcángeles Miguel, Rafael, Gabriel, Uriel y otros para obtener sanación, protección y guía*, Arkano Books, Móstoles, 2013.]
  — *How to Hear Your Angels.* [Edición en castellano: *Cómo escuchar a los ángeles*, Elesftheria, Barcelona, 2011.]
  — *Signs from Above: Your Angels' Messages about Your Life Purpose, Relationships, Health, and More.* [Edición en castellano: *Lo que nos dicen los ángeles: encuentra una respuesta espiritual a los problemas cotidianos*, Urano, Barcelona, 2012.]

- Kyle Gray, www.kylegray.co.uk
  — *Angel Prayers: Harnessing the Help of Heaven to Create Miracles*
  — *Wings of Forgiveness: Working with the Angels to Release, Heal and Transform*

- *Lessons from the 12 Archangels: Divine Intervention in Daily Life*, de Belinda J. Womack

- *Natives of Eternity: An Authentic Record of Experiences in Realms of Super-Physical Consciousness*, de Flower A. Newhouse

Astrología

- Anne Ortelee: www.anneortelee.com y sus predicciones astrológicas semanales en www.blogtalkradio.com

- *Astrology, A Cosmic Science: The Classic Work on Spiritual Astrology*, de Isabel M. Hickey

- *Pronoia Is the Antidote to Paranoia: How the Whole World Is Conspiring to Shower You with Blessings*, de Rob Brezsny. [Edición en castellano: *La pronoia es el antídoto para la paranoia*, RBA libros, 2006, Barcelona.]

- *The Only Astrology Book You'll Ever Need*, de Joanna Martine Woolfolk

- The Shamanic Astrology Mystery School (shamanicastrology.com)
  — *The Shamanic Astrology Handbook*, de Daniel Giamario y Cayelin Castell

Conexión entre cerebro-cuerpo y neuroplasticidad

- *Anatomy of an Illness as Perceived by the Patient: Reflections on Healing and Regeneration*, de Norman Cousins. [Edición en castellano: *Anatomía de una enfermedad: o la voluntad de vivir*, Kairós, Barcelona, 2011.]

- Bruce H. Lipton, Ph. D., www.brucelipton.com
  — *The Biology of Belief: Unleashing the Power of Consciousness, Matter & Miracles*
  — *The Honeymoon Effect: The Science of Creating Heaven on Earth*
  — *The Wisdom of Your Cells: How Your Beliefs Control Your Biology*

- Doctor Joe Dispenza, www.drjoedispenza.com
  — *Breaking the Habit of Being Yourself: How to Lose Your Mind and Create a New One.* [Edición en castellano: *Deja de ser tú: la mente crea la realidad*, Urano, Barcelona, 2012.]
  — *Our Three Brains: From Thinking to Doing to Being*, TEDx, Tacoma, Washington: www.drjoedispenza.com/index.php?page_id=Our_Three_Brains
  — *You are the Placebo: Making Your Mind Matter.* [Edición en castellano: *El placebo eres tú: cómo ejercer el poder de la mente*, Urano, Barcelona, 2014.]

- Doctor Mario Martinez, www.biocognitive.com
  — *The MindBody Code: How to Change the Beliefs that Limit Your Health, Longevity, and Success*

Curación espiritual/energética

- *Original Blessing: A Primer in Creation Spirituality Presented in Four Paths, Twenty-Six Themes, and Two Questions*, de Matthew Fox. [Edición en castellano: *La bendición original: una nueva espiritualidad para el hombre del s. XXI*, Obelisco, Barcelona, 2002.]

- The Global Coherence Initiative, www.heartmath.org/gci/

- Melanie Ericksen, Soul Play with Melanie, www.soulplay.us

- Peter Calhoun
  — *Last Hope on Earth: A Revolutionary Approach to Healing and Wellness that Can Transform Your Life* (con Astrid Ganz)
  — *Soul on Fire: A Transformational Journey from Priest to Shaman.* [Edición en castellano: *Con el alma en llamas*, Sirio, Málaga, 2008.]

- The Realization Process, creado por Judith Blackstone, www.realizationcenter.com

- Robert Fritchie, World Service Institute and the Divine Love healing process, www.worldserviceinstitute.org
  — *Being at One with the Divine: Self-Healing with Divine Love*
  — *Divine Love Self Healing: The At Oneness Healing System*
  — Divine Love Healing Process (seminario *online* gratuito): www.worldserviceinstitute.org/fhp-program.html

- Sparhawk Pilates and the Center for Intuitive Movement Healing, www.sparhawkpilates.com

Dar y recibir

- *Living a Beautiful Life: 500 Ways to Add Elegance, Order, Beauty and Joy to Every Day of Your Life,* de Alexandra Stoddard

- *The Power of Receiving: A Revolutionary Approach to Giving Yourself the Live Your Want and Deserve,* de Amanda Owen

Estiramiento y liberación de la fascia

- Clear Passage, www.clearpassage.com, se especializa en liberación fascial para las adhesiones quirúrgicas, las obstrucciones intestinales y la infertilidad.

- John F. Barne's Myofascial Release Approach, www.myofascial-release.com

- The Genius of Flexibility, www.thegeniusofflexibility.com

- www.BendableBody.com

- *The Genius of Flexibility: The Smart Way to Stretch and Strengthen Your Body*, de Bob Cooley. [Edición en castellano: *Flexibilidad: una forma inteligente de practicar estiramientos y fortalecer el cuerpo*, Paidotribo, Barcelona, 2007.]

- Sparhawk Pilates and the Center for Intuitive Movement Healing, www.sparhawkpilates.com

Interpretación de los sueños

- Doris E. Cohen, Ph. D., www.drdorisecohen.com
  — Doris realiza sesiones individuales centrándose en la interpretación de los sueños y en cómo usar sus mensajes en la vida cotidiana. También dispone de un guía determinado de los sueños dotado de una visión asombrosa.

- *Memories, Dreams, And Reflections*, de C. G. Jung. [Edición en castellano: *Recuerdos, sueños, pensamientos*, Seix Barral, Barcelona, 2002.]

- *The Toltec Secret: Dreaming Practices of the Ancient Mexicans*, de Sergio Magaña. [Edición en castellano: *El secreto tolteca: prácticas ancestrales para comprender el poder de los sueños*, Urano, Barcelona, 2015.]

- *The Undiscovered Self: With Symbols and the Interpretation of Dreams*, de C. G. Jung

Manifestación/Afirmaciones

- Abraham-Hicks, www.abraham-hicks.com
  — *Ask and It Is Given: Learning to Manifest Your Desires*, de Esther y Jerry Hicks. [Edición en castellano: *Pide y se te dará: aprende a manifestar tus deseos*, Urano, Barcelona, 2005.]
  — *The Law of Attraction: The Basic Teachings of Abraham*, de Esther y Jerry Hicks. [Edición en castellano: *La ley de la atracción: el secreto que hará realidad todos tus deseos*, Urano, Barcelona, 2007.]

- Recibirás afirmaciones diarias en tu correo desde mi web www. drnorthrup.com

- Louise Hay, www.louisehay.com
  — *Heal Your Body*. [Edición en castellano: *Sana tu cuerpo: las causas mentales de la enfermedad física y las formas físicas de superarlas*, Urano, Barcelona, 2016.]
  — *Meditations to Heal Your Life*. [Edición en castellano: *Meditaciones para sanar tu vida*, Urano, Barcelona, 1995.]
  — *Mirror Work: 21 Days to Heal Your Life*. [Edición en castellano: *El poder del espejo: un programa en 21 días para transformar nuestra vida gracias a una técnica muy sencilla: mirarnos al espejo*, Urano, Barcelona, 2016.]

— *You Can Heal Your Life.* [Edición en castellano: *Usted puede sanar su vida*, Urano, Barcelona, 2009.]

* *The Dynamic Laws of Prosperity*, de Catherine Ponder

* *The Magic Path of Intuition*, de Florence Scovel Shinn

* *Think and Grow Rich*, de Napoleon Hill. [Edición en castellano: *Piense y hágase rico*, Debolsillo, Barcelona, 2006.]

Medicina/Salud física

* Amata Life, www.amatalife.com
  — Equilibrio hormonal para mujeres y hombres. Debido a los beneficios asombrosos de la planta *Pueraria mirifica* de Tailandia, la doctora Northrup fundó una compañía para dar a conocer estos productos a nivel internacional. Amara Life, su línea de productos, contiene un extracto patentado de *Pueraria mirifica*. Es sumamente eficaz para los síntomas menstruales, los síntomas perimenopáusicos y los síntomas menopáusicos femeninos, y además protege la salud de la próstata masculina. La línea para el cuidado de la piel y la hidratación vaginal han ayudado a cientos de mujeres.

* Anthony William, www.medicalmedium.com
  — *Medical Medium: Secrets Behind Chronic and Mystery Illness and How to Finally Heal.* [Edición en castellano: *Médico Médium: las claves de la curación de las enfermedades crónicas, autoinmunes o de difícil diagnóstico*, Arkano Books, Móstoles, 2016.]
  — *Medical Medium Life-Changing Foods: Save Yourself and the Ones You Love with the Hidden Healing Power of Fruits & Vegetables*

- Christiane Northrup, M. D., www.drnorthrup.com
  — *Goddesses Never Age: The Secret Prescritpion for Radiance, Vitality, and Well-Being.* [Edición en castellano: *Las diosas nunca envejecen: la fórmula secreta para sentirte radiante, vital y disfrutar de bienestar a cualquier edad,* Urano, Barcelona, 2015.]
  — *Women's Bodies, Women's Wisdom: Creating Physical and Emotional Health and Healing.* [Edición en castellano: *Cuerpo de mujer, sabiduría de mujer: una guía para la salud física y emocional,* Urano, Barcelona, 2010.]
  — *Mother-Daughter Wisdom: Understanding the Crucial Link Between Mothers, Daughters, and Health.* [Edición en castellano: *Madres e hijas: sabiduría para una relación que dura toda la vida,* Urano, Barcelona, 2006.]
  — *The Wisdom of Menopause: Creating Physical and Emotional Health During the Change.* [Edición en castellano: *La sabiduría de la menopausia: cuida de tu salud física y emocional durante este periodo de cambios,* Urano, Barcelona, 2010.]

- *Counterclockwise: Mindful Health and the Power of Possibility,* de la doctora Ellen J. Langer. [Edición en castellano: *Atrasa tu reloj: el poder de la posibilidad aplicado a la salud,* Ridgen Institut Gestalt, Móstoles, 2009.]

- Edgar Cayce's Association for Research and Enlightenment, www.edgarcayce.org

- *Health Revelations from Heaven and Earth,* de Tommy Rosa y Stephen Sinatra

- Katy Bowman, Nutritious Movement, www.nutritiousmovement.com
  — *Katy Says,* podcast
  — *Move Your DNA: Restore Your Health Through Natural Movement*

— *Whole Body Barefoot: Transitioning Well to Minimal Footwear*

- *Let Magic Happen: Adventures in Healing with a Holistic Radiologist*, de Larry Burk, M. D.

- *Love, Medicine & Miracles: Lessons Learned about Self-Healing from a Surgeon's Experience with Exceptional Patients*, del doctor Bernie S. Siegel. [Edición en castellano: *Amor, medicina milagrosa*, Espasa, Barcelona, 2010.]

- *Radical Remission: The Nine Key Factors That Can Make a Real Difference*, de la doctora Kelly A. Turner. [Edición en castellano: *Las 9 claves de la curación natural del cáncer y otras enfermedades: los nueve factores que comparten los pacientes de cáncer que han sanado totalmente y contra todo pronóstico*, Gaia, Móstoles, 2015.]

- *Sitting Kills, Moving Heals: How Everyday Movement Will Prevent Pain, Illness, and Early Death-and Exercise Alone Won't*, de Joan Vernikos, Ph. D.

- Sparhawk Pilates and Center for Intuitive Movement Healing, con Hope Matthews, www.sparhawkpilates.com

- *The Relaxation Response*, de Herbert Benson, M.D.

- The Tapping Solution, www.thetappingsolution.com
  — *The Tapping Solution: A Revolutionary System for Stress-Free Living*, de Nick Ortner
  — *The Tapping Solution*, documental
  — *The Tapping Solution for Weight Loss & Body Confidence: A Woman's Guide to Stressing Less, Weighing Less, and Loving More*, de Jessica Ortner

- Yoga Toes, www.yogapro.com/products/YogaToes.html

Miedo y empoderamiento

- *Big Magic: Creative Living Beyond Fear,* de Elizabeth Gilbert. [Edición en castellano: *Libera tu magia: una vida creativa más allá del miedo,* Aguilar, Barcelona, 2016.]

- Brené Brown, www.brenebrown.com
  — *Daring Greatly: How the Courage to Be Vulnerable Transforms the Way We Live, Love, Parent, and Lead*
  — *The Gifts of Imperfection: Let Go of Who You Think You're Supposed to Be and Embrace Who You Are*

- *Empowerment: The Art of Creating Your Life as You Want It,* de David Gershon y Gail Straub

Narcisismo y abusos narcisistas

- Melanie Tonia Evans, www.melanietoniaevans.com

- Sandra Brown, Institute for Relational Harm Reduction and Public Pathology Education, www.womenwholovepsychopaths.com
  — *How to Spot a Dangerous Man before You Get Involved*
  — *Women Who Love Psychopaths: Inside the Relationships of Inevitable Harm with Psychopaths, Sociopaths & Narcissists*

- Understanding and Healing for Daughters of Narcissistic Mothers, www.daughtersofnarcissisticmothers.com/narcissistic-personality-disorder/

Oración/Conexión con lo Divino

- *Angel Prayers: Harnessing the Help of Heaven to Create Miracles*, de Kyle Gray

- *Healing Words: The Power of Prayer and the Practice of Medicine*, de Larry Dossey, M. D. [Edición en castellano: *Palabras que curan: el poder de la plegaria y la práctica de la medicina*, Obelisco, Barcelona.]

- *Help, Thanks, Wow: The Three Essential Prayers*, de Anne Lamott

- Proprioceptive Writing with Linda Trichter Metcalf, www.radix00.com/PWriting_Main

- Robert Fritchie, World Service Institute and the Divine Love healing process, www.worldserviceinstitute.org
  — *Being at One with the Divine: Self-Healing with Divine Love*
  — *Divine Love Self Healing: The At Oneness Healing System*
  — Divine Love Healing Process (seminario *online* gratuito): www.worldserviceinstitute.org/fhp-program.html

- Tosha Silver, www.toshasilver.com
  — *Change Me Prayers: The Hidden Power of Spiritual Surrender*
  — *Outrageous Openness: Letting the Divine Take the Lead*
  — También dirige The Forum, un grupo que incluye llamadas semanales procedentes de Tosha y un grupo privado de Facebook para los miembros.

Oráculos/Lectura del tarot

- *Angel Prayer Oracle Cards*, de Kyle Gray

- *Goddess Guidance Oracle Cards*, de Doreen Virtue

- *Medicine Cards: The Discovery of Power Through the Ways of Animals*, de Jamie Sams y David Carson. [Edición en castellano: *Las cartas de la medicina*, Sirio, Málaga, 2014.]

- Motherpeace Round Tarot Deck, de Karen Vogel y Vicki Noble

- *Uncharted: The Journey through Uncertainty to Infinite Possibility*, de Colette Baron-Reid

- *Wisdom of the Oracle Divination Cards: Ask and Know*, de Colette Baron-Reid

Reencarnación/vidas pasadas

- Brian Weiss, www.brianweiss.com
  — *Many Lives, Many Masters: The True Story of a Prominent Psychiatrist, His Young Patient, and the Past-Life Therapy That Changed Both Their Lives.* [Edición en castellano: *Muchas vidas, muchos maestros*, Club Círculo de Lectores, Barcelona, 2005.]
  — *Same Soul, Many Bodies: Discover the Healing Power of Future Lives Through Progression Therapy.* [Edición en castellano: *Muchos cuerpos, una misma alma*, B de Bolsillo, Barcelona, 2005.]

- Denise Linn, www.deniselinn.com
  — Denise realiza regresiones a vidas pasadas, interpretación de los sueños, limpieza astral de espacios y muchas otras clases de curaciones
  — *Past Lives, Present Miracles: The Most Empowering Book on Reincarnation You'll Ever Read... in This Lifetime!*

- Doris E. Cohen, Ph. D., www.drdorisecohen.com
  — La doctora Cohen realiza regresiones individuales a vidas pasadas.
  — *Repetition: Past Lives, Life, and Rebirth*

- *Reincarnation & Karma*, de Edgar Cayce

- Robert Fritchie, Divine Love Self Healing: The At Oneness Healing System, www.worldserviceinstitute.org/at-oneness-healing-system.html

Sexualidad y fuerza vital

- Amata Life, www.amatalife.com
  — Equilibrio hormonal para mujeres y hombres. Debido a los asombrosos beneficios de la planta *Pueraria mirifica* procedente de Tailandia, la doctora Northrup fundó una compañía para dar a conocer estos productos a nivel internacional. Amata Life, su línea de productos, contiene un extracto patentado de *Pueraria mirifica* y es sumamente eficaz para los síntomas menstruales, los síntomas perimenopáusicos y los síntomas menopáusicos femeninos, y además protege la salud de la próstata masculina. La línea de productos para el cuidado de la piel y la hidratación vaginal han ayudado a cientos de personas.

- *Getting to «I Do»: The Secret to Doing Relationships Right,* de la doctora Patricia Allen y Sandra Harmon

- *The Illustrated Guide to Extended Massive Orgasm*, de los doctores Steve y Vera Bodansky

- *Love in 90 Days: The Essential Guide to Finding Your Own True Love*, de Diana Kirschner Ph. D.

- *Money, A Love Story: Untangle Your Financial Woes and Create the Life You Really Want*, de Kate Northrup

- *The Multi-Orgasmic Man: Sexual Secrets Every Man Should Know*, de Mantak Chia y Douglas Abrams. [Edición en castellano: *El hombre multiorgásmico: cómo experimentar orgasmos múltiples e incrementar espectacularmente la capacidad sexual*, Neo Person, Móstoles, 2013.]

- *Orgasm Matters*, de Steve Bodansky. [Edición en castellano: *Sobre el orgasmo*, Debolsillo, Barcelona, 2003.]

- Regena Thomashauer, Mama Gena's School of Womanly Arts, www.mamagenas.com
  — *Mama Gena's School of Womanly Arts: Using the Power of Pleasure to Have Your Way with the World*
  — *Pussy: A Reclamation*

- *Sacred Success: A Course in Financial Miracles*, de Barbara Stanny

- *Succulent SexCraft: Your Hands-On Guide to Erotic Play and Practice*, de Shery Winston y Carl Frankel

- *Tao Tantric Arts for Women: Cultivating Sexual Energy, Love, and Spirit*, de Minke de Vos

- *Think and Grow Rich*, de Napoleon Hill. [Edición en castellano: *Piense y hágase rico*, Obelisco, Barcelona, 2012.]

- *Women's Anatomy of Arousal: Secret Maps to Buried Pleasure*, de Sheri Winston

- *Worthy: Boost Your Self-Worth to Grow Your Net Worth*, de Nancy Levin

- *Vagina*, de Naomi Wolf. [Edición en castellano: *Vagina*, Kairós, Barcelona, 2013.]

- Fuentes sobre los huevos del yoni: www.jadeeggs.com y www.etsy.com

Agradecimientos

Este libro es el que menos me ha costado escribir de todos, porque ahora conozco y practico el mensaje que contienen sus páginas. Para hacerte la vida fácil tienes que abrirte a la ayuda y la orientación que te ofrecen los demás. Las siguientes personas me las han brindado con creces y se lo agradezco humildemente.

Laura Gray, mi asistente editorial, tienes la agudeza de los neoyorquinos combinada con la estabilidad de los del Medio Oeste. Te agradezco que hayas sido la comadrona de este libro, has hecho que mis palabras suenen mucho mejor.

Anne Barthel, mi editora de Hay House, ha sido un placer trabajar contigo de nuevo, el proceso de la publicación del libro ha ido como una seda. Ha sido alucinante.

Te doy las gracias, Patty Gift, por supervisar este proyecto desde el principio, cuando no era más que una idea, hasta el final. Lo has hecho con un gran estilo y sentido del humor. Como siempre.

Christy Salinas, tu ojo de artista ha creado otra gran cubierta. Has orquestado la sesión fotográfica más divertida y productiva en la que he participado, y te lo agradezco mucho. Eres una genialidad en el mundo visual.

Reid Tracy y Margarete Nielsen, teneros al mando de la editorial Hay House combina lo mejor del negocio y de la familia. Me encanta trabajar con personas tan visionarias, divertidas, expertas e intuitivas como vosotros.

Diane Ray y el equipo de la Hay House Radio, me apasiona *Flourish!*, mi programa radiofónico semanal emitido en la Hay House

Radio, y la comunidad mundial de seguidores con la que interactúo con regularidad. Por fin enseño lo que siempre he querido dar a conocer a los demás.

Richelle Fredsom, mi publicista de Hay House, eres, sin duda alguna, la publicista más eficiente y encantadora con la que he trabajado. Seguiré tu ejemplo dondequiera que esté.

Quiero dar las gracias al equipo de la editorial Hay House por apoyar mi libro a todos los niveles con tanto entusiasmo y profesionalidad. Sois maravillosos.

Hope Matthews, mi sanadora extraordinaria de Pilates y del Movimiento Intuitivo, gracias a tu conocimiento del Pilates clásico y del impacto de las emociones en el cuerpo has sido la catalizadora de mi transformación personal durante muchos años, y también la has presenciado con tus propios ojos. Gracias a la técnica de estiramiento fascial conocida como flexibilidad-resistencia, siento que mi cuerpo se está volviendo más fuerte y flexible a cada año que pasa. ¡Qué regalo tan increíble!

Julie Hofheimer, mi fisioterapeuta y sanadora intuitiva, has mantenido mis músculos y mi espíritu flexibles y receptivos durante muchos años, y has presenciado y documentado el renacer de mi cuerpo. Te lo agradezco enormemente.

Paulina Carr, mi chica del Viernes, no puedo expresar con palabras cuánto te agradezco que estés dispuesta a hacer todo lo posible para que mi vida y mi negocio vayan sobre ruedas. Aunque ello exija una camioneta y muchos viajes a correos. Gracias por todo lo que haces. Y por el sentido del humor con el que lo llevas a cabo. Y también por ser una diosa intemporal de lo más estilosa.

Janet Lambert, mi contable de confianza, gracias por ocuparte de la economía de día y de noche. Y también los fines de semana. Eres una auténtica diosa intemporal aficionada al esquí acuático, al buceo y al paracaidismo. Eres una inspiración para mí.

Coulson Duerksen, mi editora de Internet para www.drnorthrup. com, gracias por ser una escritora y editora tan fantástica que domina a la perfección todo cuanto es sano y sostenible. Eres una gran incorporación para mi equipo. Y un tesoro con el que trabajar.

Tosha Silver, llegaste a mi vida precisamente en el momento adecuado para recordarme el Orden Divino y cómo usarlo. Mi vida y mi corazón han sanado profundamente. Y ha empezado una nueva era. Para las dos. Y todo puede dar un gran giro.

Bob Fritchie, gracias, gracias, gracias por tu dedicación al Amor Divino y por crear un método práctico para que todo el mundo pueda conectar con él. Te estoy muy agradecida por estar ahí siempre que mi familia y yo te hemos necesitado. Gracias también por ser un amigo, guía y mentor tan extraordinario. No te puedes imaginar cuánto te lo agradezco.

Doris E. Cohen, gracias por enseñarme el poder de los sueños. Y por llevar esta magia a mi vida con constancia durante tantos años.

Deborah Kern, te agradezco tu amistad, tu efecto «espejo», tu presencia Divina, tu luna en Piscis y tu transformación. Gracias por todo.

Melanie Ericksen, la fabulosa Mermaid Medicine Woman, no sabes cuánto te agradezco las ceremonias realizadas en luna nueva y en luna llena que nos conectaron de una manera tan deliciosa a la Madre Tierra, a nuestra naturaleza lunar y a las alegrías de la amistad.

Priscilla Reynolds, gracias por ser mi amiga del alma, pese a los años que hemos estado separadas. No te puedes imaginar hasta qué punto nuestros periplos vitales y nuestras historias me alegran la vida. Y lo mejor está aún por llegar.

Doy las gracias a todos los profesionales especializados y leales del plan de asistencia para mi hogar. Stephen Meehan, has creado como quien dice un cielo en la tierra en mi jardín con tu gran conocimiento de las plantas, las flores y la belleza. Lo cual me produce una alegría y un placer inmensos. Mike Meehan, tú y tu equipo habéis hecho un trabajo excelente en mi jardín, arando, cavando la tierra y plantando árboles hasta las cinco de la madrugada. Mike Brewer, hace muchos años que llevas siendo un encargado de mantenimiento sumamente fiable y jovial. Carlo Dorio, gracias por salvarme de cualquier emergencia relacionada con la fontanería y por ser tan encantador. Vern y Mike Cassidy —padre e hijo—, mis geniales electricistas, os agradezco mucho que mantengáis en buen estado todo lo que «ilumina» este lugar. Charlie Grover, gracias por ser una presencia tan constante y risueña durante décadas, soportando mi vida y mi negocio con tanta humildad y humor. Y Pat McCabe, mil gracias por ser un ama de llaves tan diestra y agradable, y por encantarte la serie infantil de Mr. Moon.

Quiero expresar mi agradecimiento a mis hermanos y a mis increíbles cuñadas, John y Annie, Bill y Lori. Vuestro apoyo, amor y amistad son cada vez más valiosos para mí. John, valoro mucho tus conocimientos empresariales y financieros y tu apoyo. Debemos haber hecho algo bien en una vida pasada para habernos conocido y disfrutar tanto el uno del otro.

Doy las gracias a mi hermana Penny y a su marido Phil (que nos llama sus hermanas esposas), por los capuchinos, los desayunos de la dieta Budwig, las sesiones de ejercicio físico y los paseos por la playa. Y por la colaboración y la visión del Equipo Northrup. Ambos no solo me habéis dado inspiración, amistad y risas, sino que también se las habéis ofrecido a cientos de otras personas.

Mamá, gracias por ser un pilar en mi vida y por tu disciplina. Y también por seguir siendo un ejemplo eterno para tantas personas. Que la vida te resulte cada vez más fácil y gozosa.

Annie y Katie, mis preciosas hijas, sois los tesoros de mi vida. Me la habéis llenado de belleza y alegría. Y de significado. Gracias por elegirme como madre.

Penelope Ann, mi nieta, me tienes fascinada. Y espero con ilusión las próximas aventuras que viviremos juntas. Empezando por las casas de las hadas. También quiero darle las gracias a Mike, tu padre, por ser un papá tan maravilloso.

Y, por último, quiero expresar mi más profundo agradecimiento a Diane Grover, mi jefa ejecutiva de Todo, la mujer detrás de la mujer. Me has cuidado como una madre, me has consolado y has estado a mi lado mientras yo aprendía a hacerme la vida fácil. Incluso seguiste al pie del cañón cuando os complicaba las cosas. Con tu amor y tu apoyo. Eres un pilar y una presencia deliciosa en mi vida. Haces que todo valga la pena. Y que sea divertido. Eres una perla inestimable. ¡Ni se te ocurra jubilarte!

Sobre la autora

Christiane Northrup, M.D., ginecóloga y obstetra colegiada, exprofesora clínica adjunta en la facultad de Medicina de la Universidad de Vermont y autora de superventas en el *New York Times,* es una pionera visionaria de la salud femenina. Tras llevar décadas en la vanguardia de su profesión como obstetra y ginecóloga, en la actualidad se dedica a ayudar a las mujeres a progresar en la vida aprendiendo a favorecer todo cuanto es *beneficioso* para el cuerpo. La doctora Northrup es una de las principales defensoras de la medicina que acepta la unidad de la mente, el cuerpo, las emociones y el espíritu. Conocida internacionalmente por su método empoderador relacionado con la salud y el bienestar femeninos, enseña a las mujeres (y a muchos hombres) a ser felices en cualquier etapa de la vida y las anima a estar sanas en todos los sentidos al escuchar su sabiduría interior.

Como propietaria de un negocio, doctora, excirujana, madre, escritora y conferenciante, la doctora Northrup reconoce nuestra capacidad individual y colectiva para el crecimiento interior, la libertad, la alegría y el equilibrio. También está entusiasmada con su compañía Amata, una palabra tailandesa que significa «intemporal» y «eterno». Esta compañía se dedica a elaborar y distribuir productos que contribuyen a gozar de una salud radiante y de bienestar a lo largo del ciclo vital (www.amatalife.com).

Cuando no está viajando, en su tiempo libre le encanta bailar tango, mantenerse en forma con el Pilates y una técnica de estiramiento fascial conocida como flexibilidad-resistencia, ir al cine, salir con las amigas, reunirse con la familia para cenar, navegar, pintar su mundo interior a través del *process painting* y leer.

Se mantiene en contacto con su comunidad internacional de seguidores a través de *Flourish!* —el programa radiofónico emitido en Internet—, Facebook y Twitter, y también por medio de la columna que publica mensualmente en la Red y de su web www.drnorthrup.com.